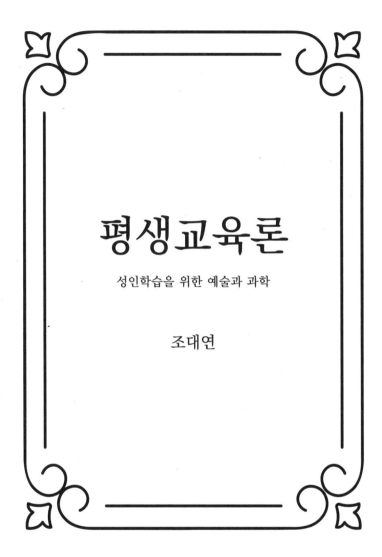

평생교육론

성인학습을 위한 예술과 과학

조대연

박영story

서 문

오늘날 급격한 환경변화를 'VUCA 시대'라고 말한다. VUCA는 변동성(Volatility), 불확실성(Uncertainty), 복잡성(Complexity), 모호성(Ambiguity)의 앞 글자로 만들어진 조어이다. 내·외부 환경 변화의 주기가 빨라짐에 따라서 미래를 예측하기 어려운 시대상을 반영한 단어이다. 이 조어가 90년대 초반 미국의 육군에서 사용하기 시작하여 벌써 30년이 지났다. 그러나 저자는 2016년 '4차 산업혁명 시대'라는 단어가 회자되기 전까지 VUCA가 그렇게 마음에 와닿지 않았다. 물론 '스마트폰의 등장 등 세상의 변화 속도가 참 빠르구나' 정도! 그러나 사물인터넷, 인공지능, 머신러닝, 빅데이터, 크라우딩 컴퓨터 등 4차 산업혁명의 물결이 우리의 인식 속에 자리잡을 즈음, 2020년 발생한 COVID−19가 전 세계를 강타하고 우리 모든 삶의 방식이 갑자기 변했다. 이러한 사태가 장기화되면서 1년 전 일상이 비정상이 되고 새로운 일상이 정상이 되는 New Normal 시대에 살고 있다. 지금 우리는 그야말로 VUCA시대를 머리가 아닌 몸으로 직접 체험하고 있다.

앞으로 어떤 환경 변화가 우리에게 다가올지 모르는 불확실하고 복잡한 상황에서 분명한 것은 '학습하는 사람만이 그 상황에 빨리 적응하고 새롭게 도전할 수 있는 힘을 갖는다'라는 것이다. 우리가 사는 세상은 끊임없이 변화하며 그 변화의 한가운데 인간으로서 생존할 수 있는 생명력은 '계속적인 학습'이 유일한 답일 수 있다. 더구나 그 학습은 평생 계속되어야 한다. 이제 우리는 그 해답을 평생학습에서 찾아야 한다.

모든 사람이 평생학습에 대한 필요성을 인식하고 실천할 수 있는 평생학습자가 되어야 하고 이를 위해 중앙정부와 지방정부의 정책적 지원이 뒷받침 되어야 한다. 또한 역량을 갖춘 평생학습 리더들의 실천적 역할이 필요하다. 학습자, 실천 리더, 정책들을 효과적으로 연결할 수 있도록 평생학습을 연구하는 연구자들의 역할 또한 중요하다.

본 책의 목적은 평생교육에 입문하고자 하는 예비 평생학습 리더들에게 과학이면서 예술로서 평생교육을 그려볼 수 있도록 하기 위함이다. 물론 저자 역시 그 그림을 완성하고자 노력하는 중에 있다. 이 노력은 아마 평생이 걸릴 수도 있고 어쩌면 불가능할 수도 있다. 이는 저자의 부족한 능력 때문일 것이다. 그러나 기대한다. 그리고 믿는다. 나의 노력은 예비 평생학습 리더들에게 출발점일 수 있고 다시 출발하는 중간지점일 수 있다. 언젠가는 나의 노력을 발판 삼아 예비 리더들 스스로 종착역에 도착할 수 있을 것이다. 이를 위해 저자는 독자들과 건설적이고 심도 있는 논의의 기회를 많이 갖고자 한다.

이 책은 총 4부로 구성되어 있다. 1부는 평생교육을 어떻게 볼 것인가? 평생교육의 목적은 무엇이며 어떻게 성장했고, 또 학습의 확장과 성인학습자에 대한 이해를 도모하고자 하였다. 2부는 전통적인 성인학습이론들과 비교적 새롭게 등장한 성인학습이론들을 다루면서 성인학습이론의 성장을 이해하고 평생학습자의 학습을 조력하는 데 도움이 되고자 하였다. 3부는 평생학습이 이루어지는 다양한 현장 가운데 지역사회, 일터, 원격환경을 다룸으로써 평생학습 현상에 대한 이해에 도움이 되고자 하였다. 4부는 평생학습 리더의 실천력을 높이기 위해 가장 중요하다고 생각되는 프로그램 개발에 대한 이론과 실제를 다루었고, 평생교육 연구와 실천 세계의 관심사에 대한 공통점과 차이점을 논하였다.

이 책은 많은 분들의 도움 없이는 세상에 빛을 볼 수 없었다. 우선 집필을 독려해 주신 박영사의 안상준 대표님과 박영스토리의 노현 대표님께 감사드린다. 거듭된 교정을 봐주신 배근하 선생에게도 감사드린다.

또한 고려대학교에서 평생교육과 HRD를 공부하는 대학원생들과 본 저자의 수업을 듣고 책이 보완될 수 있도록 의견과 정보를 제공한 대학원생들에게 고마움을 전하고 싶다. 무엇보다도 지난 25년간 평생교육에 대한 큰 가르침을 주셨는데 부족한 능력으로 그 가르침을 따라가지 못하는 제자를 지금까지도 지지해 주시는 나의 스승이신 권대봉 선생님께 깊이 감사드린다.

2021년 3월
안암동 연구실에서
조대연

차 례

PART 1 평생교육 기초

PART 2 주요 성인학습이론

PART 3 평생교육의 마당

PART 4 평생교육의 실천과 연구

PART 1

평생교육 기초

Chapter 01

평생교육과 성인교육

1 현대 사회에서 평생교육의 필요성

평생교육은 우리가 살고 있는 사회적 상황이나 환경변화와 분리하여 생각할 수 없다(Merriam et al., 2007). 지식기반사회, 평생학습사회, 4차 산업혁명, 포스트 코로나 시대로 불리는 오늘날 환경변화 속에서 과거에는 교육이 아니었던 영역에서 다양한 형태와 내용으로 교육 및 학습활동이 이루어지고 있다. 더욱이 현대 사회에서 지식은 기본적인 자원이며 개인의 삶의 질 향상 및 사회 통합을 위한 중요한 기제로 작용하고 있다. 또한 과거에는 지식을 얻기 위한 주요 통로가 초·중등 및 대학교육 등의 형식적(formal) 교육활동이었다. 그러나 평생학습시대의 도래로 학습의 개념과 관점이 보다 다양해지고 형식적 교육활동만으로 개인 및 사회의 발전에 한계를 보임에 따라 점차 학교 이외의 학습 체제에 대한 관심이 증가하고 있다. 현대 사회에서 평생교육의 필요성은 크게 사회 환경의 급속한 변화 속에서 학교교육의 한계 극복과 함께 경제적 필요, 사회적 필요, 저출산·고령화에 따른 필요로 요약할 수 있다.

1) 학교교육의 한계

학교교육의 한계란 그동안 학교교육을 통해 바람직한 시민을 육성하지 못했고 또 일터와 사회가 필요로 하는 인재를 양성하지 못했음을 의미하는 것이 아니다. 물론 학교교육의 팽창과 함께 역기능이 존재해 온 것은 사실이다. 그러나 우리나라의 경우 비교적 짧은 기간 동안 급속한 경제성장과 민주화 등 시민사회와 국가의 발전에는 학교교육의 공헌이 크게 작용했음을 부인할 수 없다.

평생교육의 필요성에서 강조될 수 있는 학교교육의 한계란 학교교육을 통해 학습된 내용이 졸업 후 사회 및 직장생활에서 그 유용성이 예상보다 빨리 소멸되기 때문이다. 학교의 교육내용은 과거의 지식과 정보를 바탕으로 구성되는 것이 일반적이다. 따라서 미래지향적인 교육내용을 전달하는 데는 한계가 있다. 불과 수십 년 전까지 학교교육을 통해 학습된 내용을 바탕으로 직업생활, 가정생활, 사회생활 등을 영위하는 데 큰 어려움이 없었다. 그러나 현재 과학기술의 급속한 발달과 SNS의 빠른 사용으로 인한 지식의 홍수 등으로 인해 학교교육에서 학습된 내용은 성인이 되었을 때 직업생활, 가정생활, 사회생활 등에 장기간 큰 도움을 제공해 줄 수 없는 한계에 직면한다. 더욱이 환경의 변화주기는 더욱 짧아지고 있으며 인간의 수명은 점점 증가하고 있는 상황을 고려할 때 이러한 현상은 더욱 가속화 될 전망이다. 이와 같은 이유로 학교교육의 한계를 극복하기 위해 평생교육에 대한 중요성이 꾸준히 강조되어 오고 있다.

2) 경제적 필요

1990년대 중반 이후 글로벌 경제, 테크놀로지의 변화, 지식창출의 전통적 방법 변화, 정보접근의 용이성 등으로 점차 개인 및 조직 그리고 국가는 경쟁과 생존을 위한 여러 가지 방법 중 하나로 평생교육의 필요성을 강조하였다. 이는 '경제적 부가가치 창출을 위한 개인의 경쟁력과 기업 등 조직의 경쟁력은 구성원의 지속적인 학습을 통해서 가능하다'는 믿음이 있었기 때문이다. 경제적 환경변화가 끊임없이 이루어지는 상황에서 개인의 평생교육 참여를 통한 지속적인 지식 및 기술향상은 곧 개인의 투자이며 이는 국가 경제의 경쟁력 제고에 영향을 미친다. 이를 뒷받침하는 이론이 인간자본론이다(Kerka, 2000). 인간자본론에서 개인은 평생교육을 통해 자신의 자본을 형성하기 위해 경제적으로 합리적인 선택을 하며 그 결과는 수입, 생산성, 다른 경제적 지표 등에 의해 나타난다. 즉, 평생교육에 투자하는 사람은 수입이 증가할 수 있으며 이와 같은 투자는 국가의 경제성장에 기여할 수 있다.

따라서 경제적 필요성 차원에서 평생교육은 주로 개인의 책임이지만 기업과 정부에서 개인과 협력적 관계를 통해 지속적인 학습기회를 제공해 주어야 한다. 최근 글로벌 환경과 함께 산업구조의 변화는 평생교육의 필요성을 더욱 강조하고 있다. 즉, 생산중심사회에서 소비중심사회로, 제조업에서 서비스업 중심으로, 상품과 서비스를 제공하는 산업에서 지식을 생산하고 제공하는 산업으로의 변화는 최고 수준의 기술과 지식을 갖춘 인재를 요구하며 이에 따른 적절한 교육시스템이 마련되어야 한다. 즉, 일터의 변화에 적응하고 경제적 부가가치 창출의 원동력으로서 역할을 수행하기 위해 기업은 다양한 교육훈련과 학습을 구성원에게 제공하며 참여를 요구한다(Cho & Imel, 2003). 특히 지식기반사회는 지식작업을 통해 가치를 창출하는 사회이다. 이와 같은 지식기반사회에 필요한 인재를 지식근로자라 부른다. 지식근로자의 일반적인 특징은 지식을 창조적으로 생성, 유통, 활용할 수 있는 근로자를 의미한다. 지식은 평생학습을 통해 지속적으로 생성될 수 있으며 구성원 간 지식의 유통이 informal 중심의 평생학습이라고 할 수 있다.

그러나 세계화와 테크놀로지의 발전 등 환경변화에 부정적 측면 역시 존재한다. 글로벌 환경 변화는 국가간 또는 한 국가내에서 불평등을 야기하며 취업과 개인의 삶의 질, 그리고 사회적 발전을 저해하는 요인이기도 하다(IMF, 2000). 다국적 기업들이 저렴한 임금과 여러 혜택을

앞세워 개발도상국으로 이전함에 따라 정작 선진국의 근로자들은 일자리를 잃는다. 또한 모든 근로자들과 고용 가능성이 있는 사람들이 앞서 언급한 산업구조 변화에 적절히 대응할 수 있는 것은 아니다. 결과적으로 글로벌 경제 환경이 필요로 하는 지식근로자들과 일반 근로자들 간의 고용 및 임금격차는 커질 수밖에 없으며 이에 따른 생활수준의 차이 역시 크게 확대될 수밖에 없다. 결국 노동시장이 양분됨에 따라 높은 수준의 교육과 기술을 요구하며 높은 임금을 받는 좋은 직업(good jobs)과 낮은 기술, 낮은 임금, 이익창출이 불가능한 소위 나쁜 직업(bad jobs)으로 구분되어 결국 부의 양극화 현상이 심화된다(Cruikshank, 2008). 또한 테크놀로지의 진보는 새로운 높은 수준의 기술을 요구하는 직업을 창출하지만 동시에 기존의 많은 직업을 소멸시키는 결과를 초래한다(Cho & Imel, 2003). 따라서 빈익빈 부익부 현상의 가속화로 인해 국가발전에 저해요인이 될 수 있다. 이에 국가는 실직자와 저임금 · 저기술(low-skilled) 근로자들을 위한 직업과 경력관련 평생교육 기회를 제공할 필요가 있다.

3) 사회적 필요

평생교육의 사회적 필요는 경제적 필요에 대한 비판에서 논의될 수 있다. Kerka(2000)는 다음과 같이 평생교육의 경제적 필요를 비판하는 주장들을 정리하였다: (1) 평생교육을 공공재가 아닌 개인을 위한 사유재로 생각한다; (2) 개인의 책임을 중시하며 사회적으로 구성되는 학습의 본질을 무시한다; (3) 학습의 도구적 · 직업적 목적을 지나치게 강조한다; (4) 가시적이고 빠른 결과를 보일 수 있는 학습활동을 강조한다. 즉, 경제적 필요에 의한 평생교육 활성화는 참여자와 비참여자 간에 취업률과 고용 안정성의 격차를 증가시켰고 비정규직 팽창을 야기했다(Livingstone, 1999).

인간자본론에 기초한 경제적 차원에서 평생교육의 필요성은 어느 정도 한계를 갖는 것은 사실이다. 직업기술 향상과 고용 증진 등 경제적 필요에 의해서 평생교육이 강조된다면 굳이 worklong learning이라고 하지 않고 lifelong learning이라고 하는지를 생각해 볼 필요가 있다 (Hunt, 1999). 이를 보충해 줄 수 있는 또 다른 차원이 사회적 자본 (social capital)을 기초로 한 평생교육의 사회적 필요성 논의이다. 사회적 자본은 구성원 간 공동의 이익을 위해 상호 신뢰, 공유된 규범 또는 가치, 그리고 네트워킹을 통해 구성된다. 결국 개인과 사회의 발전 등 공익을 위한 것이다.

글로벌 환경은 경제적으로 뿐만 아니라 문화적으로 사회계층 간 차이를 확대하는 결과를 초래하였다(Merriam et al., 2007). 평생교육 참여율을 조사한 최근 연구들에 의하면 학교교육을 많이 이수한 사람들이 더욱 평생교육에 참여하는 경향이 있다. 즉, 학교교육을 통해 형성 및 심화된 계층 간 불평등이 평생교육을 통해 더욱 고착화된다. 이제 평생교육은 사회적으로 개인과 함께 국가와 지역사회가 책임을 공유해야 한다.

전 세계적으로 특별한 요구를 가진 계층이 다양하게 등장한다. 예를 들면, 우리나라의 경우 최근 다문화 가정이 증가하면서 외국에서 이주해 온 여성들과 이들의 자녀들에 대한 관심이 증가하고 있다. 이들이 우리 사회에서 건전한 구성원으로 자리매김하기 위해 다양한 지원이 필요하며 민주시민교육, 우리말교육, 문화 및 예절교육, 취업준비교육 등 평생교육 차원에서 적극적인 지원이 요청된다. 또한 노령인구의 증가와 노인 수명의 연장은 사회적 차원에서 평생교육의 역할을 확대시킨다. 노인은 오늘날 사회·문화적 환경변화 속에서 가장 많은 혼란과 불안정을 겪는 집단이다. 노인의 평생교육 참여를 통해 학습의 주체 그리고 삶의 주체로서 인식하게끔 해야 한다(신미식, 2007). 앞으로 노인인구는 점차 높은 수준의 교육과 경제적 여유를 가진 집단이 될 것이다. 따라서 기존 사회복지 차원의 수혜 대상으로서가 아닌 사회 발전에 공헌할 수 있는 역할 부여를 위해 노인 인구 특성에 맞는 교육기회 제공과 함께 노인을 끊임없는 잠재력의 개발 대상으로 인식할 필요가 있다(권대봉 &

노경란, 2008; Merriam et al., 2007).

4) 저출산 고령화에 따른 필요

저출산 고령화 현상은 전 세계의 추세이다. 특히 우리나라는 그 현상이 매우 빠르게 가속화되고 있다. 2018년 주민등록인구통계의 아동인구[1]현황에 따르면 아동인구 수는 1970년대 약 1,600만 명으로 전체 인구의 49%를 차지하였으나 이후 계속 감소하고 있는 추세이며 2010년 이후 처음으로 900만 명대에 진입하였고 앞으로도 아동인구는 감소할 것으로 예측하였다. 또한 2019년 출생통계에 따르면, 총 출생아 수는 30만 3천 1백명으로 전년보다 7.3%나 감소하였다. 합계 출산율[2]은 계속 감소하여 전년 0.98명보다 0.06명 감소한 0.92명이었다.

한편 2019년 고령자 통계에 따르면 65세 이상 고령자가 전체의 14.9%로 우리나라는 이제 고령사회에 진입하였다. 통계청(2015) 추산에 따르면 65세 인구는 점점 증가하여 2030년에 24.3%, 2060년이 되면 전체 인구 비율의 41%에 도달할 전망이다. 결국 저출산으로 인한 초중등 및 대학의 학생인구는 점차 감소할 것이며 반면 100세 시대를 맞아 고령화에 따른 노인 인구의 증가로 평생교육의 대상자는 필연적으로 급증할 수밖에 없다.

더구나 100세 시대에 중·고령 근로자들은 주된 일자리에서 퇴직 후 다른 일자리를 거쳐 서서히 은퇴하고 있다. 실제로 우리나라 노동시장에서 근로자들이 완전히 경제활동으로부터 은퇴하는 연령은 평균 71.7세(OECD, 2015)로 주된 일자리 퇴직 후 약 20년 이상 가교 일자리가 필요하다. 이처럼 근로의지와 근로능력을 향상시켜야 하는 중장년층의 증가는 평생교육 대상자 증가로 이어진다. 결국 평생교육의 필요성은 저출산·고령화에 따라 정책적 차원 및 시장경제 차원에서도 더욱 강조될 것이다.

---

1) 0세-만 17세의 인구구성비를 의미한다.
2) 여성 1명이 평생 낳을 것으로 예상되는 평균 출생아 수를 의미한다.

따라서 평생교육은 경제적·사회적 차원 모두에서 개인의 성장과 발전을 통한 자아실현을 도모하고자 하는 개인주도의 학습경험을 의미한다. 동시에 특별한 요구를 가진 계층과 집단을 대상으로 국가 및 지역사회가 평생교육을 주도함으로써 사회 평등과 사회발전에 공헌하고 결과적으로 사회통합을 달성하는 주요 기제이다. 평생교육이 항상 환경에 반응적인 것은 아니다. 어떤 상황에서는 평생교육이 사회적 상황을 변화시키는 전동적(proactive) 역할을 수행해야 한다. 지역사회 변화를 위해 마을 공동체의 적극적인 학습운동은 전동적 역할의 한 가지 예라고 할 수 있다.

2 평생교육

프랑스 혁명 이후 1792년 Condorcet은 프랑스 의회 연설에서 다음과 같이 주장한다:

"교육은 보편적, 다시 말하면, 모든 시민에 확대되어야 한다. 교육은 시민들의 전생애를 통해 지식을 소유 및 획득할 수 있도록 사람들에게 제공되어야 한다. 사람들은 새로운 법, 농업기술의 관찰, 경제적 수단 등 그들이 필요로 하는 것을 배워야 한다. 시민들은 자신들이 교육이란 예술의 대상임을 깨달을 수 있을 것이다."

이 연설문에서 평생교육이라는 단어가 구체적으로 등장하지 않지만, 평생교육의 기본정신이 녹아있는 연설문이라고 볼 수 있다. 우리나라도 평생교육의 정신이 담겨있는 고유의 풍습을 찾아 볼 수 있다. 조상의 제사나 차례상에 위패를 모시는 것이 우리의 유교적 전통이다. 위패에는 관직이 없는 일반 서민의 경우 '○○○학생부군신위'라고 적는다. 즉, 망인들도 학생인데 현세에 살아있는 사람들이야 당연히 학생이 되어야 하지 않을까?

1) 평생교육의 개념

역사적으로 평생교육이라는 용어가 최초로 사용된 여러 가지 예들 가운데 하나는 Yeaxlee(1929)의 저술까지도 올라간다. 그러나 1960년대와 70년대 UNESCO가 형식교육의 다양한 단계들을 연결 짓고 형식교육과 비형식 및 무형식 학습을 연결 짓는 방법적 개념으로 대중화시켰다(Preece, 2006). 결국 평생교육은 1965년 UNESCO 성인교육발전위원회에서 Lengrand에 의해 'education permanete'라는 이름으로 세상에 소개된 이후 지금까지 하나의 담론, 정책적 과제, 새로운 교육패러다임, 교육적 실천영역, 독립된 학문영역 등으로 다양하게 논의되어 왔다.

특히 평생학습의 개념은 European Commission에서 1996년을 평생학습의 해(European Year of Lifelong Learning)로 선포하면서 급속히 대중화되었다(Field, 2011). Commission의 백서에는 경쟁력, 고용, 성장이 강조되었다. 평생학습은 정책가들에게 경제적 측면에서 관심의 대상이었다. 그 당시 지식기반경제와 사회에 성공적으로 적응하기 위해서는 기술경쟁력과 지식 그리고 유연성 있는 인력들이 필요했고 끝없이 변화하는 노동시장에서 근로자들도 고용가능성을 유지하기 위해 자신의 역량향상에 꾸준히 투자를 해야 했다. 이 당시 평생학습관련 정책적 담론에서 인적자본, 사회통합, 그리고 경제적 성장이 핵심이었다. 이와 같은 이슈들은 오늘날까지도 평생교육을 강조하는 차원에서 크게 변화가 없어 보인다.

국내에서 평생교육의 개념은 크게 다음과 같이 세 가지 차원에서 논의될 수 있다. 첫째, 평생교육은 평생학습사회에 어울리는 새로운 교육이라는 관점이다. 천세영과 한숭희(2006)는 '평생교육이 무엇인가?'라는 질문은 사실 '평생학습사회라는 새로운 맥락에서 재규정되는 교육이란 무엇인가'라는 질문과 같다고 하였다. 평생교육은 평생학습사회에서 교육이라는 하나의 활동을 그려내는 해답이 될 수 있다. 즉, 모든 실천적 교육영역들과 교육학의 분과학문들이 고립되어 교육 활동을 설명하고

교육현상을 연구해왔다는 비판아래 평생교육은 이들을 연결하고 재조직화하는 원리 또는 이론이라고 본 것이다. 결국 평생학습사회에서 모든 교육은 평생교육이라는 깃발 아래 재배치되고 이때 평생교육이라는 깃발은 하나의 기준점이며 조직원리가 될 수 있다는 것이다. 한숭희(2006a: 25)는 광의와 협의로 평생교육을 구분하면서 광의의 평생교육이란 "평생교육의 거대 명제 아래 학교교육과 성인(사회)교육이 유기적이고 화학적인 통합"임을 강조하였다. 즉, 수평적·수직적 차원의 다양한 교육활동이 기존에 존재해 왔고 이를 통합하기 위한 화학적이며 유기적인 첨가물로 평생교육이 기능을 담당해야 한다(한숭희, 2006a). 이를 벽돌쌓기에 비유하자면 기존에 다양한 차원의 교육이라는 벽돌들이 있고 평생학습사회에서는 이들을 유기적·화학적으로 통합하여 경계가 허물어진 하나의 큰 벽돌인 평생교육을 만들자는 것이다.

둘째, 평생교육은 전생애(lifelong) 및 범생애(lifewide)에서 발생하는 모든 교육을 물리적으로 통합하는 총칭으로 보는 견해이다. 이와 같은 견해는 특히 '평생(lifelong)'이라는 단어의 의미에 초점을 둔다. 즉, 평생교육이란 요람에서부터 무덤까지의 모든 교육활동을 의미한다. 교육은 학교를 넘어 다양한 시기와 장소에서 발생할 수 있음을 강조한다. 평생교육은 학교뿐만 아니라 학교 밖 교육 그리고 성인의 삶의 모든 영역을 포함한다(Ouane, 2002). 김진화(2006)는 광의적으로 평생교육이란 교육의 최상위 개념으로 인간의 전생애(lifelong)에 걸쳐 이루어지고 있는 유아교육, 아동교육, 청소년교육, 성인교육, 노인교육 등 생애교육을 포함하고, 모든 생활 영역에 실시되고 있는 가정교육, 학교교육, 사회교육, 기업교육, 사이버 교육 등 범생애적(lifewide) 교육을 통칭하는 개념으로서 평생교육을 정의하고 있다. 벽돌의 예를 다시 들면, 학교교육을 포함한 다양한 차원의 교육 벽돌들의 경계를 인정하면서 이 모든 벽돌들을 수직적, 수평적으로 묶은 것을 평생교육이라고 본 것이다.

셋째, 평생교육은 성인교육과 같은 개념이라고 보는 견해이다. 성인교육에 대한 개념정의는 아래 장에서 별도로 언급한다. 사실 국내와 유럽의 많은 학자들은 앞에서 언급한 두 관점으로 평생교육의 개념을 주로 이해하고 설명하고자 한다. 그러나 천세영(2002)은 평생교육이 초·중등 교육 등 공식교육까지를 포괄하는 개념으로 확대된다면 거의 교육과 동의어로 쓰일 수 있다는 점에서 전생애 및 범생애 교육활동의 통합에 대한 견해에 비판을 제기하였다. 앞의 두 접근에서 평생교육은 기존 교육의 외연적 확대를 위한 이념 또는 패러다임 수준에서 그 중요성을 인정받을 수 있다. 배을규(2006) 역시 평생교육 또는 평생학습은 오늘날 교육의 지향점을 제시한 마스터 개념이며 추상적이고 은유적 표현임을 강조한다. 국내 평생교육학 개론서들에서 소개되는 학습이론이 '안드라고지, 자기주도학습, 전환학습' 등이며 이는 성인교육에서 소개되는 성인학습이론과 같다. 즉, 평생교육에 대한 개념정의는 새로운 교육 패러다임 또는 수평적·수직적 통합을 제시하면서 이후 각론에서 소개되는 학습이론과 학습자 및 교육자에 대한 부분은 성인교육과 동일하다. 결국 평생교육은 학교교육 이외의 성인을 대상으로 한 교육과 별반 차이가 없다. 앞에서 설명한 벽돌쌓기에 비유하자면 그동안 학교교육으로 대표되는 교육이라는 넓고 높이 쌓인 벽돌 옆에 이제는 학교교육과 구별되는 그러나 연계되는 새로운 벽돌들이 쌓이고 있는 것이다. 상대적으로 학교교육이라는 벽돌과 비교해 볼 때 새로운 영역을 평생교육 또는 성인교육이라고 할 수 있다. 우리나라 평생교육법 제2조에도 평생교육을 '학교교육을 제외한 계획된 교육'으로 정의하고 있다. 이는 평생교육을 성인교육으로 보는 견해를 뒷받침한다.

3 성인교육

북미의 경우 하나의 독립된 학문영역으로서 평생교육보다는 성인교육(adult education)이라는 용어를 보편적으로 사용하고 있다. 예를 들면, 2019년 기준으로 우리나라 정부의 교육부 내 평생미래교육국과 그

아래 평생학습정책과가 있듯이 미국 교육부에는 경력·기술·성인교육 국(office of career, technical, and adult education)이 있다. 또한 우리 나라에 한국평생교육학회, 한국성인교육학회가 있듯이 미국에는 북미 학자와 실천가들이 함께 하는 국제 학회인 성인교육연구학회(Adult Education Research Conference: AERC)가 있다. 그리고 미국을 거점으로 한 미국성인계속교육학회(American Association for Adult and Continuing Education: AAACE)가 있다. 이 학회에서 출간되는 대표적인 학술지 이름도 'Adult Education Quarterly'와 'Adult Learning'이다. 2003년 12월에 종료된 미국교육학술정보센터(Educational Resources Information Center: ERIC)는 16개 세부 교육학 영역(교과교육 포함)들로 구성되었는데 그 중 하나가 Clearninghouse of Adult, Career and Vocational Education(ERIC/ACVE)이다. 결국 미국에서는 평생교육 보다 성인교육이라는 용어가 보다 널리 사용된다.

1) 미국 내 성인교육의 발전

미국의 경우 성인교육은 민주주의 성장과 산업화 등 사회적 맥락 속에서 그 발전과정을 살펴볼 필요가 있다. Stubblefield와 Keane(1994)에 의하면 19세기 초반 잉글랜드에서 성인교육 용어가 대중적으로 사용되기 시작했으며 미국은 19세기 후반 공립학교, 대학, 공공도서관, 박물관 등을 통해 교육기회가 성인에게 확대되면서 성인교육 용어가 대중화되었다. 이후 1920년대 Carnegie Corporation의 재정적 지원으로 성인교육 분야의 다양한 연구와 실천이 발전하게 되며 이를 위해 American Association for Adult Education(AAAE)이 중추적 역할을 담당하였다. 따라서 이 시기에 전문적인 실천 영역으로 성인교육이 자리매김하였다(Merriam, 2001). 그러나 AAAE는 자유교양교육(liberal education)을 주된 성인교육의 대상으로 여겼다(Stubblefield & Keane, 1994).

Merriam 등(2007: 6-7)은 자신들의 저서에서 다음과 같이 미국 내 성인교육의 발전을 설명하고 있다: 독립 이전 농업중심 사회에서 사람들은 농업기술을 습득할 수 있는 학습기회가 필요했다. 또한 미 대륙의 초기 정착민들은 유럽으로부터 종교의 자유를 찾아 이주하였다. 다른 지역에서 온 이주민들이 점점 더 증가함에 따라 윤리의식의 고양과 종교적 차원에서 성경을 읽을 수 있는 능력을 배양해주어야 했다. 결국 미국 초창기에는 기술과 종교 그리고 도덕성 함양을 위한 성인교육이 필요하였다. 독립전쟁 이후에는 민주사회를 위한 시민과 지도자들이 필요했으며 종교에 의한 성인교육의 필요성을 넘어 시민교육으로 그 영역이 확장되었다. 이후 산업혁명과 함께 산업기반기술교육(industry-based skills training)이 필요했으며 이민자의 수가 급증함에 따라 미국화 시민교육으로 성인교육의 영역이 확대되었다. 1920년대 이후 이 분야의 학자와 실천가들의 주된 관심은 성인들이 어떻게 학습하는가라는 질문에 있었다(Merriam, 2001). 현재 성인교육은 테크놀로지의 발달과 함께 여전히 직업기술교육, 문해교육, 시민교육, 교양과 여가학습 그리고 지역사회기반 사회활동을 포함하고 있다.

2) 유럽에서 성인교육의 발전

성인교육이 북미를 중심으로 발전해 온 것은 아니다. 이미 종교개혁에서부터 성인교육은 유럽에서 널리 사용되었던 개념이다. Hake(2011: 15-18)에 따르면, 유럽의 성인교육은 네 번의 형성시기가 존재한다. 첫 번째 시기는 16세기 말부터 17세기 초 종교개혁과 관련이 있다. 이때 인쇄술의 발명과 함께 성경의 번역과 독해 등 지식에 대한 접근성 증가는 여러 성인학습활동으로 이어졌다. 두 번째 시기는 18세기 중반 이후, 계몽주의 운동의 여파로 유럽과 유럽의 식민지였던 미국대륙에서 조직화된 성인교육의 모습이 등장하게 된다. 이때 개인의 덕과 도덕성이 사회 전체의 안녕에 중요하다는 인식이 형성되었고, 최초로 성인학교가 설립되었다. 그 결과 사회 계층의 약자들을 위한 민주적 권리와 표현의 자유를 요구하는 사회적 운동이 일어나기도 하였다. 세 번째 시기는 1870년대부터 1930년의 사이의 시기이다. 이때는 산업화와 도시화가 심화되면서 노동자의 목소리가 커지게 되고, 노동자들이 새로운 기술을 학습할 수 있는 교육프로그램이 생겨나기 시작했다. 대표적인 것이 영국 대학들이 노동자들을 위한 교육활동을 지원한 '대학교 확장 프로그램(University Extension)'이다. 또한 제1차 세계대전으로 남성 노동자들의 빈자리를 여성으로 채우면서 여성 노동자들의 권리 투쟁과 함께 이들에게 적합한 일자리가 무엇인지에 대해 고민하게 되었다. 마지막 네 번째 시기는 1950년대부터 현재까지의 시기이다. 이 시기의 제3세계의 경우 성인교육이 국민의 읽고 쓰는 능력을 끌어 올려 국가재건의 수단으로 여겨지기도 했다. 구 소련의 경우 성인교육을 고등교육을 위한 수단으로 사용하였으며 영어권 국가들의 경우 교육소외계층을 위한 '2번째 기회'로 성인교육을 활용하였다. 1980년대부터 신자유주의 경향으로 성인교육은 다시 근로자들의 경쟁력 제고를 위한 수단으로 여겨졌다. 21세기에 들어서면서부터는 다양한 사회 문제에 대해 성인교육이 관심을 갖고 연구를 진행하고 있다.

3) 성인교육의 개념

1910년대까지 성인교육은 성인을 위한 교육프로그램(education for adults)을 지칭하는 용어 정도였다(Stubblefield & Rachal, 1992). 1930년대 초반 Bryson(1936: 3-4)은 경제활동에 참여하는 사람들에 의해 행해지는 교육적 목적을 달성하기 위한 모든 활동을 성인교육으로 보고 성인교육이란 개인의 인성(personalities) 향상을 목적으로 성인학습자의 자기주도성에 기초한 자발적 활동이며 개인개발(personal improvement)은 기본적인 성인학습동기로서 자유교양교육은 이와 같은 교육활동을 설명하는 최고의 용어라고 주장하였다.

이후 1960년대 Verner(1964: 1)는 성인교육이란 "성인을 위해 특별히 설계된 모든 교육적 활동"을 의미한다고 하였다. 이 정의는 비구조화 또는 비계획적인 성인교육은 개인 또는 사회에 큰 도움이 되지 않는다는 믿음이 전제되어 있다. 또한 Verner의 정의는 성인들을 대상으로 전문적인 교육자(professional educator)에 의해 행해지는 교수전달 방법으로 성인교육을 정의하였다. Rogers(1966)는 아동을 가르치는 방법과 달리 성인교육은 성인 학습자를 가르치는 과정이며 이와 같은 정의방식은 안드라고지와 유사하게 성인교육을 정의하는 것으로 볼 수 있다. Rogers는 성인의 특징으로 능력 있고, 경험이 풍부하며, 책임감 있고, 성숙하며, 조화로운 사람이라고 설명하고 있다(p. 47).

이후 1976년 UNESCO는 성인교육을 체계적이고 지속적인 학습활동에 성인이 참여함으로서 행해지는 모든 조직적 교육프로세스라고 정의하였다. 90년대에 Merriam과 Brockett(1997: 6)에 따르면 성인교육은 성인으로 인식될 수 있는 연령, 사회적 역할 또는 자아의식을 가진 사람들에게 학습을 발생시키기 위하여 계획적으로 설계된 활동으로 정의하였다. Jarvis(1992)는 성인교육을 일상생활에서 의식적 경험을 지식, 기술, 태도, 가치 그리고 믿음으로 전환하는 과정으로 정의하였다.

일반적으로 성인교육은 대상이 성인인 교육을 의미한다. 따라서 성인교육에서 학습자인 성인을 어떻게 정의하는가가 중요하다. 성인을 정의하는데 일반적으로 연령, 심리적 성숙, 사회적 역할이 고려될 수 있다(Elias & Merriam, 2005). 그러나 성인이란 용어를 정의하는 것은 쉽지 않다. 예를 들면, 법적 정의에 있어서도 성인의 개념정의는 국가마다 다르다. 예를 들면, 캐나다의 경우 주(州)별로 성인을 다르게 정의하고 있다. 우리나라의 경우도 선거법에서 만 18세 이상을 성인으로 인정하여 투표권을 부여하고 있으나 청소년보호법에 의하면 만 24세까지를 청소년으로 보고 있다. 심리적 성숙에 있어서도 개인차가 존재하며 사회적 역할도 일정 시기를 한정지을 수 없다. 그러나 성인에 대하여 좀 더 폭넓은 정의는 성인교육의 대상에 대한 다양성을 의미하며 대학을 제외한 학교교육의 대상인 페다고지의 영역과 구별되는 것은 분명하다.

따라서 성인교육 학자들은 다른 형태의 교육-특히 아동을 대상으로 하는 교육-과 구별되는 성인교육의 모습을 찾으려 했다. Rubenson(2011)에 따르면, 위 UNESCO의 정의에서 한 가지 중요한 핵심은 성인을 위한 교육에서 다른 교육영역과 구별되는 특별한 교육적 조직화(예를 들면, 성인교육만의 독특한 조직화, 방법, 교육과정 등)를 강조한다. 1968년 Knowles는 아동 대상 학교교육과 구별되는 성인학습의 새로운 이름과 테크놀로지를 제안한다. 성인의 학습을 돕는 예술이며 동시에 과학이라는 안드라고지를 소개하면서 다른 교육영역과 구별되는 성인교육의 영역을 정의하는 대명사로 오늘날 널리 사용되고 있다. 배을규(2006: 33-34)는 성인교육의 다양한 정의들을 분석하여 다음과 같은 공통점을 제시하였다: 교육대상자로서 '성인'의 개념이 포함되어 있고, '의도성'과 '계획성'이 반영된 성인교육의 과정을 강조하며 교육을 실시하는 사람 또는 기관으로서 '성인교육자'가 포함된다. 이를 바탕으로 배을규(2006)는 성인교육이란 형식 및 비형식 교육기관이 나이, 사회적 역할, 자아의식의 차원에서 성인이라고 할 수 있는 사람들에게 다양한 학습경험을 의도적이고 계획적으로 제공하는 교수학습활동으로 정의하였다.

그러나 성인교육을 개념 정의할 때 다른 교육영역과 구별 또는 차별성을 찾는 노력은 점점 어려워졌다(Rubenson, 2011): 우선 성인교육에 침여하는 모든 싱인이 사회석 역할과 기능에 있어 성인이라고 할 수 없다. 둘째, 성인교육에 참여하는 성인이 모두 자발적으로 참여하지는 않으며 그들의 직업을 유지하거나 취업을 위한 자격을 얻기 위해 참여한다. 셋째, 20대 초반의 전통적인 대학생의 경우 성인학습자로 볼 것인가가 모호하다. 20세기 중반까지 성인학습은 행동주의 또는 인지주의 심리학자들의 연구 관심사 및 문제해결, 정보처리, 기억, 지능, 동기 등이 주된 연구관심사였고 대부분 실험실 환경에서 연구되었다. 이후 성인교육에서 이 주제들은 성인의 생활환경, 삶의 경험, 사회문화적 영향 등을 고려하게 되었다(Merriam, 2005).

Rubenson(2011)은 성인교육의 영역이 국가마다 다양할 수는 있지만 다음과 같은 이슈들이 공통적이라고 하였다: 3R을 포함한 성인기초 교육(adult basic education), 이주민과 시민교육, 성인고등교육, 일터학습과 훈련, 지역사회교육, 대중성인교육(대중적인 전통문화, 춤, 노래, 드라마 등), 그리고 박물관, 도서관, TV나 라디오.

4 평생교육과 성인교육의 관계

평생교육과 성인교육의 관계를 정립하는 것은 쉬운 일이 아니다. 우선 앞 절에서 언급한 것처럼 평생교육의 개념 역시 다양하며 일부에서는 성인교육의 또 다른 이름으로 평생교육을 보기도 한다. 그러나 선행연구에서 언급한 두 개념 또는 두 학문적 영역의 관계에 대한 논의를 통해 그 흐름을 짚어 볼 수 있다.

박성정(2001: 165)은 광의의 평생교육과 협의의 평생교육인 성인교육이 역사상 그 출발과 성장과정이 다르며 광의의 평생교육은 추상적 아이디어에서 출발하여 실천으로 구상되었고 'top-down'방식으로 제도권에서 발전했지만, 성인교육은 사회적 실천에서 시작하여 개념화되었고 'bottom-up'방식으로 비제도권에서 발전하였다고 본다. 결과적으로 평생교육의 물리적 통합 차원에서는 성인교육이 평생교육에 포함될 수 있으나 이념적으로는 동질적이지 않다는 것이다.

성인교육 영역에서 몇몇 연구들은 '평생교육 또는 평생학습'에 대하여 다음과 설명한다. 최근 영국 등 유럽에서 성인교육은 평생학습이라는 깃발을 내걸고 항해를 하고 있다(Boshier, 2005). Merriam 등(2007)은 오늘날의 급격한 사회변화가 성인교육을 연구하고 실천하는 사람들에게 '평생교육' 또는 '평생학습'을 주된 모토로 인식하게끔 만들었다고 언급하였다. 성인교육 영역에서 평생교육은 하나의 연구 동향(Imel, 2000)이며 운동(배을규, 2006)이다. 조대연(2006b)은 OECD와 UNESCO 등 유럽의 국제기구들에 의해 정책적 이슈로 등장한 평생교육이 미국에서도 흔히 사용되고는 있으나, 정부차원의 정책적 필요에 의해서 등장한 하나의 사회적, 현재적 그리고 세계적 이슈로 간주하는 경향이 있음을 지적하였다. 즉, 유럽과 우리나라에서 논의되는 평생교육의 무게와 미국의 그것과는 많이 다름을 알 수 있다.

또한 위의 논의보다 진보적인 주장도 있다. Ouane(2002: 312−313)는 21세기 교육과 학습을 위한 새로운 패러다임으로서 평생학습을 채택하는 것은 단순히 추상적인 에듀토피아(edutopia)를 위한 슬로건 정도가 아니다. 평생학습은 우리가 항상 고민해 온 교육과 학습의 목표, 내용, 그리고 학습양식 등에 대한 질문에 구체적인 답을 우리에게 제공할 수도 있다. 평생교육에서 'lifelong'은 분명 성인(adult)을 대상으로 하는 것보다 더 많은 것을 포함한다.

그러나 평생교육과 관련된 연구물 그리고 정책적 보고서 등에서 학교교육에 대한 논의는 거의 없으며 학교교육에 관심 있는 연구자 또는 실천가들이 자신들을 평생교육의 한 영역이라고 생각하지 않는다. 하나의 학문영역으로 평생교육이 또 다른 학문영역인 성인교육과 동일하지 않다면, 평생교육이 하나의 학문이기 위해서 학문적 정체성을 찾는 데 더욱 노력할 필요가 있다.

Chapter 02

평생교육의 목적:
학습사회 건설을 위해[3]

　　전통적으로 평생교육은 기본적인 분석단위로서 개인과 (지역)사회를 강조한다. 즉, 개인 차원에서 평생교육은 개인의 발전 또는 성장에 기여할 수 있고 사회적 차원에서 사회의 발전과 변화를 추구하며 결국 사회 통합의 기제로서 그 역할 수행을 기대 받아왔다. 이들 두 가지 차원은 서로 분절되어 있기보다 연결되어 있다. 개인적 차원과 사회적 차원에서 평생교육의 목적은 결국 학습사회 건설로 귀결된다.

　　그러나 평생교육의 실제와 학문적 발전 속도에 비하여 우리가 지향해야 할 이상적 비전 또는 가까운 미래의 현실적 논의 주제로서 학습사회에 대한 모습은 그렇게 구체적이지 못했다. 학습사회구현의 당위성을 강조하거나 구체적 방안에 대한 언급은 쉽게 찾아 볼 수 있다. 즉, 학습사회를 구축하기 위하여 정부차원의 제도적 또는 정책적 산물들(예를 들면, 원격대학, 학점은행제, 독학학위제, 평생직업교육, 평생학습도시, 평생학습바우처 등)의 원활한 운영과 그 효과를 극대화하기 위한 제언에 초점을 맞추어 왔다.

---

3) 조대연(2009). 인적자원개발 관점에서 학습사회에 대한 논의 확장 탐색. *한국교육학연구*, *15*(1), 187-206의 내용을 수정보완함.

이러한 연구들은 지나치게 기능주의적이며 학교사회의 연장선상에서 교육 또는 학습의 장을 넓히는 학습사회를 언급함으로써 진정한 학습사회가 아닌 오늘날 학교중심모형의 학교사회에서 크게 벗어나지 못한 한계를 가진다(한숭희, 2006b). 학습사회는 학습 또는 교육의 양을 확대하기보다 본질적으로 학습을 기저로 하여 정치, 경제, 사회, 문화 등 사회를 구성하는 기제들의 혁신된 모습이 녹아져 있는 사회라고 할 수 있다.

1 학습사회의 개념과 특징

우리나라는 학습사회보다 평생학습사회라는 표현을 더 쉽게 찾아볼 수 있다. 이는 요람에서부터 무덤까지라는 생애 전 주기의 지속적인 학습을 더욱 강조하기 위한 표현이다. 1990년대 이후 평생학습이 경제적·사회문화적 필요 등 다양한 이유에 의하여 글로벌 이슈로 자리매김하면서 자연스럽게 '학습사회' 또는 '평생학습사회'라는 용어가 대중화되었다. 학습사회는 연구자의 관점에 따라서 다양하게 정의될 수 있다. 학습사회의 모습을 구체화하기 위해 최근 선행연구들이 강조한 학습사회 정의들에서 세 가지 공통적 특징들이 있다.

첫째, 평생학습사회의 정의에는 시간적·공간적 초월성이 강조된다. 60년대 말과 70년대 초에 제시된 학습사회는 지식을 얻을 수 있는 시간적·공간적 제약이 없는 새로운 사회를 의미했다(UNESCO, 2005). 학습에 있어서 학교와 학령기라는 공간적·시간적 경계를 초월하고자 하는 의지가 강하게 강조되었다. 이와 같은 시간적·공간적 초월성은 70·80년대를 거쳐 오늘날까지도 학습사회를 정의하는 데 가장 빈번히 등장하는 특징이다.

예를 들면, Dave(1976)는 아동기나 청소년기뿐만 아니라 성인기와 노년기도 모두 중요한 학습의 시기로 재편될 수 있는 사회를 학습사회로 정의하였다. 최운실(2002)은 학교뿐만 아니라 사회의 모든 기관이 교육력을 갖고 학습을 위한 장으로 거듭나는 사회를 학습사회라고 하였다. 즉, 학교중심 제도적 교육관의 변화를 전제로 한다. 평생학습사회는 평생에 걸쳐 시간적 제약 없이 학습에 참여할 수 있는 사회(최돈민 외, 1998), 평생 언제라도 자유롭게 학습기회를 선택할 수 있는 사회(이희수 외, 2000), 평생에 걸친 학습체제가 마련되는 사회(김장호, 2004)라는 강조는 학습사회의 시간적 초월성을 의미한다.

또한 학습사회는 기존 학교로 대표되던 특정한 전통적인 교육기관을 넘어 다양한 장소에서 학습이 발생하는 사회를 의미한다. Tielen(1998: 148)에 의하면 평생학습사회란 다양한 학습자원이 학교뿐만 아니라 가정, 지역사회, 기업, 그리고 다른 조직들로 확대되는 사회를 의미한다. 이희수(2003)는 사회를 구성하는 모든 단위들이 학습기회를 제공하고 교육활동에 참여하게 하는 사회를 학습사회라고 보았다. 즉, 학교 등 특정 장소에서만 학습이 이루어지는 것이 아니라 개인이 살아가는 모든 삶의 공간이 학습공간으로 재구성되는 사회를 의미한다.

결국 초월성을 강조한 평생학습사회는 시간과 장소의 제한이 없이 자유롭게 학습할 수 있는 인프라가 구축된 사회라고 할 수 있다. 초월성을 기반으로 평생학습사회는 교육과 학습에 대하여 절대 권력을 행사해 온 학교를 뛰어 넘어 사회의 모든 부분이 교육을 제공하고 학습받을 수 있는, 즉 교육과 학습 제공에 권력 다툼이 없는 사회를 의미한다. 대체로 초월성의 측면에서 평생학습사회는 학습의 양적 팽창을 도모해 왔다.

둘째, 학습사회는 평등을 기반으로 한 대중성이 강조된다. Hutchins (1968)에 따르면 학습사회란 모든 구성원에게 자유로운 학습기회가 제공되는 사회로 정의하였다. 학습사회에서는 모든 사람이 학습체제의 수혜자이다. 1990년대 중반 이후 국제기구의 권고에 의해 선진국들은 만인을 위한 교육평등 구축을 시급한 과제로 설정하였다. 소수가 갖던 학습의 기회를 국민 모두를 포함하는 대중의 것으로 확대하자는 것이다.

평등을 기반으로 대중성을 강조하기 위해서 '누구나', '모든 국민', 또는 '만인'이라는 표현을 주로 사용한다. 누구나 다양한 방법으로 원하는 학습에 참여할 수 있는 사회(최상덕 외, 2007), 모든 국민에게 평생학습의 기회를 보장해 주는 사회(권대봉, 2001), 만인을 위한 사회(이희수 외, 2000), 모든 국민이 평생 동안 계속해서 새로운 지식을 학습하고 지식을 생성하는 사회(김신일 & 박부권, 2005) 등이 그 예이다. 결국 학습기회에 있어서 차별성이 없으며 모든 국민의 학습권이 보장된 사회라고 할 수 있다.

이는 학제를 중심으로 하는 기존의 학교사회와 다르다. 형식학습을 넘어 비형식 학습 그리고 무형식 학습 등이 새로운 유형의 의미 있는 학습기제로 활발히 인정되는 가운데 국민 누구나 평생학습자로 학습사회의 적극적 구성원이 될 수 있는 권리가 있다. 즉, 사회 모든 구성원에게 다양한 방식으로 학습기회를 제공함으로써 원하는 정보와 지식의 획득이 가능한 사회를 의미한다. 그렇다고 대중성이 학습기회 수혜자의 확대만을 의미하지는 않는다. 학습기회의 다양화뿐만 아니라 무형식 및 비형식 등 학습양식의 다양화와 함께 학습기회 제공자의 다양화를 포함한다. 학제를 중심으로 한 학교사회와 비교하면 학교를 중심으로 형식적 학습기회가 분배되는 양식을 넘어 학습사회는 평등과 대중성을 기반으로 새롭고 다양한 학습기회의 분배 양식을 중심으로 변화된 사회라고 할 수 있다.

셋째, 평생학습사회는 통합성에 기초하여 다양한 학습 지원 및 관리 그리고 평가체제가 강조된다. 평생교육은 모든 국민을 대상으로 전생애를 통한 다양한 학습기회를 통합하고 장소와 시간에 구애됨이 없이 범생애(life-wide) 차원에서 다양한 학습기회를 통합함으로써 수직적·수평적 통합을 강조한다. 통합성은 전생애 그리고 범생애 차원에서 발생하는 학습기회를 단순히 나열하여 교육과 학습의 영역을 넓히는 물리적 통합이 아닌 평생학습의 기본 정신에 입각하여 모든 교육과 학습활동을 유기적·화학적으로 통합하는 것을 의미한다. 기존 학제의 대표로서 교육과 학습을 주로 관리해 온 학교 역시 통합의 대상이다. 한숭희(2006c)는 초·중등 및 대학 등의 학교교육과 성인계속교육의 물리적 통합 추구는 결국 기존 학교사회를 더욱 강화할 수 있는 여지가 있으며 이는 근대 학교모형으로부터 크게 벗어나지 못하여 결국 평생학습사회의 구현이 어려울 수 있음을 지적하였다.

통합성에 기초한 평생학습사회는 먼저 다양한 학습지원 인프라 구축이 선행되어야 한다. 평생학습사회를 건설하기 위하여 적은 비용으로 학습 받을 수 있는 인적·물적 인프라 구축이 필요하다. 유럽의 경우도 학습의 총량을 증가시키기 위해 시설, 재정, 제도 등 총체적 시스템을 사회 각 부문에 확대하고자 노력하고 있다(한숭희, 2006a). 이는 위에서 언급한 초월성과 대중성을 지향하기 위한 기초 작업이라고 볼 수 있다. 인프라 구축을 기반으로 학습기회의 초월성과 대중성은 곧 학습영역의 확장과 학습량의 증가를 이끈다.

최근 많은 연구자들은 평생학습사회의 논의에서 증가한 학습량과 확장된 학습영역을 관리하고 평가하는 것에 주목한다. 한숭희(2006a)는 평생학습사회 논의의 이론적 구체화를 도모하기 위해 학습의 사회적 관리양식이라는 개념을 제안하면서 최근 유럽을 중심으로 사회적으로 다양한 학습의 관리 방식이 변화하고 있다고 하였다. 학습사회는 다양한 학습의 결과가 공식적으로 인정되는 체제를 갖출 필요가 있다(최상덕 외, 2007). 결국 학습사회에서 다양한 공급자에 의해 분배 또는 제공된 학습 서비스에 대해 그 질을 사회적으로 관리하고 평가하는 체제가 필요하다. 이러한 체제가 구축되고 널리 우리의 일상에 스며들 때 졸업장에 의한 학력이 아닌 학습이력을 근거로 한 학습자의 능력을 평가하는 체제를 갖춘 학습사회가 형성될 수 있다(안상헌, 2005).

지금까지의 논의를 토대로 평생학습사회란 시간과 공간의 초월성, 모두를 위한 평등에 기초한 대중성, 그리고 통합성에 기반하여 다양한 학습의 지원과 관리 및 평가가 이루어지는 사회라고 할 수 있다. 학습사회에서 학습은 하나의 삶의 양식이며 살기 위해 음식물을 섭취하는 것처럼 생활을 위해 그리고 성장과 성숙을 위해 학습이 일상화되는 사회이기도 하다.

2 학습사회에 대한 논의 확장

학습사회의 추상적 논의를 이론적 구체화의 세계로 가져오는 것이 평생교육학에서 해야 할 가장 기본적이면서 중요한 일임에도 불구하고 적극적으로 학계에서 논의되지 못하였다(한숭희, 2006a). 이는 평생학습이 활성화되면 학습사회는 당연히 실현된다는 믿음 때문이기도 하며 이상점으로 학습사회를 논의하는 것보다는 평생교육과 평생학습의 과정 및 실제를 연구하고 제언하는 것이 보다 현장에 주는 효과가 높다는 연구자들의 생각 때문이기도 할 것이다. 그럼에도 불구하고 최근 학습사회에 대한 강조와 학문적 논의는 학습사회의 이론적 틀에 대한 수준 향상에 기여하였다. 본 장에서는 학습사회의 논의 확장에 있어 구체적으로 학습사회의 필요성 확장 측면, 학습주체의 확장 측면, 그리고 학습사회의 궁극적 산출물 확장 측면에서 살펴보고자 한다.

첫째, 학습사회로의 전환 필요성에 대한 논의 확장이다. 기존 사회를 학습사회로 발전 또는 전환시키자는 주장의 이유는 다양하게 논의될 수 있으나 환경의 불확실성과 혼란스러움에서 그 이유를 찾을 수 있다. 90년대부터 현재까지 지식과 기술의 변화속도는 점점 빨라지고 세계화와 지식기반경제 환경 속에서 생존을 위한 전략으로 평생학습을 통한 학습사회 지향이 하나의 해결책으로 부상하였다. 김재웅(2005)은 학습사회 건설의 필요성에 있어서 학습을 위한 학습사회보다 경제사회적 이유가 더 크다고 하였다. Casey(2006) 역시 72년 UNESCO의 '존재하기 위한 학습'에서 제시한 인본주의와 인간해방적(emancipatory) 논의에 기초한 학습사회 모형은 현재까지 주된 흐름이지만, 오늘날 경제적 측면에서 학습사회의 필요성이 강조되고 있음을 지적하였다. 선진 국가들과 국제기구들이 21세기 생존전략으로 평생학습을 통한 학습사회를 채택한 것은 전통적인 학교중심사회로는 급격한 환경 변화에 대응할 수 없다는 인식 때문이다(이혜영, 2003). 결국 학습하는 인간의 아름다움을 추구하기 위해 학습사회를 강조하는 것과 더불어 환경의 불확실성에 적응하고 경제적 측면을 포함한 다양한 차원의 사회 경쟁력을 지속적으로 유지하기 위해서 학습사회 건설이 요구된다.

둘째, 학습사회는 학습주체에 대한 기본 시각을 확장한다. 학습사회에서 학습의 주체는 일반적으로 개인 학습자를 떠올린다. 이혜영(2003)에 따르면 학습사회는 국민 각자가 개인의 목적달성을 위해 생애에 걸쳐 학습을 계속할 수 있는 기회가 제공되는 사회이다. Su(2007) 역시 학습사회에서 다양한 방법을 통해 여러 곳에 흩어져 있는 학습자원과 기회를 이용하여 효과적으로 학습할 수 있는 개인학습자를 중심에 두었다. 학습사회는 학습자가 중심이 되고 학습의 주체가 되며 이를 위해 개별화된 자기주도적이면서 자율적 학습이 핵심이다(최운실, 2002). 즉, 학습사회에서 핵심적 학습주체는 학습자 개인이다.

한편 지난 20년 동안 학습사회 연구에서 개인뿐만 아니라 다양한 학습주체를 강조하는 연구들이 있었다. 예를 들면, 서로 다른 시민그룹(Wilkins, 2000), 다양한 집합적 사회구성 단위들(Marsick, Bitterman, & Van der Veen, 2000), 개인, 조직, 기업, 단체, 공권력, 그리고 서로 다른 문화적 전통 사이 관계(Ravet & Layte, 2006) 등이 학습사회의 주요 학습주체로 언급되고 있다. 결국 학습사회는 개인 학습자를 포함하여 다양한 사회 단위들이 학습의 주체로서 역할을 할 수 있어야 한다. 개인학습의 총합이 학습사회를 구성하는 데 필요조건이지만 충분조건은 될 수 없기 때문이다. 최근 박현숙(2007)은 개인학습과 조직학습을 강조하면서 개인 차원의 학습에서 학습조직 활성화를 거쳐 개인과 조직 상호간 네트워크 구축 과정을 통해 학습사회가 실현될 수 있다고 하였다. 결국 학습사회에서 개인학습을 넘어 다양한 학습주체들의 학습이 어떻게 발생하는가에 대한 설명이 필요하다. 또한 각 주체들의 학습을 어떻게 연결하여 하나의 학습사회로 통합할 수 있는지에 대한 논의도 활발히 이루어져야 한다.

셋째, 평생교육의 다양한 실천은 학습사회 건설을 목표로 한다. 그러나 학습사회를 추구했을 때 어떤 결과를 얻을 수 있는지에 대한 논의는 쉽게 찾아보기 어렵다. 이상적인 목표로서 학습사회가 아닌 학습사회를 건설하고 지속적으로 유지할 때 어떤 성과물이 발생할 수 있을까에 대한 논의가 더욱 필요하다. 그동안 학습사회건설을 위하여 시간적·공간적 초월성을 강조하였고 평등을 기반으로 평생학습의 대중성을 확대하고자 노력했다. 또한 통합성에 기초하여 다양한 학습지원, 관리, 그리고 평가체제의 발전에 관심을 기울이고 있다. 이런 노력들이 충족되었을 때 학습사회에 도달하거나 아니면 학습사회에 가까이 갈 수 있다. 그러나 학습사회를 구축한 결과 또는 그 과정에 있어 어떤 성과를 얻을 수 있으며 누구에게 그 이익이 돌아가는지(Holford & Jarvis, 2000)에 대해서는 명확하지 않다.

다행스럽게 몇몇 연구는 위의 궁금증에 답을 제시하고 있다. 예를 들면, 한숭희(2006a)는 학습체제를 통해 학습사회는 핵심역량, 학습문화, 지적성장 등을 산출하고 이들을 사회 전체로 재유입하여 사회의 지속적인 발전과 새로운 변화를 야기한다고 하였다. 즉, 학습사회는 미래 새로운 환경 변화에 사회가 스스로 구성해 나가는 과정을 통해 변화하고 활발히 작동하여 적응할 뿐만 아니라 새로운 변화를 주도적으로 창출할 수 있는 능력을 갖춘 사회를 의미한다. 특히 UNESCO(2005)는 지식기반사회에서 학습사회 건설은 새로운 지식 창출과 생성된 지식을 통해 새로운 문화생성이 가능한 사회라고 강조하였다. 조대연(2009)은 다양한 사회 구성단위들이 사회적 호기심을 갖고 공유할 수 있는 사회적 지식을 창출하여 함께 내면화함으로써 새로운 행동규범과 사고양식 등 사회문화를 형성할 수 있는 능력이 있는 사회를 학습사회라고 하였다. 결국 학습사회는 개인 학습자, 학습서클, 학습동아리, 학습지역, 학습도시, 학습조직 등 다양한 학습주체의 서로 다른 학습방식을 통해 사회의 새로운 지식과 공유된 문화를 창출하여 지속적인 사회발전을 도모할 수 있는 능력을 가진 결집된 구성체라고 볼 수 있다.

Derrick(2003)이 강조한 것처럼 평생학습은 개인의 삶의 질 향상과 함께 문화 및 사회의 발전을 도모할 수 있다. Rubenson(2011)은 개인적 차원에서 성인교육(또는 평생교육) 참여가 노동시장성과(예를 들면, 임금, 고용, 수입 등)로 이어진다는 연구결과는 많은 반면, 개인의 삶의 질과 평생교육의 관계에 대해서는 상대적으로 관심 밖이었음을 주장하였다. 평생교육의 성과는 경제적 차원을 넘어 건강과 시민참여 등과 같은 다양한 성과들을 이야기할 수 있다.

평생교육 및 평생학습의 목적은 개인적 차원과 사회적 차원에서 살펴볼 수 있다. 또한 두 차원의 목적은 학습사회 건설을 통해 달성될 수 있을 것이다. 특히 정책적 차원에서 평생교육은 사회발전뿐만 아니라 사회통합의 목적도 달성할 수 있다. 최근 우리 정부의 평생교육 정책은 소외된 계층에 우선적인 관심을 두며 우리 사회의 빈익빈 부익부 현상을 극복하는 데 어느 정도의 역할을 하고 있다고 볼 수 있다.

Chapter 03

평생교육의 전개

본 장에서 언급하는 평생교육은 앞서 평생교육의 개념적 정의에서 성인교육을 제외한 다른 두 가지 차원에서 논의되는 평생교육을 의미한다. 평생교육은 갑자기 생성된 새로운 주제이기 보다는 오랜 역사적 전통을 갖는 개념이라고 할 수 있다. 평생교육의 이념은 1792년에 프랑스혁명 이후 의회에서 행한 Condorcet의 연설에서도 찾아 볼 수 있으며, 1919년 제1차 세계대전 이후 영국 재건 성인교육위원회(The Adult Education Committee Ministry of Reconstruction)의 보고서에서도 성인교육을 국가의 지속과 시민의식 성장을 위한 필수사항으로 보고 있다. 현재 사용되고 있는 평생교육이라는 용어는 1965년 유네스코 국제회의에서 Lengrand에 의해 정식으로 소개되어 사용되고 있다(권대봉, 2001; 천세영 & 한숭희, 2006). 평생교육의 전면적 등장은 UNESCO의 역할이 매우 컸으며 이후 OECD, EU, EC 등 국제기구들에 의해 주창되고 발전되어 왔다(한숭희, 2006b; Schuetze, 2006).

이렇듯 평생교육은 여러 국제기구의 성격에 맞추어 다양한 이름으로 명명되었다. UNESCO의 평생교육(lifelong education), OECD의 순환교육(Recurrent Education), European Council의 항구교육(Education

Permanente) 등이 그 예이다. 이 외에도 영국은 1944년 교육법에 추가 교육(further education)을 법제화된 공식용어로 사용하기도 하였다.

Schuetze(2006)는 평생교육의 발전과정을 특정시기의 세대별로 구분하였다. 1970년대 UNESCO의 '존재를 위한 학습(Learning to be)'과 OECD의 순환교육(Recurrent Education)을 제1세대로 칭하였다. 정보통신기술의 발달과 지식경제사회로의 변화를 배경으로 하는 1990년대까지 UNESCO의 '우리 속의 보물: 학습(Learning: The treasure within)'과 OECD의 '모두를 위한 평생학습(Lifelong learning for all)' 등을 제2세대로 구분하여 평생학습의 국제적 개념의 변천사를 설명하였다. Rubenson(2006)은 현재의 평생학습을 제3세대로 칭하여 평생학습이 시장 중심도 국가 중심도 아닌 사회적 파트너십을 주제로 하고 있다고 설명하며, 사회적 결속, 시민참여와 민주주의를 추구하는 비교적 순화된 경제적 비전을 제시했다.

다음은 앞서 언급한 학자들이 제시한 시계열적인 접근을 축으로 하여 주요 국제기구 활동을 중심으로 평생교육의 개념과 발전과정을 살펴보고자 한다.

1 제1세대

1) UNESCO

1960년대 후반 전 세계적으로 대두된 교육 불평등을 비롯한 교육위기를 극복하기 위한 방안으로 UNESCO는 평생교육을 소개하였다. 평생교육이라는 용어는 1965년 12월 UNESCO의 국제성인교육발전위원회(International Committee for the Advanced of Adult Education)에서 Lengrand의 소개 이후부터 세계적으로 주목을 받기 시작했다.

Lengrand의 평생교육의 개념은 기존의 교육체제와는 달리 교육의 계속성, 연계성, 전생애성, 자발성, 전체적 인간발달 도모, 모든 이를 위한 교육권 보장의 차원에서 기존의 학교교육과는 패러다임을 달리하는 새로운 교육 이념을 제시했다(이무근 외, 2001). Lengrand은 고전적인 인간형성론의 관점으로 평생교육의 목적을 인간의 종합적 성장, 인성발달의 전인성과 계속성에 주안점을 두었다. 이러한 목적을 달성하기 위한 것으로 평생교육은 교육 전 과정의 생활화, 개인의 전생애를 통한 계속적인 교육, 모든 교육형태의 통합적인 연계조직화, 삶의 전 기간을 통합한 수직적 통합과 개인 및 사회생활의 모든 부분을 통합하는 수평적 통합을 의미한다(권대봉, 2001). 즉, 수직적 통합과 수평적 통합이 분절적으로 존재했다고 볼 수 있다. 평생교육은 하나의 새로운 교육이념이면서 동시에 다양한 교육실천의 물리적 통합임을 강조하였다.

Lengrand(1975)이 제시하는 평생교육의 특성을 정리하면 다음과 같다(김종서 외, 2000: 16-18).

1. 요람에서 무덤에 이르기까지 전 생애에 걸친 것으로 본다.
2. 인간발달의 통합성이라는 관점에서 지적, 정의적, 심리적, 직업적, 정치적, 신체적인 면을 모두 다루고 있다.
3. 인격의 전체적, 유기적인 발달을 고려하여 여러 가지 교육(직업교육과 일반교육, 형식교육과 비형식교육, 학교교육과 학교 밖 교육 등)간의 연결 내지 결합을 시도하고 있다.
4. 평생교육은 지식, 지성, 인격은 형성되는 것으로 보고 인간을 지속적으로 탐구하며 교육활동을 전개하고 있다.
5. 평생교육은 개개인이 갖고 있는 개성이나 독자성, 자기 자신이 가진 특성에 따라 자발적, 자주적으로 성장·발달해 간다.
6. 교육을 끊임없는 자기발전 과정이며 중요한 성장의 수단으로 본다.
7. 평생교육은 인간이 가지고 있는 자질을 일생에 걸쳐 발달단계에 따라 발휘하는 것으로 중요시한다.

8. 평생교육은 친구관계, 가족, 직장, 교회, 정당, 노동조합, 클럽 등 사람들의 실제 생활에 관련된 여러 가지 환경이나 상황에 까지 확대시키는 것으로 본다.

9. 평생교육은 교육의 기회를 선택할 때 부여된 환경 중에서 이용가능한 매체의 여부, 또는 개인이나 사회에 그것이 적용될지를 유일한 결정방법으로 본다.

10. 평생교육은 때와 상황에 따라 사회 전체가 교육의 기회를 제공한다.

UNESCO는 1970년 '국제교육의 해'를 맞이하여 평생교육을 기본 의제로 채택하였고, 이후 평생교육은 UNESCO 주관 교육사업의 기본 정책방향이 되었다. 또한 평생교육 개념을 구체화한 『평생교육입문』이란 책을 발간하여 보급함으로써 평생교육의 이념을 전 세계에 보급하였다.

이후 1972년 UNESCO에서 출판된 Faure의 'learning to be(존재를 위한 학습)'는 평생교육 개념에 대하여 종합적으로 이해를 도모할 수 있는 최초의 보고서라고 볼 수 있다(Schuetze, 2006). 또한 이 보고서는 전체 교육시스템의 개혁을 위한 하나의 마스터 개념으로 평생교육을 제안하였다(Boshier, 2005). Faure(1972)는 Lengrand이 정의한 평생교육의 개념을 가정, 학교, 지역사회에서의 교육까지 통합한 평생학습사회 건설을 위한 노력으로 더욱 확대하였다. 이 보고서에는 모든 사람을 위한 학습기회의 철학적 기초로서 인본주의, 민주주의, 그리고 해방적 시스템을 강조하였고 계층, 인종, 경제적 수단으로부터의 독립, 학습자의 연령으로부터 독립을 담고 있다. 즉, UNESCO는 평생교육에 기초한 학습사회 건설 방안을 제시했다. 평생교육이 추구하는 가장 기본적인 목적은 지·덕·체가 골고루 갖춰진 균형 잡힌 인간을 육성하고 학습사회를 건설하는 것이라고 할 수 있다. 완전한 인간으로 개인의 신체적, 지적, 감정적, 윤리적 완성은 교육이 추구하는 가장 기본적인 목적이며, 이러한 완전성을 추구하는 것이 사회에 주어진 의무라고 했다. 이러한 'learning to be(존재를 위한 학습)'는 국제교육정책과 개혁에 평생교육에 대한 논쟁을 여는 역할을 한 것으로 인정받는다(이희수, 조순옥, 2007).

1972년 동경에서 열린 제3차 국제성인교육회의(UNESCO, 1972)에서는 평생교육이 교육의 민주화와 사회·경제·문화 발전을 위해 중요한 역할을 해야 하며, 평생교육적 관점에서 형식적 및 비형식적 교육의 상호 보완성에 대한 인식과 연계의 필요성, 나아가 중앙 및 지방 정부조직 간의 협력 필요성을 강조하였다.

UNESCO 교육국에서 활동했던 Dave는 평생교육을 개인 및 사회적 삶의 질을 지속적으로 향상시키기 위해 평생에 걸쳐 지속적으로 실시되는 모든 형태의 형식적, 비형식적 학습활동으로 정의하고 있다(권대봉, 2001). 즉, Dave는 삶의 유지와 성장에 필요한 학습을 지원하는 시스템을 삶의 교육이며 평생교육으로 보고 있다(한숭희, 2006b).

Dave가 설명하고 있는 평생교육의 특성은 다음과 같다(이무근 외, 2001: 19-20).

1. 평생교육이 의미하고 있는 기초적인 세 가지 개념은 'life, lifelong, education'으로 이 세 가지에 부여된 의미가 평생교육의 범위와 의미를 결정함
2. 교육은 형식적인 학교교육이 끝남과 함께 종결되는 것이 아니라 평생을 통하여 계속되는 과정임
3. 평생교육은 성인교육 뿐 아니라 학령 전 교육, 학교교육, 학교 이후 교육을 모두 망라하고 통합함
4. 평생교육은 형식교육, 비형식교육, 계획적인 학습과 부수적인 학습을 모두 포함함
5. 가정은 평생교육을 시작함에 있어 가장 예민하고 결정적인 역할을 함. 가정학습은 개인의 전생애에 걸쳐 계속됨
6. 지역사회는 평생교육체제의 중요한 역할을 함
7. 학교와 대학 및 훈련원 등의 교육기관은 평생교육을 위한 하나의 기관이며, 사회의 다른 교육기관과 고립하여 존재할 수 없음
8. 평생교육은 수직적 혹은 종적 차원에서의 계속성을 추구함
9. 평생교육은 인생의 모든 단계에서 통합성을 추구함

10. 평생교육은 교육의 수월성 및 형식성보다는 보편성을 추구하고 교육의 민주화를 표방함

11. 평생교육은 내용, 학습도구, 학습기술, 학습시간에 있어 융통성과 다양성으로 특징지어짐

12. 평생교육은 학습에 있어 자료와 매체의 적용과 새로운 발전을 허용하는 역동적인 접근방법임

13. 교육받는 유형이나 형태에 있어 학습자의 선택을 허용함

14. 평생교육은 일반교육과 전문교육을 모두 포함함

15. 평생교육을 통하여 개인이나 사회의 적응, 혁신의 기능을 달성할 수 있음

16. 평생교육은 기존 교육체제의 결점을 보완함

17. 평생교육의 궁극적 목적은 삶의 질을 향상, 유지하는 것임

18. 기회, 동기유발, 교육가능성의 세 가지 전제조건이 필요함

19. 평생교육은 조작적 수준에서 교육의 전체 체계를 마련함

UNESCO는 인간이 전생애를 통해 학습하고 교육받을 수 있는 권리가 있다는 것을 근거로 평생교육의 개념과 이념을 살리기 위한 다양한 활동을 전개했다. 1976년 나이로비회의에서는 '평생교육 발전을 위한 권고안'을 채택하였고, 1985년 파리 세계성인교육회의에서는 '배울 권리 선언'을 채택하였다. 1990년 좀티엔에서는 '모든 이를 위한 학습(Education for all) 선언'을 중심으로 UNESCO의 인간중심적 평생학습관을 천명하였다. UNESCO의 평생학습은 인간중심적 성장과 인권에 대한 존중을 바탕으로 했을 때만이 사회가 지속적인 발전을 할 수 있을 것이라는 견해를 유지한다. 교육이 소수의 특권이 아니라 만인이 누려야 할 보편적 권리라고 보는 것이다(이무근 외, 2001).

1970-80년대에는 UNESCO 뿐 아니라 OECD, World Bank, EC 등 국제기구에 의해 평생교육과 관련된 용어들이 많이 사용되었으나 실천적 질문들에 답을 제공하기보다 막연한 수준의 아이디어들에 대한 논의가 주를 이루었다(Rubenson, 2004). 결론적으로 80년대까지 유럽의 여

러 국제기구들에서 논의된 평생교육의 다양한 용어의 혼재 속에서 'lifelong'이라는 개념이 담고 있는 의미에 기본적인 합의가 이루어졌다. 즉, 진정한 평생과정(lifelong process)으로서의 교육과 학습의 통합적 시각, 특히 '요람에서부터 무덤까지(from cradle to grave)' 개인의 학령 기를 넘어선 교육과 학습의 확대 등이 평생교육이 추구하는 이념으로 자리 매김을 하였다. 또한 이와 같은 평생교육 이념은 70년대 후반부터 80년대에 걸쳐 교육개혁의 한 패턴이 되었다(Schuetze, 2006).

2) OECD

OECD는 교육 정책이 사회, 경제, 문화 정책과 밀접한 상호보완 관계에 있으며, 교육을 통하여 각 개인과 국가의 성장, 발전이 좌우된다는 기본 가치관에서 시작한다. 1960년대 이래 OECD의 교육정책 동향은 시대별로 세계가 직면해 있던 교육 환경을 분석하는 데 초점을 두었다. 교육과 경제발전의 관계를 규명하여 교육투자 및 발전계획 수립을 지원하는 것을 목표로 하였다. 이러한 교육의 경제적 측면에 대한 관점이 사회적 측면으로 확대된 것은 1970년대 이르러서이다.

1970년대에는 교육 성장에 대한 관점을 좀 더 확장하여 교육과 사회에 대한 새로운 탐색기로 볼 수 있다. 이에 교육의 경제석 측변에서 사회적 측면으로 관심을 전환하여 양자의 연계를 분석하고 학교와 지역사회 관계 정립을 위한 대안을 제시하였다. 이러한 결과로 OECD는 1973년에 순환교육을 평생학습 전략(Recurrent Education: a Strategy for Lifelong Learning)으로 내놓았다.

순환교육을 처음 제안한 사람은 스웨덴 출신의 경제학자 Rehn이었으며, 그는 순환교육을 노동시장의 변화와 직업 활동의 유연화에 따른 교육 체제의 개혁으로 보았다. 구체적으로 먼저 사회변화에 의해 근로자들의 교육수준이 향상되고 자기주도성에 대한 요구가 증가함에 따라 처방적 교육인 획일적 교육에 대한 거부감이 증대하고 또한 성인 교육의 경제적 필요성과 사회적 평등을 달성하기 위하여 평생교육이 확대되어야 할 필요성을 제시했다. 이외에도 노년층의 고용가능성 증진, 여성의 경제활동 참여 증가, 서비스 산업의 확대로 인한 근무시간의 유연화와 전통적인 인력 정책으로 해결하지 못하는 부분을 순환교육이 해결할 수 있다고 보았다. 이후 순환교육은 Palme에 의해 교육정책으로 도입되었다. 이는 성인을 위한 평등한 교육기회 보장을 위한 수단으로 제안되었으며, 1973년 OECD의 순환교육 보고서에 반영되었다(이희수, 조순옥, 2007).

초기 OECD의 순환교육은 생애에 걸쳐 교육과 일의 주기를 재분배하는 방식을 의미했다. 기존의 일회성 학교교육 체제가 지니는 비효율성과 한계를 극복하고 교육의 시기를 평생에 걸쳐 순환적으로 재분배하여 계속될 수 있도록 해야 한다는 것이다. 순환교육의 주된 목적은 노동시장 변화에 따른 직업적 재적응과 생산성 제고이며, 교육 방식은 학교교육이 주가 되고 학교교육과 직업이 순환적으로 반복되는 교육 형태를 취하였다. 다시 말해, OECD의 초기 순환교육의 개념은 UNESCO의 평생교육의 개념에 반하는 것이 아니라 학교교육 이후의 교육은 일과 여타 교육, 여가 등 사회 활동과 번갈아가는 형태로 조직되어야 한다는 것을 제안한 것이다. 따라서 순환교육은 평생교육을 실현하기 위한 전략으로 간주되어 유급 교육 휴가 개념과 같이 다양한 직장인들은 위한 평생교육의 정책 실현에 일조하였다.

1980년대는 경기 후퇴의 여파로 인하여 OECD는 소외계층의 요구 충족을 위한 통합의 강조에 기초하여 교육과 경제의 재구조화를 위한 대안과 교육의 질 향상 방안 탐색에 주력하였다(이희수, 2009). Levin과 Schutze(1983)는 순환교육의 유형을 생산 효율성 증가를 위한 교육, 과잉교육과 실업률 감소를 위한 교육, 근로자 참여를 촉진하기 위한 교육, 여가의 질을 향상시키는 교육, 소외계층에 대한 불평등을 감소시키는 교육, 사회적 참여를 증가시키는 교육, 교육기관 혁신을 위한 교육, 탈학교사회를 만들기 위한 교육으로 유형을 구분하여 설명하였다(이희수,

조순옥, 2007). 초기의 순환교육은 너무나 광범위한 개념을 포괄하고 있어 실천의 어려움이 많았다.

순환교육은 평생교육과 비교해볼 때 좀 더 실용주의적 관점을 추구하고 있으며, 교육과 일의 조화, 교육정책과 노동시장정책, 사회정책, 경제정책의 상호작용을 강조하고, 교육과 다른 활동들이 주기적으로 교차되는 단계를 포함하였다. 평생교육과 다음으로 설명할 영속교육이 전체주의적인 인본주의적 관점을 취한 반면, 순환교육은 실천 영역에 관심을 갖는다는 점이 차이라고 할 수 있다.

3) EC

제2차 세계대전 이후 유럽은 다양한 사회문제를 해소하고 새로운 대안적 사회를 지향하기 위한 노력으로 1970년대 초 영속교육(permanent education) 프로젝트를 추진했다. 영속교육은 당시 유럽 사회의 경제, 문화적 패러다임을 반영하는 것으로 1960년대부터 정착되어 오던 개념이 유럽의 사회경제적 요구와 개인의 요구를 적합하게 반영시키기 위한 것으로 제시되었다.

Schwartz(1974)는 '영속교육(Permanent Education)' 보고서에서 1960년대와 1970년대의 유럽사회가 생산수단의 집중화, 의사결정과정의 집중화, 노동분화의 증가, 정보의 폭증, 교육 요구의 증가 등과 같은 사회적 변화를 겪고 있음을 설명하면서 영속교육이 이러한 문제를 해결해 줄 것이라고 설명하였다. 영속교육의 주요 관심사는 직업기술의 전문화와 직업훈련에 대한 사회적 요구, 삶의 질 향상에 따른 교육 요구의 증가, 개인의 교육요구 충족에 대한 사회적 책임 증대라고 할 수 있다.

EC는 영속교육을 '모든 사람이 능력과 연관되어 교육적 문화적 열망을 충족시키기 위해 설계된 종합적이고 일관된 통합적인 교육체제'라고 정의하고 있다(EC, 1970). EC는 영속교육의 기본 원칙으로 순환성을 들어 직업과 교육 사이의 의무교육과정 이후의 모든 교육과정에 적용해야 할 새로운 전략으로 삼았다(이희수, 조순옥, 2007). 영속교육은 일과 여가 활동과 연관되어 일생 동안 모든 사람의 개별적 역량을 개발시키는 역할을 한다.

영속교육의 개념은 개인과 사회라는 두 가지 차원으로 분석된다. 개인적 차원에서의 영속교육은 개인의 의지와 노력의 심리적 측면과 사고의 구조화가 중요하다고 주장한다. 학습하려는 의지와 노력이 개인의 적극적 태도를 유발한다는 것이다. Schwartz(1974)도 "self-education"이라는 개념을 통해 학습자의 자기주도성을 강조하고 있다. 결과적으로 영속교육은 사회문화적 요인과 동기 등에 영향을 받는 개인적 특성이 학습자의 학습결과에 중요한 영향을 미친다는 것이다(이희수, 2009).

영속교육의 사회적 측면은 교육이 사회, 정치, 경제, 문화 등의 다양한 측면에서 사회일반의 다양한 패러다임의 변화를 반영해야 하고 나아가 사회를 변화시키는 교육활동을 뜻한다. 즉, 영속교육의 초기 개념은 엘리트교육으로부터 탈피하여 민주주의를 확산시키고 민주적 교육제도를 제도화하는 것이었다. 이를 통해 모든 사회구성원들이 사회의 발전과 교육의 혜택을 받고 궁극적으로 모든 사람들이 사회변혁에 참여하도록 한다는 것이다(이희수, 2009).

초기의 EC의 평생교육의 개념은 인본주의적 이상이 강하고 경제적 관점이 강조되지는 않았다. 그러나 70년대 중반 이후부터 경제 위기에 대한 관심을 교육을 통해 해결해보고자 하는 대안적 평생교육의 관점이 제시되기 시작한다. 이러한 관심은 90년대 초기까지 지속되었다(Dehmel, 2006).

2 제2세대

1) OECD

90년대는 평생교육의 제2세대로 불린다(Rubenson, 2004; Schuetze,

2006). 이 시기에는 평생교육에 대한 논의의 활성화에 OECD의 역할이 상대적으로 많은 영향력을 미쳤다. OECD는 1990년대에 들어서면서 지속적 국가 발전은 평생학습전략을 통해서 가능하다는 인식과 함께 현직 근로자를 대상으로 한 순환교육으로부터 만인을 대상으로 한 평생학습에로의 전환을 시도하였다.

OECD가 순환교육이라는 용어 대신에 평생학습이라는 용어를 본격적으로 사용한 것은 1996년 '모든 이를 위한 평생학습(lifelong learning for all)'이라는 선언 이후부터이다(한숭희, 2006b). 이는 모든 사람에게 평생학습은 필수적이며, 모든 사람이 평생학습에 접근할 수 있어야 한다는 것을 의미한다. 이를 위해 평생학습 기초 강화, 학습과 일 간의 유기적인 연계성 증진, 평생학습 관련 모든 파트너의 책임과 역할 제고, 평생학습에 대한 투자 증대와 교육 훈련을 제공하는 사람들에 대한 인센티브 창출 등을 전략적으로 강조하였다.

이는 90년대 중반 이후 지식기반경제, ICT의 진보, 인터넷의 확대, 세계화와 함께 자유주의 무역 등의 요인에 의해 70−80년대와 다른 경제적 성장과 이를 위한 사회 구성원의 지속적 학습에 대한 필요성에 의해 재등장한 평생학습에 대한 요구에 기반을 두었다(Schuetze, 2006). Kerka(2000)는 1990년대 중반 OECD, UNESCO 등 국제기구들이 평생교육과 관련된 많은 정책보고서들을 내놓았고 그 이유를 글로벌 경제, 테크놀로지 변화, 정보접근 용이, 전통적 생산의 방법이 지식을 중심으로 전환, 그리고 국가 차원의 경쟁력 확보를 그 이유로 들고 있다. 결국 평생학습을 통하여 지식과 기술의 지속적인 향상이 가능하며 이는 인간자본(human capital)에 대한 투자로 볼 수 있으며 평생교육은 생존을 위한 중요한 열쇠이다.

1996년 교육부 장관회의에서는 '모두를 위한 평생학습'을 안건으로 하고 국가 발전의 핵심이 되는 요소들에 대하여 토의하고 '요람에서 무덤까지'의 평생학습 개념을 도입하였다. 이어서 1997년 노동부 장관회의에서는 젊은이와 성인들이 끊임없이 변화하는 직업사회에 적응하기 위한 지식, 기술, 태도를 보장하는 제도로서의 평생교육 개념으로 확장하였다. 1998년 사회부 장관회의에서 평생학습은 사람들이 평생에 걸쳐 교육, 직장, 취미 등의 활동시간을 보다 효율적으로 보낼 수 있도록 지원하는 제도, 전략으로서 받아들여야 하며, 노년에 가까워질수록 더욱 다양한 활동의 기회를 제공하도록 하는 확장된 평생학습 개념을 소개하였다(이희수 외, 2000)

이러한 OECD의 '모든 이를 위한 평생학습'의 특징은 경제적 요구와 사회적 목표를 결합시킨 것이라 할 수 있다. 평생학습이 사회적 이동, 삶의 기회 균등, 사회적 결속, 적극적 시민정신을 위한 중요한 수단이 된다는 것이다. 또한 모든 사람들이 변화하는 노동시장에 적응하고 직업 생활을 영위할 수 있도록 필요한 기술을 습득하기 위한 중요한 수단으로 평생학습을 설명하고 있다.

2) EU

EU는 1996년을 '유럽 평생학습의 해'로 선포한 이후 하나의 유럽을 지향하는 '적극적인 시민정신과 평생고용 가능성 증진'을 양대 목적으로 하는 평생학습정책을 강도 높게 추진하였다. 세계화는 노동시장에 대해 새로운 구조와 기술을 요구하고 있으며 경제 발전과 사회적 포용이라는 두 마리 토끼를 다 잡는데 필수적인 전략이 바로 평생학습이 될 수 있다는 것이다. 이 목적은 EU의 평생학습정책 근간을 이루고 있는 '평생학습 각서'(Lifelong Learning Memorandum)에 나오는 지식사회 평생학습정책이 추구할 중요한 목적과 동일하다.

EU는 1995년에 백서인 '교수 학습: 학습사회를 향하여'(Teaching and Learning: Towards the Learning Society)를 발표하였다. 이 백서에서는 경제사회적 변화가 심한 현대사회에서 모든 사회 구성원들을 포용하여 그들의 삶의 질을 개선하고 번영할 수 있도록 자존감과 기술을 지닌 적극적인 시민으로 이끄는 것이 무엇보다 중요하다고 강조했다.

이어서 EU는 1996년을 '유럽 평생학습의 해'로 선포하여, 글로벌 지식기반경제 체제에서 유럽 경제의 경쟁력을 제고시킬 수 있는 수단으로서 평생학습을 활용하고자 하였다. 이러한 접근은 유럽 노동시장에서의 노동력의 유연화, 고용가능성, 교육 훈련에 대한 개인의 책임을 강조하였다. 이에 EU는 주로 실업 극복을 위한 인적자원개발과 적극적 시민정신 증진 차원에서 1996년을 '유럽 평생학습의 해'로 지정하였다. 소극적 의미에서의 실업대책에서 벗어나 평생학습을 통한 평생고용가능성 제고와 사회적 통합 증진이라는 적극적인 방식으로 접근하고 있음을 알 수 있다.

EU는 지식기반사회에서 최상의 전략은 다름 아닌 평생학습전략임을 보여준다. 전생애(lifelong)에 걸쳐서, 삶의 다양한 장(life-wide)에서 그리고 형식성에 관계없이 형식 학습, 비형식 학습, 무형식학습 등 모든 학습이 이루어져야 한다. 지식기반사회에서의 평생학습 이념도 적극적인 시민정신 증진, 고용가능성 증진, 사회적 통합성 증진을 표방하고 있다는 점에서 사회적 목표, 경제적 목표, 정치적 목표를 균형 있게 추구하고자 하였다. 한편, 과학기술의 혁명과 지식 및 기술의 생명 주기가 급속하게 단축됨에 따라 특수한 지식과 기술을 가르쳐주기보다는 시대의 흐름을 잘 타지 않는 기초교육, 일반적 교육에 충실하고, ICT를 이용하여 교육을 혁신할 필요가 있음을 강조하였다. EU에서는 지식사회와 지식경제에 적극적으로 참여하는 데 요구되는 것을 신 기초역량으로 정의하고, 이러한 신 기초역량으로서 디지털리터러시, 외국어, 사회적 기능(자신감, 자기주도, 진취적 기업가 정신), 학습하는 방법에 대한 학습, 변화에 대한 적응 능력, 정보 흐름에 대한 파악능력 등을 예로 제시하였다.

EU의 평생학습 개념은 1970년대에 형성된 이론적 체계 위에 정치, 경제적 변화에 따라 유럽 수준과 단위 국가 수준에서 각기 발전하여 왔다. EU의 정의에 따르면, '평생학습은 지식, 기술 능력 향상을 목표로 지속적으로 이뤄지는 형식교육, 비형식 교육에 관계없이 모든 목적 지향적 학습 활동'을 포괄한다. 이 정의는 다음의 요소를 복합적으로 담고 있다. 학습의 과정은 생애에 걸쳐 개인 활동의 한 부분을 형성해야 한다. 평생학습의 궁극적 책임자는 개인이다. 평생학습의 목적은 지식, 기술, 능력을 향상시키는 데 있다. 이는 노동시장에만 국한된 것이 아니라 민주주의 적용과 개인의 적극적인 참여와 관계된다.

3) UNESCO

90년대 함부르크 성인교육 선언에서는 인간이 전생애를 통해 학습하고 교육받을 수 있는 권리가 필수 조건 이상의 것임을 밝히고 2000년 세네갈 다카르 세계교육 포럼에서는 '평생교육을 향한 교육권'을 선언하여 정부, 국제기구와 지역 간의 폭넓은 공감대와 지지 기반 구축을 강조하였다. 이러한 선언과 회의들은 UNESCO의 21세기 세계교육위원회가 제2의 평생교육 선언으로 제안한 Delor 보고서를 통한 존재를 위한 학습을 기조로 삼고 있다. 이 보고서에서는 존재를 위한 학습이라는 큰 이념적 틀을 준거로 알기 위한 학습, 행하기 위한 학습, 더불어 함께 살아가기 위한 학습을 21세기 교육이 추구해야 하는 관점으로 제시했다. 이는 OECD와 EU 및 유럽 각국이 평생교육의 의미를 지나치게 시장주의적 학습경제의 관점에서 접근하려고 하는 점을 경계하고 평생교육의 본질적 의미를 재고하고 확대하고자 한 노력이라고 볼 수 있다(이희수, 2009).

3 제3세대

2세대 평생교육은 경제적 관점에서 발생된 필요성에 의해 확대되었고 OECD가 주도하였으나 2000년대 들어 비판의 대상이 된다. Rubenson (2004)에 따르면, 90년대 후반까지 위에서 언급된 새로운 경제시대 (New Economy)는 생산성 향상과 삶의 질 향상에 청사진을 제시하였으나 소외계층 증가와 사회경제적 양극화 심화 등 사회적으로 새로운 도전과 이를 극복하기 위한 전환을 강조하였다. 즉, 3세대 평생교육은 2세대에서 발생한 도전을 해결하기 위하여 경제적 차원에서 평생교육 필요성에 대한 논의를 줄이고 사회통합을 강조하는 새로운 패러다임을 의미한다.

Kerka(2000)는 평생교육의 경제적 이유에 대한 비판을 다음과 같이 정리하였다. 첫째, 경제적 관점에서 평생교육은 개인의 경쟁력 향상을 위한 수단이며 이는 평생교육 또는 평생학습이 공익을 위한 것이 아니라 사유재산처럼 보일 수 있다. 둘째, 개인에게 학습의 책임이 전가되고 학습이 사회적으로 구성되는 본질을 무시하는 경향이 있다. 셋째, 학습의 도구화 또는 직업기술 획득 목적에 지나친 강조를 둔다. 3세대 평생교육은 사회적 자본론에 기초한 사회적 'well-being' 차원에서 논의되어야 하고 사회발전과 사회통합 등 공익을 위한 것이다. 특히 Kerka(2000)는 경제적 차원에서 직업기술향상을 목적으로 평생교육이 필요하다면 'lifelong' 대신 'worklong' learning이라는 표현이 적합할 것이라고 비판을 제기하였다. 즉, 경제활동이 끝난 이후 평생학습은 필요가 없으니 경제활동을 하는 동안 학습의 필요를 강조한 worklong learning이 더 어울리지 않을까라는 비판인 것이다.

1) EU

EU의 평생학습에 대한 입장이 가장 잘 정리되어 있는 것이 2000년에 발표된 '평생학습 각서'(A Memorandum on Lifelong Learning)이다. EU는 이 각서에서 지식기반 경제사회로의 성공적 이행을 위해서는 평생학습사회로의 이행이 수반되어야 하며, 평생학습은 모든 학습을 제공하고 참여하는 핵심 원리가 되어야 한다면서 이념으로서 경제적 경쟁력 및 고용가능성 증진, 사회적 결속력 증진, 시민으로서의 적극적인 사회참여 촉진을 강조하였다. 또한 지식기반사회는 교육받은 사람이 자산이 되는 사회, 그러한 사람들이 지식기반사회를 이끌어 가는 주역임을 강조하였다.

지식기반사회를 위한 EU의 평생학습 6대 전략은 ① 지식기반사회에 지속적으로 참여하기 위해 필요한 신 기초 기능 제공, ② 인적자원개발에 대한 투자 증대, ③ 평생학습을 위한 교수-학습 방법 혁신, ④ 비형식 무형식적 상황에서의 학습참여와 학습결과에 대한 이해 및 인정제고, ⑤ 학습기회에 대한 상담 및 정보 제공 개선, ⑥ 학습자 편의를 위한 평생학습의 장 제공 등이었다. 이어서 '평생학습 각서'를 실현할 수 있는 EU 국가들의 실천 전략을 담은 실태 조사 보고서인 「유럽 평생학습실행 국가계획」(National Actions to Implement Lifelong Learning in Europe)을 2001년에 발표하여 추진하고 있다.

2) OECD

2001년 파리의 OECD 교육장관회의에서는 '모든 이를 위한 능력개발에의 투자(Investing Competencies for all)'를 주제로 지식기반사회 조성의 핵심 도구인 평생학습전략을 강조하였다. 일터와 학습 간의 경계가 사라지고 있는 현 상황에 지속적인 변화와 경제발전, 사회적 성장을 위해서는 인적 자본과 사회적 자본이 결합된 통합적 자본의 중요성이 강화되어야 하며, 전생애를 통한 능력개발은 궁극적으로 사회공동체의 질을 높이는 데 일조를 한다는 것이다. 이에 사회변화에 따른 교육의 중요성을 인식하고 이러한 인식하에 학습하는 방법의 학습, 문제해결능력, 창의력, 팀워크 향상 등 높은 수준의 사회적 능력 함양을 강조하였다. 이러한 목적을 달성하기 위하여 OECD는 생애능력투자 증대와 평등한 교육기회 보장, 일과 학습과의 연계 강화, 학습 네트워크 강화, 기업과 학교의 파트너십 구축, 정보격차 등의 문제를 중점적으로 다루고 있다.

지금까지 국제기구를 중심으로 한 평생교육의 전개를 살펴보았다. 각 세대별로 전 세계 평생교육을 주도한 국제기구가 존재하며 각 기구의 목적과 사업 그리고 세계 경제, 문화 등 환경 변화에 맞추어 그 주도권이 달라짐을 확인하였다. 그러나 어떤 세대, 어떤 기구의 평생교육에 대한 정책이 더 적합했는지의 문제는 별 의미가 없다. 시대가 바뀌고 글로벌 환경이 변화하면서 국가와 사회가 직면한 문제를 해결하기 위한 정책적 노력으로 평생교육의 존재 의미가 있어 왔으며 그 전개 방향은 각 세대가 분절적인 것이 아닌 통합적인 노력으로 볼 수 있다.

Chapter 04

평생학습의 종류, 참여
그리고 성인발달에 대한 이해

 본 장에서는 주로 학교교육과 구별되는 성인들이 참여하는 평생학습의 종류와 왜 성인들이 평생학습에 참여하고 또 참여하지 않는지에 대하여 살펴본 후 성인학습자를 좀 더 이해하기 위해 성인발달을 살펴보고자 한다.

1 평생학습의 종류

 Boshier(2005)에 의하면 평생교육과 평생학습을 구분하는 것은 매우 중요하다: 평생교육은 UNESCO와 시민사회의 강화를 희망하는 사회운동가들의 프로젝트였다. 따라서 UNESCO의 '존재하기 위한 학습' 보고서에서도 평생교육은 전체 교육 시스템의 혁신을 위한 마스터 개념이었다. 반면 OECD에 의해서 주창된 평생학습은 인간해방적 측면이 평생교육에 비하여 약하며 자본주의적 측면이 강하여 학습을 통해 지식을 습득하고 더 열심히, 더 신속하게, 더 현명하게 일을 할 수 있도록 돕는다. 또한 글로벌 경제 상황에서 근로자들이 학습을 통해 경쟁력을 갖추어 고용주를 돕는 활동으로까지 해석된다. 결국 OECD의 평생학습은 개인적인 활동으로 간주하는 특징이 있다.

평생교육과 평생학습이 탄생과 성장의 여러 측면에서 서로 다른 점이 강조되듯이 성인교육과 성인학습의 개념 역시 서로 구분될 필요가 있다(배을규, 2006). Thomas(1991: 17)에 따르면 "교육은 학습 없이 이루어질 수 있지만, 학습은 교육적 맥락 외부에서 존재할 수 있으며 아마도 교육외적 상황에서 보다 더 자주 관찰된다"(배을규, 2006, 재인용, p. 31). 성인교육과 성인학습을 구분지어 실천적 측면에서 생각해 보면, 성인교육은 제공자 차원에서 성인학습자의 학습이 이루어질 수 있도록 조력하는 체계적인 활동을 의미한다. 반면 성인학습은 학습자가 계획적이고 조직화된 교수학습과정에 참여하는 것뿐만 아니라 자발적으로 계획하고 실천하거나 우연적으로 경험하는 학습활동을 포괄적으로 의미한다. 즉, 성인학습은 주된 관점을 학습경험의 개별 학습자 측면에 두는 반면, 성인교육은 학습경험의 제공자와 학습자를 동시에 고려한다고 볼 수 있다.

성인을 대상으로 한 평생학습의 종류는 다양하게 구분된다. 교육과 학습이 발생하는 장소에서 교수과정에 의한 학습 여부와 체계성 정도에 따라서 일반적으로 Coombs(1989)에 의해서 제안된 형식학습(formal learning), 비형식학습(nonformal learning), 그리고 무형식학습(informal learning)으로 구분할 수 있다(아래 <표 4.1> 참조). 형식학습은 국가 체제에 의해서 학력이 인정되는 학습 유형을 의미한다. 대표적으로 학교 안에서 이루어지는 방식으로 졸업장이나 학위취득과 같이 정규 교육과정이 존재하는 곳에서 이루어지는 학습을 의미한다. 즉 연령에 따라 학년이 구성된 초·중등학교, 대학, 그리고 정부의 통제를 받는 유사한 기관 등이 대표적인 예이다.

비형식학습은 학교교육 밖에서 이루어지는 모든 구조화된 학습활동을 의미한다. 즉, 계획적이고 체계적이며 조직화된 교수과정이 포함된 것은 형식학습과 동일하나 국가의 인정을 받지 않는 것이 차이점이다. 대표적인 예로 학교의 범위를 벗어난 지역사회센터, 문화센터, 그리고 일터 등에서 제공되는 구조화된 학습활동을 들 수 있다.

무형식학습은 기관에 등록하지 않고 학습자가 의지 또는 의도성을 갖고 스스로 학습하는 것을 의미한다. 즉, 교수 없는 학습이 발생할 경우 무형식학습이라고 할 수 있다. 학습자의 흥미나 놀이가 아니라 활동의 참여를 통해 무언가를 새롭게 배우거나 알게 되었다는 것을 깨닫는 경험을 포함한다. 무형식학습의 가장 대표적인 예가 자기주도학습이다.

위 세 가지의 학습종류 이외에 우연적 학습(incidental learning)이 구별되는 학습종류로 언급되기도 한다. 우연적 학습은 학습자가 의식하지 않는 상태에서 무언가를 학습하는 경우를 의미한다. 예를 들면, 나도 모르게 어느 순간 가까운 친구의 말투나 교수의 언행을 따라하고 있는 경우이다. 그러나 우연적 학습이 진정한 학습이 되기 위해서는 학습자가 깨달아야 한다는 점에서 의도성을 가져야 한다고 볼 수도 있다. 그래서 우연적 학습을 무형식학습 내 하나의 유형으로 보는 관점도 있다. 한편 Merriam, Caffarella, & Baumgartner(2007)는 학습이 이루어지는 장소에 따라서 형식학습, 비형식학습, 무형식학습 및 자기주도학습, 그리고 온라인학습으로 구분하기도 하였다.

〈표 4.1〉 평생학습 종류와 예

구분	구체적인 예
형식학습	초·중등학교, 대학교, 대학원, 출석기반 학점은행제
비형식학습	직장에서 받는 교육, 학원수강, 주민자치센터나 백화점 문화센터 프로그램, 영농교육, TV 강좌, 인터넷 강좌, 교도소의 교화 프로그램 등
무형식학습	가족, 친구 또는 직장 동료나 상사의 도움이나 조언을 통한 학습, 인쇄매체를 활용한 학습, 컴퓨터나 인터넷을 통한 새로운 정보나 사실의 학습, 교수자가 없는 자기주도학습, 생활의 다양한 경험으로부터의 학습 등

이와 같은 학습의 구분은 성인학습의 확장으로 해석될 수 있다. 기존 학습이 이루어지는 장소의 전형이 학교를 중심으로 이루어진 형식학습 위주였다면, 학습형태로써 비형식 그리고 무형식학습의 고려는 학습의 확장이며 동시에 '학교를 중심으로 한 교육과 학습'의 고정된 시각으로부터 벗어난 진정한 평생학습의 의미를 새겨볼 수 있다는 점에서 의의를 갖는다.

2 성인의 학습참여

성인의 학습참여는 평생교육영역에서 가장 빈번하게 언급되는 이슈이다. 학습자의 참여만으로 성인교육 목적의 50%를 달성했다고 해도 과언이 아닐 정도로 성인의 학습참여는 매우 의미가 있고 중요한 이슈이다. 의무교육인 초·중등교육의 경우 학교 등교 및 수업 출석 등은 법적 의무이다. 따라서 모든 학령기 학생들은 특별한 사유가 없는 한 학교에서 이루어지는 학습과 교육활동에 참여해야 한다. 따라서 학교교육영역에서는 참여보다 학습동기에 더 많은 관심을 기울이는 이유가 여기에 있다. 반면 평생교육에서는 학습동기 또는 학습몰입도 중요하지만 교육 및 학습의 장에 성인학습자들을 어떻게 오게끔 하는가, 즉 참여하게 하는가가 더 중요한 관심사이다.

1) 참여율

2008년 교육과학기술부와 한국교육개발원의 한국 성인[4]의 평생학습 실태 보고서에 따르면 우리나라 성인의 형식학습과 비형식학습의 참여율은 26.4%로 OECD 국가평균(26%)과 비슷한 수준이다. 4.1%는 형식교육에, 23.9%는 비형식교육에 참여하며 이들 중 1.6%는 형식교육과 비

---

4) 만 25세 이상 64세 이하의 개인을 의미함.

형식교육에 동시에 참가하는 것으로 나타났다. 비형식교육의 참여율은 여성이 26.3%로 남성에 비해 4.9%p 높았으며 학력이 높을수록, 월가구 소득이 높을수록 비형식교육에 참여하는 경향이 높았다. 지역별로는 서울 및 광역시에서 비형식교육 참여율이 21.5%로 가장 낮았고 중소도시는 26.5%, 농어촌은 25.8%로 나타났다.

비형식학습 참여자는 스포츠 강좌 24.3%, 컴퓨터 14.1%, 외국어 10.1%, 경제·경영 10.1%, 직업교육 7.5%순으로 프로그램에 참여하는 것으로 나타났다. 반면 무형식학습의 참여율은 '컴퓨터나 인터넷을 활용한 정보나 사실학습' 참여가 49.0%로 가장 높았고, 다음으로는 '역사적, 자연적, 산업적 장소를 방문하여 학습'이 47.4%, '인쇄매체를 활용한 학습'이 37.5%로 뒤를 이었다. 비형식학습의 경우에도 학력 간 참여율 차이가 크게 나타났다. 또한 OECD평균(18.0%, 388.6시간)보다 우리나라 성인의 직업관련 비형식교육 참여율(11.7%) 및 참여시간(103.4시간)이 현저히 낮았다.

10년이 지난 2018년 한국 성인의 평생학습실태 보고서를 살펴보자. 우리나라 만 25세-64세 성인의 평생학습(형식학습+비형식학습)의 참여율은 42.8%로 2008년 대비 16.4% 대폭 증가하였다. 전년도인 2017년의 35.8%보다도 7% 증가한 수치이다. 2.7%는 형식교육(2008년 4.1%)에, 41.8%는 비형식교육(2008년 23.9%)에 참가한 것으로 나타났다. 형식교육과 비형식교육에 동시에 참여한 비율은 1.7%로 10년 전과 비슷하였다. 비형식교육의 참여율은 여성이 42.9%(2008년에는 26.3%)로 남성에 비해 2.1% 높았다. 또한 직업관련 목적(취업, 이직, 창업에 도움되거나 일하는데 필요한 기능 습득을 위해 그리고 성과급, 연봉 등 소득 증대 및 고영안정을 이유로 참여하는 경우)의 비형식교육 참여율은 2018년 21.2%(남성: 26.1%; 여성: 16.2%)로 나타나 10년 전인 2008년 11.7%에 비해 9.5% 상승하였다. 즉, 전반적으로 10년 전인 2008년에 비하여 평생학습 참여는 양적으로 증가하였음을 알 수 있다. 이는 2008년 평생교육법이 전면 개정되면서 평생교육에 대한 공공성 확대 및 진흥정책의 활성화로 평생학습이 국민의 삶의 일부로 자리매김하였음을 보여주는 통계이다.

한국 성인의 평생학습실태 조사는 2016년부터 성인에 고령자(만 79세까지)를 포함하여 실태를 조사하고 있다. 2008년과 비교할 수는 없지만 2018년 기준으로 우리나라 성인의 평생학습실태의 경향은 다음과 같다. 우선 여성(42.9%)의 참여율이 남성(39.5%)의 참여율보다 높았다. 단 형식교육의 경우 남성이 여성보다 높았다. 연령이 높을수록 평생학습 참여가 감소하였고 학력이 높을수록, 월가구 소득이 높을수록 전체(형식＋비형식), 형식, 비형식교육에 참여하는 경향이 높았다. 경제활동의 상태에 따라서는 실업자의 평생학습참여(43.8%)가 가장 활발하였다. 지역별로는 서울 및 광역시 거주자의 참여율이 41.9%로 가장 높았고, 중소도시 40.9%, 농어촌 40.0%로 지역에 따라서 참여율 차이는 크지 않았다. 또한 자녀가 없는 경우가(49.3%)가 자녀가 있는 경우(38.6%)보다 평생학습 참여율이 높았으며, 자녀가 있는 경우 막내자녀가 초등학생인 경우의 참여율(45.2%)이 가장 높았다. 비형식 교육 프로그램별 참여율은 직무능력향상교육과정(39.3%), 스포츠강좌(29.6%), 종교교육강좌(6.0%), 음악강좌(4.9%)순이었다. 지역별로 직업능력향상교육은 농어촌이 가장 높았고 문화예술스포츠교육은 서울 및 광역시가 가장 높았다.

2) 참여동기와 동기부여

교육학에서 동기는 일반적으로 학습동기를 의미한다. 동기란 '움직임'을 의미하는 라틴어 'Movere'에서(Schunk, Pintrich, & Meece, 2008) 그리고 '움직이게 하는 원인'을 뜻하는 Motivus에서(Ahl, 2006: 387) 유래된 개념으로 학습을 유지하고 몰입하게 할 수 있는 원동력이며 이유인 동시에 까닭을 뜻한다. 학습동기는 크게 내재적 동기와 외재적 동기로 구분한다. 이는 학습이라는 행동을 유발시키는 힘의 원천이 외부에서 발생하는가 아니면 개인 내적으로 발생하는가에 따라 구분된다. 외재적 동기는 학습을 유발하고 유지 및 몰입하는 행동의 목적이 보상, 승진 등의 이득에 있는 반면, 내재적 동기는 외부의 목적이나 보상 없이 학습 그 자체에 대한 흥미나 학습활동에 따른 즐거움 또는 만족을 얻기 위한 것이다(권두승, 2007).

그러나 이런 이분법적인 구분이 모든 상황에 관계없이 학습이라는 특정 행동을 하는 인간의 동기를 설명하는 데 한계가 있다. 특히 성인학습자는 아동이나 청소년처럼 의무교육인 학교에 출석해야 하는 상황과는 다르다. 성인학습자의 학습동기는 학습자의 능동적 선택과 주도적 의사결정을 통해 학습에 참여한다는 전제를 기반으로 논의되어야 한다. 그러나 그 전제가 일반적이지는 않다. 결국 대표적인 내재적 그리고 외재적 동기로는 성인학습자의 학습동기를 설명하는 것이 어렵다. 성인학습자의 학습은 참여로부터 시작된다. 따라서 평생교육에서 학습동기만큼이나 왜 성인학습자들이 학습에 참여하는지가 더 많은 관심을 받아왔다.

'왜 참여하는가?'는 결국 참여목적이며 이는 참여동기와 같은 의미이다. 성인들은 왜 평생학습에 참여하는가? 성인학습자의 참여동기는 목적이며 이유이고 학습장면에 참여를 유도하고 지속하게 하는 원동력이다. 국내에서는 성인학습자의 동기 유형을 최초로 구분한 학자가 Houle(1961)로 알려져 있으나 이는 사실과 다르다. Houle은 동기 유형을 제시한 것이 아니라 학습자의 지향성(orientation)에 따른 학습자 유형을 구분하였다. 한편 Sheffield(1962)는 학습지향성(learning orientation)을 성인학습자의 학습행위와 과정에 의미부여나 방향을 제공하는 주요 원칙으로 정의하였으나 Boshier(1971)는 학습지향성보다는 동기지향성(motivational orientation)이라는 용어가 적합하다고 하였다. 이처럼 대표적인 학자들이 참여동기를 직접적으로 언급하고 있지는 않지만, 성인학습에서 지향성의 개념은 '왜' 성인이 교육에 참여하는지 또는 참여 목적이 무엇인지를 탐구하는 동기가 중심이었고(Weir, 1983), 결국 참여지향성＝참여 이유(까닭)＝참여 목적＝참여 동기로 연결될 수 있다. Boshier가 동기지향성이라는 용어를 사용한 이후 참여동기가 보편적으로 사용되게 된 것으로 볼 수 있다.

Houle(1961)은 22명의 성인학습자들에게 학습경험과 학습자로서의
자신에 대한 자각에 대해 심층 연구한 결과 아래 <표 4.2>와 같이 세
가지 유형으로 학습자의 지향성을 구분하였다.

<표 4.2> Houle의 학습자 지향성 유형 구분

유형	특성
목표지향형 학습자	목표지향인 학습자들은 자신이 성취하고자 하는 목표를 달성하거나 문제를 해결하고자 하는 욕구를 가지고 참여하므로 학습을 그 수단으로 인식한다. 승진, 보상, 주변의 기대 충족, 문제해결 등 명확한 목표와 욕구 충족을 위해 필요한 프로그램을 찾아 학습한다. 실용적, 기능적 성취지향적 학습자 유형이라 할 수 있고 목표에 도달하면 학습을 중단하는 경향을 보인다.
활동지향형 학습자	활동지향인 학습자들은 학습보다는 활동 그 자체에 흥미를 느껴 활동을 위해 참여한다. 학습을 통해 무엇을 얻기보다 학습활동에서 타인과의 상호작용 등 인간관계 증진 및 사회적 활동 참여에 중점을 둔다. 활동지향형 학습자들은 사회적 활동과 인간관계를 중시하므로 외재적 동기와 연관성이 있다.
학습지향형 학습자	학습지향인 학습자들은 지식이나 학습 그 자체를 추구한다. 학습을 통해 알고자 하는 자신의 욕구를 만족시키고 그 과정을 통해 행복감을 느끼며 지적 호기심을 충족시키면서 성장해가기를 바라며 지속적인 학습활동을 한다. 즉, 내재적 동기와 연관성이 있다. 자아개념이 명확하며 학습에 능동적이므로 주도적으로 참여한다.

그러나 이러한 동기구분은 학습기간 또는 이후 다른 학습에 참여할
때 변화할 수 있으며 다중적인 목표를 포함할 수 있다. 예를 들면, 처음
목표지향으로 참여하였으나 학습하는 즐거움과 그 맛에 대해 알고 난
후 학습지향적 동기로 학습에 계속 참여할 수도 있다. 즉, 동일한 학습
자에게도 단일 동기가 아닌 복합적 학습참여 동기가 존재하며, 이들 동
기 요인들은 획일적으로 고정화된 동기가 아니라 다양한 유형으로 변화

할 수 있다는 점이다. 따라서 성인학습자들은 다차원적 목적을 가지고 학습에 참여하거나 참여과정에서 초기의 동기가 변할 수 있기 때문에 종종 학습자들은 자신의 학습목적이나 동기를 분명하게 드러내지 못할 수도 있다(권두승 외, 1999; 김애련, 2004).

Houle의 참여동기 구분을 시작으로 다양한 연구자들이 참여동기의 유형을 좀 더 세밀하게 분류하여 제시하였다. 대표적으로 Burgess (1971)는 교육참여동기척도(REPS: Reason for Educational Participation Scale)를 개발하여 1,046명의 성인들을 대상으로 70개 문항을 통해 다음과 같은 7개 동기 요인을 제시하였다: ① 알고자 하는 욕구, ② 개인적 목표 성취 욕구, ③ 사회적 목표 성취 욕구, ④ 종교적 목표 성취 욕구, ⑤ 도피하려는 욕구, ⑥ 사회활동에 참여하려는 욕구, ⑦ 형식적 요구에 따르려는 욕구. Boshier(1971)는 뉴질랜드의 233명 성인학습자들을 대상으로 48개 문항의 Education Participation Scale(EPS)을 통해 Houle이 제시한 세 가지 유형을 검증하였다. 이 연구 결과 성인학습자들의 참여동기는 Houle이 제안한 유형보다 더 복잡함을 증명하였다. 이후 1991년에 Boshier는 ① 언어적 기술(verbal)과 글쓰기 기술의 의사소통 개선, ② 사회적 접촉(social contact), ③ 과거 교육적 결함의 회복과 교육적 순비(educational preparation), ④ 전문성 함양, ⑤ 가족과 함께 하기(family togetherness: 예를 들면, 세대간 관계), ⑥ 사회적 자극(예를 들면, 지루함의 탈피), ⑦ 인지적 흥미로 유형을 구분하였다. 이 역시 Houle의 세 가지 구분을 넘는 유형의 복잡성을 나타낸다고 할 수 있다. 그러나 Boisher와 Collins(1985)의 연구에서 참여동기의 구분이 Houle의 것과 유사함을 보이기도 하였다. Morstain과 Smart(1976)은 Boshier가 개발한 교육참여척도(EPS)를 토대로 요인 분석을 통해 ① 사회적 관계 요인, ② 외부기대 요인, ③ 사회복지 요인, ④ 전문성 향상 요인, ⑤ 도피/자극요인, ⑥ 인지적 관심 요인의 여섯 가지 요인으로 참여동기를 제안하였다.

Merriam과 Bierema(2014)는 성인학습에서 비교적 생소한 이론이지만 성인학습자들이 직면하는 복잡한 역학관계를 잘 보여준 이론으로 McClusky의 마진이론을 다음과 같이 소개하였다. McClusky(1963)에 따르면, 인간은 무한한 가능성이 있고 특히 성인기는 생활을 위해 필요한 에너지, 자원, 지위 등을 얻기 위한 연속적인 발달, 변화와 도전으로 보았다. 그가 제안한 마진이론은 '힘-부담-마진(power-load-margin formular)'의 개념적 모델로서 삶 속에서 여러 가지 부담요인들이 있는데 힘을 축적함으로서 그 부담을 최소화할 수 있는 여백, 즉 마진을 충분히 확보함으로써 동기부여가 된다는 것이다. 부담에 비해 내가 갖고 있는 힘(예를 들면, 부담에 대처하기 위해 갖고 있는 능력, 지위, 지원관계 등)이 적거나 같으면 마진이 없다고 볼 수 있고, 부담을 상쇄하고 약간의 힘을 갖고 있다면 낮은 마진을 보유하고 있다고 볼 수 있다. 한편 마진이 너무 많을 경우에도 부담이 긴장감으로 조성되지 않아 동기부여가 되지 않는 상황도 있을 수 있다(Stevenson, 1982).

성인의 학습 및 참여동기에 대한 다수 연구는 주로 학습자 중심으로만 이루어져 왔다. 그러나 교수자-학습자의 쌍방향적 관계 측면에서도 생각해 볼 필요가 있다. Wlodkowski(2008)에 따르면 진정한 학습경험은 교수자와 학습자의 의미 있는 관계를 통해 일어난다고 하며 효과적인 성인교수학습에 필요한 네 가지 차원의 교차적인 동기부여 조건을 제안하였다: 포섭하기(inclusion), 태도개발(attitude), 의미향상(meaning), 자신감 생성(confidence). 아래 <표 4.3>은 네 가지 조건의 정의와 예시 등을 정리하였다.

<표 4.3> Wlodkowski의 동기부여 조건

구분	정의	예시
포섭하기	학습공동체를 장려해 모든 사람이 존중받고 연결되어 있다는 분위기를 만드는 것	-교수자와 학습자 소개(연결을 위해) -개인적 일화소개 -간식 공유하기 -유머, 신뢰할 수 있는 impact있는 경험 공유

		-협업, 협동학습 활용하기 -왜 학습해야 하는지 소통하고 학습한 것을 개인의 삶과 경험에 연결 -과정 적합성 확보를 위해 요구분석 실시 -과정의 기본 규칙 확립하기 -과제부여 시 왜 해야 하는지 이유 제시
태도개발	학습(내용)과 자신의 경험의 관련성을 알도록 하여 학습에 대해 긍정적 태도를 개발하는 것	-실패, 창피, 무례, 부적 피드백에 대한 학습자의 우려는 최소화(안전한 학습환경) -합리적인 속도로 수업 진행 -과제, 시험에 대해 충분한 고지 -명확한 기대와 평가기준제공 -복잡한 과업에 대한 지원 -학습계약서 활용 -학습성공에 대해 스스로 책임지기
의미향상	도전을 할 수 있게 하고 학습자의 관점과 가치를 높이 평가해 줌으로써 의미를 찾게 해주는 것(기존의 지식과 새로운 지식의 연결, 경험을 새로운 가치와 (학습) 목적에 연결 등)	-Q&A -의견나누기 -실천에 대한 성찰 -문제해결 -역할연습 -학습쟁점자극하기 -봉사활동참여하기 -사례연구 -피드백에 반응하기
자신감 생성	학습자 스스로 자신의 학습이 성공적이었음을 알게 도와줌으로써 자신감을 갖게 하는 것	-시의적절한 피드백 -과제 완료 전 자세한 평가 기준 등 안내 제공 -과제와 학습활동은 실생활과 밀접할 것 -학습의 말미에 긍정적 마무리 경험을 제공

출처: Merriam, S. B., & Bierema, L. (2014). Adult learning: Linking theory and practice. pp. 156-158.

3) 왜 참여하지 않는가?

2008년 한국 성인의 평생학습실태 보고서에 따르면 저소득계층(가구소득 150만원 미만)이나 저학력자(중졸이하), 고연령층(55세 이상 64세 이하), 농어촌 지역의 성인들의 평생학습 참여가 저조한 편이라고 한다. 이와 같은 결과는 형식, 비형식, 그리고 무형식 모두에서 동일하다.

우리나라의 경우 2008 한국 성인의 평생학습실태 보고서에 따르면 평생학습 참여의사가 있음에도 불구하고 참여하지 못하는 이유로 '시간이 없어서(가족 부양 책임 때문)'가 81.6%로 가장 높았고 '근무시간과 겹쳐서(40.1%)', '교육훈련 비용부담(33.8%)', '가까운 거리에 교육훈련기관이 없어서(20.7%)' 순이었다. 이와 같은 결과에서도 남녀간 차이는 존재하였다. 여자의 경우 '시간이 없어서'라는 응답이 93.7%로 남자 64.2%보다 높았고 남자의 경우 '근무시간과 겹쳐서'라는 응답이 62.6%로 여자 24.5%보다 높았다. 또한 연령이 높을수록 건강의 문제가 가장 큰 장애였다.

10년이 지난 2018년 한국 성인의 평생학습실태 보고서에 따르면, 평생학습 불참요인으로 '직장업무로 인한 시간부족(61.5%)'이 가장 많았으며 '가족부양에 따른 시간부족(19.1%)', '가까운 거리에 교육훈련기관이 없어서(12.1%)', '동기·자신감 부족(10.1%)', '학습비가 너무 비싸서(8.8%)' 순이었다. 이와 같은 결과는 성별차이가 존재하였다. 직장업무로 인한 시간 부족의 경우 남성이 77.4%로(여성: 50.2%) 매우 높았으며, 가족부양에 따른 시간부족은 여성(25.6%)이 남성(10.0%)보다 훨씬 높았다. 특히 직장업무로 인한 시간부족의 경우 학력이 높을수록, 월 가구소득이 많을수록 높았다. 즉, 2008년 보고서와 2018년 보고서에서 왜 성인들은 학습에 참여하지 않는가에 대해 약간의 차이는 있지만 전반적인 내용은 비슷하였다.

3 성인 발달

1) 성인학습자란?

성인학습자를 정의하는 데 있어서 일반적으로 성인의 의미를 먼저 고려해야 한다. 어떤 사람이 성인일까? 즉, 성인의 의미는 우리에게 쉽게 이해되는 부분도 있다. 그러나 막상 성인을 정의하려면 쉽지는 않다. 우선 일반적으로 성인을 정의하는데 법률상 만 18세를 떠올릴 수 있다. 이는 개정된 선거법상 투표에 참여할 수 있는 연령을 규정한 것이다. 그러나 또 다른 법인 청소년보호법에 따르면 성인은 만 25세 이상부터이다. 즉, 법에 따라서 성인의 의미가 달라진다.

국가마다 성인을 정의하는 법 역시 다르다. 미국의 많은 주와 중국은 성인을 만 18세로 규정하고 있고 캐나다의 경우 주마다 성인을 정의하는 연령이 다르다. 그럼에도 불구하고 성인을 정의하는데 Merriam과 Brockett(2007)의 정의는 널리 활용되고 있다. 즉, 그들에 따르면 성인이라 볼 수 있는 나이, 성인으로서의 사회적 역할, 그리고 자기 스스로 성인이라고 인식하는 심리적 성숙을 고려하여 성인을 정의할 수 있다고 하였다. 그러나 사실 심리적 성숙도 개인차가 존재하며 사회적 역할도 개인마다 서로 다른 시기에 서로 다른 역할이 부여될 수 있으므로 한계가 있을 수밖에 없다.

성인의 의미가 하나로 정의될 수 없지만, 일반적으로 성인학습자는 성인교육 또는 성인학습에 참여하는 학습자를 의미한다. 한편 성인학습자보다 평생학습자가 오늘날 현 시점에서 더 적합하다는 주장도 있다. 김진화, 전하영, 강은이, 정민주(2013)에 따르면 평생학습자란 현대 사회의 맥락 속에서 평생학습의 기본 요구와 능력을 통찰하고 개별적·집단적으로 전생애 동안 다양한 생활세계에서 자기창조의 삶과 연계시켜 평생학습을 생활화하는 자기주도적 성장의 주체자로 특정 인생주기에 필요한 학습이 아닌 전생애에 걸쳐 사회적·시대적 상황에서 의도적 또는 비의도적으로 학습활동에 참여하는 사람을 의미한다. 김진화, 전하영, 강은이, 정민주(2013)는 평생학습자의 특징을 다음과 같이 세 가지로 설명하였다: 첫째, 전생애 동안 각자의 주도적 성장과 새로운 삶의 창조를 위해 평생학습을 생활화하고 전략화하는 자기주도적 성장의 주체; 둘째, 다양한 지식과 정보를 관리하는 개별 지식관리자; 셋째, 새로운 가치를 창출하는 자기 가치창조자.

2) 성인발달

성인발달은 성숙을 향하는 성장과정과 퇴화를 향하는 노화과정을 동시에 포함한다. 일반적으로 발달을 바라보는 관점은 인생초기의 성장과정만을 의미했으나 인생 중반부 이후의 노화과정까지 포함한 개념으로 확장되면서 전 생애에 걸쳐 발생하는 신체적, 심리적, 사회적 변화를 의미하게 되었다. 따라서 학문으로서 또는 실천영역으로서 성인교육에서 성인발달을 제외하는 것은 상상하기 어렵다. 성인학습자와 학습과정에 대한 많은 측면들이 인생에서 성인이 어떻게 변화하고 발달하는지에 영향을 받기 때문이다(Clark & Caffarella, 1999a). 그동안 성인학습과 관련되어 성인발달 연구는 많은 성과가 있어왔다.

성인발달 이론은 크게 네 가지 모델로 구분할 수 있다(Merriam, Caffarella, & Baumgartner, 2007). 첫째, 생물학적 모델은 일생 동안 일어나는 신체적 변화가 어떻게 발달에 영향을 미치는가에 관심을 둔다. 성인기에서 노화는 나이와 함께 세포의 손상, 세포능력감소, 감각기관의 기능 저하, 중추신경계의 기능 저하에 따른 반응 시간의 감소 등 신체적 변화를 의미하며 이를 통해 성인발달을 이해하고자 한다.

둘째, 심리적 모델은 개인의 내부 경험을 탐색하는 것이다(Merriam & Bierema, 2014). 즉, 심리적 모델은 발달을 삶의 이벤트 또는 변화/전환의 연속적 단계 또는 시리즈에 따른 선형성 또는 사회적 관계의 관점에서 본다. 주로 단계로 발달을 설명하면서 낮은 단계에서 높은 단계로의 상향적 움직임은 있으나 나이와 반드시 관계되는 것은 아니며, 항상 선형적인 것도 아니다. 가장 많은 발달이론은 심리적 모델에 속한다. 예를 들면, Erikson(1950)은 전생애 발달이론을 제시한 최초의 학자로, 전생애를 8단계로 제시하였고, 개인은 각 단계에서 새로운 발달과업을 마주하게 되고 당면한 발달과업들을 사회적 상호작용 속에서 어떻게 수행하느냐에 따라 변화가 일어날 수 있다고 하였다. 특히 Erikson은 성인기를 성인초기, 중년기, 노년기의 세 단계로 구분하였으며, 각 단계별 발달과업으로 성인초기에는 '친밀감 대 소외감', 중년기에는 '생산성 대 침체감', 노년기에는 '통합감 대 절망'을 제시하였다. 각 단계별 갈등상황을 성공적으로 해결해야 그 다음 발달단계로 이어진다. 그러나 갈등을 해결하지 못하여도 일정 연령이 되면 생물학적 성숙이나 사회적 압력에 의해 다음 단계로 발달을 경험한다. 그러나 전 단계에서 해결하지 못한 과업이나 갈등은 다음 단계에서 과업을 수행하는 데 걸림돌이 된다. 또한 Levinson(1986)의 모델 역시 인생의 특정시기에 강조되는 특정 과업과 패턴이 있으며 이를 4단계(4계절과 같이)로 구분하였다. 이외에도 백인 정체성 발달(Helms, 1995), 성 정체성 발달모형(Cass, 1979), 혼혈 성체성 발날 노델(Henriksen & Trusty, 2004) 등이 심리적 모델의 예가 될 수 있다.

셋째, 사회문화적 모델은 성인의 삶에서 사회적·문화적 측면에 초점을 둔다. 즉, 결혼, 육아 등에 의한 사회적 역할 변화에 따른 인생 사건, 그리고 인종, 젠더, 계층, 성적 취향과 같은 요인들이 어떻게 성인발달에 영향을 미치고 서로 교차되는지를 중요한 측면으로 고려한다. Baumgartner와 Merriam(2000)의 『Adult Learning and Development: Multicultural Stories』라는 책은 성인발달의 사회문화적 관점이 어떻게 성인학습에서 강조될 수 있는지를 잘 보여준다. Cross의 흑인 정체성 발달 모델도 한 예이다.

넷째, 통합모델은 위 3개 모델이 어떻게 서로 관련되고 영향을 미치는지에 관심을 둔다. 성인이 어떻게 학습하고 성장하는지에 영향을 미치는 요인들의 복잡성을 고려한 덕분에 통합모델은 사실 성인발달을 이해하는 데 가장 큰 가능성을 갖고 있는 것으로 볼 수 있다(Clark & Caffarella, 1999b). Rossiter(1999)의 스토리를 통해 발달을 이해하기 위한 방법으로서 내러티브 접근을 사용한 것이 통합적 접근의 한 예가 될 수 있다. 또한 Magunsson(1995)에 따르면, 개인의 심리학적, 생물학적, 환경적 요인들의 지속적인 상호작용과정에서 성인은 발달한다.

이처럼 모형의 발전은 하나의 모형으로 성인발달을 설명하는 데 한계가 있기 때문이다. 예를 들면, 개인의 교육수준, 문화적 환경, 경제적 수준 등이 각자 다르며 더욱이 나라마다 문화권마다 다른 특성이 있기 때문에 하나의 보편적 모델을 제시하는 것은 어렵다.

성인발달이 성인학습자의 특성을 이해하는데 중요한 정보를 제공해 주지만, 2000년 전후로 성인학습이 성인발달을 촉진시키는 역할을 강조하고 있다. 성인의 발달 진행은 새로운 환경과 관련된 지식을 습득하는 것과 깊은 연관성이 있기 때문이다. 성인기에는 나이와 일대일로 상응하는 단계가 존재하지 않는다. 대신 환경의 변화와 새로운 사회적 역할에 대응하며 해당 발달 단계에서 요구되는 지식과 기능수준을 습득하고, 그 습득이 충분히 진행된 이후에 다음 발달 단계로 나아가게 된다(Dawson & Wilson, 2004). 즉, 현재의 발달단계와 개념적으로 구분될 만한 지식/기능의 변화가 일어나지 않는다면 나이가 증가하더라도 다음 발달단계로 진입할 수 없는 것이다. King과 Kitchener(1994, 2004)는 그러한 지식/기능의 변화 중 하나로 자신이 가진 지식과 앎에 대한 믿음이 변화해가는 과정을 발달로 보았다. 성인발달에서 전환학습의 역할은 2000년대 이후 많은 관심을 받고 있다(예를 들면, Daloz 1999; Mezirow & Associates 2000). 전환학습은 관점이나 의미의 전환을 통해 변화를 이끄는 학습을 의미하며 이러한 변화의 의미해석은 보통 발달을 유발한다(Dirkx, 1998). Daloz(1999)는 성인들의 삶에서 의미를 해석하는 방법으로 전환과정을 제안하였고 이 과정을 교육으로 보았다.

Taylor, Marienau와 Fiddler(2000)은 성인학습 모델과 성인발달의 공통되는 특성으로 "1) 사람들은 환경과의 상호작용 속에서 발달한다, 2) 발달은 분화와 통합의 주기를 따른다, 3) 개인내적 발달은 모두에게 동일하게 일어나지 않는다, 4) 경험을 재구성할 수 있는 능력은 발달의 중요한 지표가 된다"라는 네 가지를 제시하였다. 이와 같이 성인발달은 전통적인 아동청소년 학습자와 구별되는 성인학습자만의 특성을 이해하게 해주는 이론적 배경이 될 뿐만 아니라 성인학습의 목적 자체가 될 수 있는 개념으로써 이해되어야 한다. 동시에 어떻게 성인교육자들이 학습자의 발달에 보다 의도적으로 도움을 줄 수 있는지에 대한 연구도 활성화될 필요가 있다.

PART **2**

주요 성인학습이론

Chapter 05

안드라고지

Lindeman이 1926에 『성인교육의 의미(The Meaning of Adult ed-ucation)』라는 책을 발표하여 '성인교육'을 학문의 한 영역으로서 제안하였다면, Knowles(1970)는 안드라고지라는 용어를 북미에 소개함으로써 페다고지와 구분되는 성인교육의 독자적 영역을 추구하는 논의를 촉발하였다. 이후 안드라고지와 페다고지의 이분법적 사용, 학문과 실천 사이를 오가는 안드라고지의 정체성에 대한 다양한 해석이 계속되면서 안드라고지가 그간 소외되었던 성인의 학습권에 대해 주목하게 하고 성인교육학에 대한 이론적 체계 마련을 위한 자양분으로서 자리해 왔음은 부인할 수 없는 사실이다(강선보, 변정현, 2006).

1 안드라고지의 등장과 보편화

'안드라고지'는 희랍어, 'aner'(성인)와 'agogos'(지도하다)에서 비롯되어 유럽에서 사용되었던 용어이다. 그러나 북미에서 안드라고지가 본격적으로 소개된 것은 Knowles에 의해서였다. Knowles는 1967년 유고슬라비아의 성인교육가인 Dusan Savicevic에게서 안드라고지라는 용어를 처음 접하게 되고, 1970년 그의 저서인 "Modern Practice of Adult Education: Andragogy versus Pedagogy"를 통해서 안드라고지를 체계화·보편화하게 된다. 여기서 그는 안드라고지를 '성인의 학습을 돕는 예술과 과학(the art and science of helping adults learn)'으로, 페다고지는 '아동의 학습을 도와주는 예술과 과학(the art and science of helping children learn)'으로 정의하면서 두 개념을 대비시켰다.

한편, Peters와 Jarvis(1991)에 의하면 안드라고지는 유럽과 미국에서 상이하게 사용되어져 왔다. 유럽에서는 안드라고지가 성인의 변화를 목적으로 하는 의도적이고 전문적인 활동, 실천적 과정을 통제하는 방법 및 관념적 체계, 과학적 연구영역으로 사용된 반면, 미국의 경우 안드라고지를 성인에 대한 기본 가정과 그들을 가르치는 것에 대한 함의로 국한하는 경향이 있다(Peters & Jarvis, 1991, 강선보, 변정현, 2006, 9쪽 재인용). 결국 오늘날까지도 폴란드, 독일, 네델란드, 체코슬로바키아, 러시아, 유고슬라비아 등 중동부 유럽 국가들은 '안드라고지＝성인교육'으로 사용한다. 한편, 영미에서 안드라고지는 성인교육의 한 부분으로서 교수학습에 관한 처방적 모델로 통용되고 있다(Merriam, 2001a).

2 안드라고지의 가정

여기에서 안드라고지를 북미에 보편화하고 성인교육의 중추적인 화두로 발전시킨 Knowles(1980)를 중심으로 안드라고지의 기본 가정에 대하여 살펴본다. 특히 5번째와 6번째 기본 가정은 1984년에 추가되었다.

첫째, 성인은 성숙할수록 자아개념이 의존적인 특성에서 자기주도적 특성으로 변화한다. Knowles(1980)에 의하면 인간은 성장하면서 점차 독립적이고 자기주도적으로 변화한다. 따라서 성인들은 자신들 스스로 의사결정 등에 책임을 질 수 있는 존재로 타인들에 의해 인식되었으면하는 강한 심리적 욕구를 갖고 있다. 만약 이런 욕구가 인정되지 않은 상황이라면 분노하거나 저항하는 경향이 있다. 그렇다면 성인들이 교육, 훈련 등 주도성을 발휘하기 어려운 상황에 놓일 때 어려운 문제가 발생할 수 있다. 이런 점에서 교사는 학습의 기획, 실행, 평가 등 학습의 전 과정에 성인학습자의 주도적 참여를 허용, 촉진해야 한다. 또한 Knowles는 성인학습자들이 처음으로 자기주도학습에 놓이게 되면 혼란을 겪기도 하지만, 성인으로서의 학습관을 재정립해 나갈 수 있으며 성인학습을 통해 자기주도적인 사람으로 변화될 수 있다고 하였다. 그러나 Knowles(1984)는 성인도 교사의존적인 상황에서 학습할 수 있으며 아동 역시 학교 내 또는 밖에서 자기주도적으로 할 수 있음을 인정하기도 하였다.

둘째, 성인들은 학습을 위한 풍부한 자원인 경험을 축적하여 갖고 있다. 한 개인이 축적한 경험은 풍부한 학습자원인 동시에 새로운 학습을 위한 폭넓은 기초가 된다. 성인발달에서 설명한 발달단계별 과업의 수행은 삶의 경험 축적을 의미하며 이는 학습을 위한 준비를 의미한다 (Konwles, 1980). 성인이 성장할수록 많은 경험의 축적을 통해 자신의 정체성을 형성한다. 반면 아동은 부모, 형제자매, 친척 등 외부자에 의해 자신의 정체성을 만들어 산다. 즉, 아동에게 경험은 자신에게 발생하는 무엇에 해당하지만, 성인에게 경험은 나를 만들어가는, 즉 내가 누구인가를 알아가는 것을 의미한다. 만약 성인에게 자신들의 경험이 가치가 없거나 무시된다면, 인간으로서의 자신을 거부당하거나 자아개념이 있는 존재임을 부정하는 것과 같다(Merriam & Bierema, 2014). 따라서 경험은 첫 번째 가정인 자아개념 및 자기주도성과 깊은 연관이 있다. 물론 모든 경험이 학습에 긍정적인 기여를 하는 것은 아니다. 삶의 경험을 통해 학습에 대한 부정적 태도를 갖게 될 수도 있고 트라우마적 경험은 학습에 방해요인이 될 수도 있다. 즉, 경험의 양과 경험의 질이 항상 같이 갈 수는 없다. 그럼에도 불구하고 성인의 경험은 학습과 관련하여 성인 교수−학습에 출발점으로 퍼실리테이터는 성인학습자의 경험과 함께 시작할 수 있고, 이전 경험을 새로운 경험, 이론, 개념과 연계시켜 학습을 도울 수 있다(Merriam & Bierema, 2014). 타인과 또는 내적인 새로운 경험의 공유 및 연결은 새로운 의미를 해석할 수 있고 다른 사람의 학습을 도울 수 있다. 한편 이전 경험은 고정된 사고방식을 형성하기 때문에 성인은 새로운 사고에 덜 개방적일 수도 있다. 요컨대, 성인의 학습에 있어 경험은 필수불가결한 요소이며 따라서 내용의 전달보다는 경험으로부터 배울 수 있도록 하는 교수방법(예를 들면, 토론, 역할연기, 시뮬레이션, 현장경험, 문제기반학습, 사례연구, 프로젝트 등)이 권장된다.

셋째, 성인의 학습준비도는 사회적 역할에 따른 발달과업과 밀접히 관련이 있다. 사회적 역할은 두 번째 기본 가정인 학습을 위한 자원, 즉 삶의 경험과 연결된다. 이 가정의 핵심은 성인이 나이가 들수록 새로운 사회적 역할이 부여되고 또 사회적 역할이 변화하며 이를 성공적으로 수행하기 위해서 결국 학습이 필요하다는 것이다. 예를 들면, 새롭게 직장에 입사하면 조직구성원으로서의 역할을 성공적으로 수행해야 하고, 결혼과 동시에 배우자로서의 역할, 부모로서의 역할, 관리자로서의 역할, 지역사회 또는 직장에서 리더로서의 역할이 기대되거나 부여된다. 이때 새로운 역할에 성공적으로 적응하고 역할과업을 수행하기 위해 학습이 필요하며 이 때 학습준비도는 매우 높아지게 된다.

넷째, 성인이 성숙할수록 시간 관점에 변화가 있는데, 지식의 미래 활용에서 즉각적인 활용으로 변화한다. 따라서 성인을 위한 학습은 주제 중심이 아닌 문제중심적이어야 한다. 성인들은 자신에게 문제가 되는 주제에 학습하려고 하고 당장 적용할 수 있는 주제에 흥미를 갖는다. 따라서 대부분의 성인들은 해결해야 할 이슈를 즉각 처리할 필요가 있을 때 학습에 더 동기유발이 되고 주로 이러한 이슈들은 사회적 역할과 관련이 있고 삶의 경험들과 연관되어 있기에 위 기본 가정들과도 연관이 있다(Merriam & Bierema, 2014). Knowles(1980)는 성인교육의 내용은 추상적 개념에 근거한 것이기보다 개인이 현재 직면하고 있는 문제 및 관심사와 조화를 이루어야 하며, 성인은 미래를 위한 준비보다는 현실의 삶의 문제에 대해 학습하기 때문에 그 내용을 즉각적으로 적용하고자 하는 경향이 있다고 보았다. 따라서 성인교육의 효과성은 강의식 전달 위주의 수업보다는 문제해결을 위한 집단적 활동을 활용할 때 더욱 높아진다. 4번째 기본 가정은 무형식 학습을 통해 가능하다. 또한 의과대학의 PBL(문제중심학습)과 경영대학의 적시(Just-in-time) 학습과도 연관된다.

다섯째, 성인학습에서 가장 설득력 있는 동기요인은 자기존중과 같은 내적 차원이다(Knowles, Holton, & Swanson, 1998). 성인의 학습동인은 외부에 있기보다는 성인 내부에 존재한다. 성인은 내적 동인에 의해 학습을 자유롭게 선택할 수 있으며 성인학습자 자신이 주도권을 가지고 참여하는 것이고, 교사는 이러한 학습동기를 지속적으로 유지할 수 있도록 도움을 주는 지원자 또는 촉진자라 할 수 있다. 그러나 모든 성인학습자들이 내적으로 동기 유발되는 것은 아니다. 외부로부터의 기대, 자격증이나 학위취득이 필요해 참여하는 경우도 있다. 이는 성인들 역시 성인기 이전의 학습에서처럼 외적 동인에 의해 학습이 참여할 수도 있음을 보여준다.

여섯째, 성인들은 학습해야 하는 이유를 알 필요가 있다. 성인들은 그들이 왜 학습해야 하고 학습된 것을 어떻게 적용할 수 있는지 알고 싶어 한다. 즉, 학습에 앞서 왜 배워야 하는지에 대한 이유를 알게 된다면 더욱 학습에 적극적으로 참여할 수 있다. 이 가정 역시 앞에서 언급한 다섯 가지 기본 가정과 연관되어 있다. 학습해야 하는 이유는 실제 삶 속에서, 사회적 역할의 변화에 따라, 새로운 경험 속에서 등장하기 때문이다.

이와 같이 안드라고지는 '자율적이고 자기주도적인 학습자'를 가장 기본적이고 중요한 것으로 상정하고 있다. 학습자가 처한 환경이나 교수자 및 다른 학습자들과의 상호작용보다는 학습자 개인에 대한 관심이 뚜렷하며, 아울러 학습자 개인의 주도적인 노력에 의한 학습자 스스로 발전할 수 있다는 인본주의적 시각에 기초하고 있다. 결론적으로 안드라고지는 당시의 유력한 교육철학의 기초 위에 무엇보다 자발적 성장의지를 갖고 경험을 통하여 계속하여 성장·발전하는 존재로서의 학습자상을 구축하고, 성인교육은 이러한 성인학습자의 특성을 충분히 고려하여 학습자가 자기주도적으로 자신의 문제를 해결해 나갈 수 있도록 여건을 조성하고 지원하는 과정으로 규정하고 있음을 알 수 있다.

3 안드라고지의 비판적 논의와 검토

안드라고지 개념이 대중화되면서, 안드라고지의 학문적 성격과 기본 가정의 타당성 등을 두고 논란이 계속되어 왔다. 심지어 Knowles에게 안드라고지를 소개하여 주었던 유고의 Savicevic(1999)조차도 Knowles가 정의한 안드라고지에 대해 교수기술(teaching skill)적 처방 수준으로 축소되었고, 학교교육과 개념적으로 혼돈되며, 학습 지향성만 강조함으로써 안드라고지의 사회적·철학적 측면과 성인교육의 내용들을 간과하고 있고, 역사와 사회적 환경의 연결 없이 자기주도학습자를 강조하다 보니 개인주의적 접근의 교육으로 바라보았다고 비판하였다.

안드라고지에 대한 그간의 비판적 논의의 흐름을 살펴보면 1970년대에서 80년대까지는 주로 안드라고지의 성인교육 이론 여부와 안드라고지가 성인에게만 적용될 수 있는지에 초점이 있었다. 이후 1990년대부터 주된 비판은 안드라고지가 지나치게 학습자 개인을 강조하고, 학습에 미치는 맥락적 요인을 간과하고 있다는 점이다(Merriam, 2001a). 2000년대 들어와 안드라고지에 대한 비판은 사실 많이 언급되고 있지는 않다. 그 이유는 성인교육학계와 실천 영역에서 이미 안드라고지의 강점과 약점에 대해 일치되는 의견을 갖고 있기 때문이다. 아래는 몇 가지 차원에서 논의되었던 안드라고지의 비판점을 확인하고 안드라고지가 성인교육에 기여하기 위한 발전적 방안들을 점검한다.

첫째, 안드라고지는 성인교육 이론인가? 성인의 학습을 돕는 '예술'이자 '과학'으로서의 안드라고지 정의에는 '과학'이라는 표현 때문에 주된 이론으로 여겨질 수 있다. 그러나 Clair(2002) 등 여러 학자들은 안드라고지가 이론의 요건을 갖추지 못했고, 학습과 관련하여 성인과 아동 간의 구분이 타당하지 못하다는 이유로 이론으로서 안드라고지의 한계를 강조하였다. Clair(2002)에 따르면 안드라고지는 이론이 갖추어야 할 특징 중 성인교육 현상이 어떻게, 왜 이루어지는가에 대해서 알려주지 못하고 있다. 또한 안드라고지는 서로 다른 상황에서 일관성 있게 안드라고지가 적용될 수 없기 때문에 이론으로 보기 어렵다(Baumgartner, Lee, Birden & Flowers, 2003).

한편, 안드라고지는 성인만을 위한 교육의 이론인가?라는 문제에 있어서도 비판을 받는다. 이러한 비판에 대하여 Knowles(1980)는 안드라고지란 일련의 가정으로서 다양한 상황에서 다양한 학습자에게 실험될 필요가 있기 때문에 이론이기보다는 이론을 형성하는 기초적인 내용이라고 하였다. 안드라고지('학습자 중심의 학습')가 패다고지('교사중심의 학습')와 양극단의 이분법적 접근으로 보기보다 일차원적인 연속선상에 존재한다는 것이다. 즉, Knowles는 안드라고지가 과학이나 이론이라는 주장에서 한 발 물러서서 안드라고지가 성인뿐만 아니라 아동에게도 적용 가능하다는 쪽으로 입장을 선회하였다. 결국 안드라고지는 대부분의 학자들의 주장과 같이 성인교육이라는 영역에 독자성을 주는 이론적 체계로 보기에는 한계가 있다.

둘째, 성인 교수방법적 처방인가? 안드라고지는 성인학습을 위한 교수 설계 및 운영을 위한 원리(discipline) 또는 방법적 처방(technology)으로 이해해야 한다는 의견이 많다. 실제로 안드라고지의 가정에 근거하여 성인교육 프로그램 개발의 가이드라인을 제공하거나 성인학습자에게 효과적인 다양한 교수법이 연구되어 왔다. 그러나 안드라고지를 주로 성인에게 적용되는 교수법 차원으로 이해하는 경우에도 비판이 없는 것은 아니다. 예를 들면, 안드라고지는 성인학습자가 내적동기에 의해 학습에 참여한다고 하지만 외적 동기에 의해서도 학습에 참여하는 성인들이 있기 때문에 안드라고지의 가정을 기반으로 교수법 차원에서 명쾌한 처방을 내리기는 한계가 있다.

셋째, 안드라고지는 성인 학습에 영향을 미치는 복합적이고 다양한 맥락을 고려하는가? 안드라고지가 지나치게 성인학습자 개인, 특히 자율적인 개인으로서 학습자에 초점을 맞추어 학습자 및 학습과정에 미치는 인종, 계층, 성, 학력, 국적, 문화 등의 상황요인들을 고려하지 않고 있다는 것이다. 예를 들면, 성인들이 새로운 문화에 적응하는 등 무형식 학습과정에서 문화는 지속적으로 학습에 영향을 미친다. 성인교육에 있어 사회 문화적 맥락의 중요성은 구성주의적 패러다임의 부상과 함께 더욱 강조되고 있다. 지식이 개인이 처한 고유한 맥락 속에서 그 개인의 경험에 대한 해석과 의미 부여를 통해 구성된다고 보는 구성주의적 관점에서 볼 때, 맥락은 현상에 대한 깊은 이해와 지식의 타당성을 제고하기 위해 면밀히 고찰해야 할 요소이다(Linclon & Guba, 1985). 그러나 안드라고지는 이를 간과하였다.

Belzer(2004)는 성인의 선행학습 경험이 후속 학습에 영향을 미친다고 하였다. 특히 선행의 학습경험이 학습자의 참여나 자율보다는 교사 주도적이었던 경우, 안드라고지에서 강조하는 촉진자로서의 교사, 자기 주도적 학습자라는 가정은 도움이 되지 않을 수 있다. 오히려 안드라고지에 입각한 교수설계가 오히려 성인학습자의 학습 동기화 및 학습을 저해하는 역작용을 유발할 수도 있다.

또한 안드라고지는 중산층 백인 남성의 특징들을 반영하고 있다는 비판이 있다. 즉, 안드라고지는 성별과 인종의 영향을 간과하고 있다. Brown, Cervero와 Johnson-Bailey(2000)은 성과 인종이라는 배경적 차이가 성인학습자의 '학습'뿐만 아니라 성인교육자의 '교수'에도 영향을 미치고 있음을 실증적으로 확인하였다. 그리고 안드라고지는 개인주의 및 학생의 자율에 대한 존중이 주된 가치가 되는 서구문화와는 달리 집단주의와 교사의 권위에 대한 순종이 지배적인 교육환경에서 성장한 동양 문화권 학습자들에게는 적용의 한계가 있을 수 있다.

이처럼 안드라고지는 학습자의 배경과 그가 처한 사회문화적 맥락에 대해 고려가 충분하지 못함을 보여준다. 성인학습자가 놓인 맥락의 차이는 교수학습 현장에서 안드라고지의 획일적인 적용에 주의를 기울여야 할 논거이자 교수학습 설계에서 중요하게 다루어져야 할 요소이다. 안드라고지의 학문적 정체성은 여전히 정립 중(Merraim, Caffarella, & Baumgartner, 2007)이라고 말은 하지만 안드라고지는 다양한 성인교육 현상에 대한 설명력 부족과 성인과 아동 간 구분의 유동적인 경계로 인하여 성인교육 이론으로서의 한계를 갖고 있다. 한편, 안드라고지를 성인교수법으로 이해한다고 해도 현실에의 적용을 위해서는 좀 더 구체적인 기본 가정이 필요해 보인다. 특히 성인교육 참여자의 개인적 배경과 그가 처한 사회 문화적 맥락을 고려하는 등 보완되어야 할 점이 많다.

Chapter 06

경험학습

1 경험과 학습

경험학습은 일반적으로 두 가지 의미에서 사용된다. 첫째는 학습자의 삶과 연계된 이전 학습(또는 사전 학습경험)을 의미한다. 이 이전 학습은 다음 학습을 위한 기초를 제공한다. 둘째, 경험학습은 학습자의 경험이 학습을 자극하고 주요한 자원이 되는 학습과정을 의미한다. 후자가 경험학습의 개념으로 더 많이 활용된다. 새로운 학습은 학습자와 함께 학습자의 이전 경험으로부터 가져오는 성향, 기대, 동기, 지식, 전문성 등을 고려해야 한다. 따라서 경험은 학습의 기반이 된다.

경험학습의 출발은 Dewey에서 시작한다. Dewey(1963)에 따르면 학습은 과거 경험과 현재의 학습이 미래의 잠재적 경험과 끊임없이 연결되고 재구성됨에 따라 진행되며 이를 위해 반성적 성찰이 필요하다고 하였다. Dewey는 특히 성찰의 중요성을 강조하였다. 즉, 과거의 경험으로 현재 상황이 설명되지 않을 때 이를 극복하기 위한 노력으로 반성적 성찰이 필요하고 이를 통해 학습자는 성장한다. 습관적 방식으로 행하게 되는 행위에 맞서 문제를 해결하는 데 꼭 필요한 것이 성찰이다

(Miettinen, 2000). 또한 이는 학습자의 환경과 상호작용을 통해 발생한다.

이때 모든 경험은 교육적이지 않을 수 있다. 성인의 과거 경험은 새로운 경험의 장벽이 될 수도 있다. 어떤 경험은 오히려 편견과 편협한 사고로 새로운 경험을 학습으로 연결되지 못하게 한다. 경험이 쌓일수록 우리에게는 새로운 아이디어와 관점, 대안적 사고방식에 마음의 문을 닫게 되는 정신적 습관이나 편견, 추정 능력이 발달된다(Knowles, Holton, & Swanson, 2011). 따라서 경험학습에서 학습이란 새롭게 경험한 것의 의미를 부여하고 학습자가 재구성하는 것뿐만 아니라 과거의 교육적이지 않은 경험에 의해 형성된 관점 또는 체제를 폐기하는 것까지 포함한다. 따라서 현재 교육적인 의미 있는 경험을 선택하여 미래의 생산적이고 창의적일 수 있는 경험과 연결 지을 수 있게 하는 것이 중요하다(Dewey, 1963).

성인교육 차원에서 경험학습에 대한 관심 역시 지속되고 있다. Lindeman (2003)은 성인교육에서 가장 가치 있는 자원은 학습자의 경험이라고 했다. 그에 따르면 대부분의 성인학습은 우리가 인생을 살아가는 과정에서 무형식적으로 발생하기 때문에 경험은 성인학습자에게 살아있는 교과서라고 하였다. 성인은 직장, 여가, 가족, 공동체 등과 관련한 구체적 삶의 상황 속에서 경험을 하며 자신을 발견하고 이를 통해 학습이 시작되며 진행된다. Knowles, Holton과 Swanson(2011)는 성인들이 학습의 비옥한 자원인 경험의 저수지를 넓혀간다고 비유하며 안드라고지의 주요 가설 중 하나로 경험의 중요성을 강조했다. 특히 안드라고지 기본 가정 중 하나가 성인에게 축적된 삶의 경험이 학습의 풍부한 자원이 된다고 하였다. 성인학습자는 각자의 경험에 따라 다양한 학습이 가능하며, 이러한 다양성 때문에 성인들의 경험을 학습에 활용하는 것은 필수적이다(Merriam & Bierema, 2014).

2 경험학습의 특성

경험학습은 다음과 같은 특성을 보인다. 첫째, 당연한 말이지만 경험을 강조한다(Marsick & Watkins, 2001). 경험은 중요한 학습자원이자 학습과정 자체로 인식될 만큼 경험학습의 중요한 특성이다(Kolb, 1984).

둘째, 경험학습은 무형식성을 특징으로 한다(Marsick, 1987). 경험학습은 형식학습 환경에서 발생할 수도 있지만 대부분 무형식 형태로 발생한다. 즉, 학습자의 삶 속에서 겪게 되는 구체적인 상황이나 맥락에서 경험이 발생하며 이를 학습경험과 연동시켜야 한다.

셋째, 학습의 과정에서 반성적 성찰을 강조한다(Marsick, 1987). 학습 자원인 경험에 대한 반성의 과정을 통해서 새로운 학습이 발생한다. 반성은 경험에 대한 새로운 해석이다. 비판적 반성은 단순한 반성에서 한 걸음 더 나아간다. 수면에 떠오른 단편적인 문제를 넘어서 수면 깊이 존재하는 다양한 기본가정과 원리에 대하여 생각하고 새로운 대안을 찾는 과정이 비판적 반성의 과정이다(Kolb, 1984).

3 주요 경험학습 모델

1) Kolb의 경험학습[5]

Kolb(1984)에 따르면 경험학습은 경험의 변화를 통해 지식을 창조하는 과정이다. 즉, 경험의 변화는 새로운 경험을 통해 지속적으로 지식을 확장, 재생, 창출하는 과정을 의미한다. Mezirow(1991)는 경험학습이 경험의 의미를 재해석하는 과정이라고 하였다. 이때 경험의 의미 해석은 개인이 속한 사회문화적 환경 속에서 가능하다. 이처럼 경험학습

---

5) 배현경, 조대연, 윤소겸, 이윤수(2013). S-OJT에서 Kolb의 경험학습과정에 대한 경로 탐색. *농업교육과 인적자원개발*, *45*(4), 125-143의 일부를 발췌하여 수정보완함.

은 삶 또는 일터에서 발생하는 경험에 대한 개인의 의미해석 등 인지적 측면에서 획득되는 산물이자 경험을 통해 이루어지는 인간의 변화 및 성장 과정이라 할 수 있다.

Kolb(1984)는 이러한 경험학습의 과정을 4단계의 순환 모형으로 제시하였다. 이 모형은 정보를 지각하는 방법으로써의 이해(acquisition)와 정보를 처리하는 방법으로써 변형(transformation)의 두 가지 상반된 특성을 기준으로 한다. '이해'라는 기준에서 구체적 경험은 추상적 개념화와 상반되며, 변형이라는 기준으로 볼 때 반성적 관찰과 적극적 실험이 상반된다. 즉, 구체적 경험은 구체적 이해를 도모하며 추상적 개념화는 추상적 이해를 촉진하는 단계이므로 서로 반대의 속성이 있다. 변형을 기준으로 할 경우 반성적 관찰은 내적인 측면에서 발생하며 적극적 실험은 외적인 측면에서 발생하므로 역시 서로 대비되는 특성을 갖는다. Kolb(1984)는 이들 네 가지 단계가 독립적이면서 동시에 연계되어 발생한다고 보았다. 따라서 Kolb(1984)가 제안한 경험학습과정은 구체적 경험(concrete experience), 반성적 관찰(reflective observation), 추상적 개념화(abstract conceptualization), 능동적 실험(active experiment)으로 구성되고 이 단계들이 선형적으로 순환한다([그림 6.1] 참조).

구체적 경험은 경험을 구체적으로 인식하는 과정으로, 개인의 현재 경험과 현상에 중심을 두고 논리적이거나 분석적인 과정보다는 그 자체를 지각하고 반응하는 느낌이 중심이 되는 단계이다(Kolb, 1984). 구체적 경험을 선호하는 학습자는 어떤 문제나 상황에 느낌을 더 활용한다(현영섭, 2004). 다시 말해, 외부의 자극을 경험적 바탕에 두고 인식하는 것으로 개인을 둘러싼 환경에서 겪게 되는 모든 것이 그 재료가 될 수 있다(Kolb, 2005).

반성적 관찰은 개인을 둘러싼 환경으로부터 경험의 의미를 이해하는 과정으로, 의미를 자신의 내적인 표상이나 상징으로 전환한다(Kolb, 1984). 반성적 관찰 단계에서 학습자는 학습에 대해 잠정적이고, 중립적이며, 반성적인 접근을 한다. 이경아(2002)는 주의 깊은 관찰에 의해 아이디어와 상황에 대한 의미를 이해한다고 하였다. 다시 말해, 외부의 구체적 경험을 추상적 개념이나 이론으로 전환시키기 위한 내적인 이해를 뜻한다. 이러한 과정을 통해 개인은 주변을 둘러싼 환경에 새로운 관점을 적용하여 사고하게 된다(현영섭, 2004).

추상적 개념화는 반성적 관찰의 과정을 통해 얻은 새로운 생각과 관점을 실제 자신의 환경 속에서 적용 가능한지 미리 판단하여 그 의미를 분석적·추론적 방법을 통해 하나의 가설 또는 개념으로 만드는 과정이다(Kolb, 1984). 이러한 과정은 감정이나 직관보다는 논리성을 강조하는데, 이 과정을 통해 자신만의 원리를 만들게 된다. 즉, 개인의 추상적 개념에 의해 형성된 것으로, 그 타당성은 개인의 주관적인 판단에 의해 결정된다(현영섭, 2004).

능동(적극)적 실험은 생성된 원리나 개념들을 자신의 환경이나 현실의 문제해결과 의사결정에 활용하여 그 타당성을 검증한다(Kolb, 1984). 이러한 과정을 통해 개인은 자신의 환경을 변화시키려고 하거나 새로운 방향으로 바꾸려는 노력을 하게 된다. 이러한 시도의 결과로 개인은 변화에 대한 성공과 실패를 경험하게 되면서 다시 처음의 과정으로 회귀하여 구체적 경험을 하게 된다(Joy & Kolb, 2009).

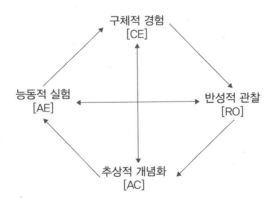

[그림 6.1] Kolb의 경험학습 모형

출처: Kolb, D. A. (1984). Experiential learning: Experience as the source of learning and development. Englewood Cliffs, NJ: Prentice Hall, p.42.

그러나 Kolb의 모형은 타인과의 상호작용 및 맥락에 관심을 두지 않는 점과 Kolb가 제시한 과정대로 진행하지 않는 학습자가 있을 수 있다는 점에서 비판을 받기도 한다(Merriam & Bierema, 2014). Kolb 또한 학습 환경, 주변 친구 및 가족, 여러 상황에 학습 단계가 변화되며, 이러한 유동성은 경험학습 과정 속에서 각 단계가 자유롭게 이동한다고 하였다(Passarelli & Kolb, 2009). 즉, 경험학습의 네 가지 단계가 한 가지의 선형적 단계로만 고정되어 일어나는 것이 아니라 다른 경험학습 단계로 변화될 수 있다(Mainemelis, Boyatzis, & Kolb, 2002). 실제 청소년 대상으로 경험학습 과정을 실증적으로 연구한 조미영(2010)의 연구에서는 '구체적 경험 → 능동적 실험 → 반성적 관찰 → 추상적 개념화'의 과정으로도 경험학습이 발생하는 것으로 확인되었다.

배현경, 조대연, 윤소겸, 이윤수(2013)는 직장 내 신입직원의 S-OJT 활동에서 Kolb(1984)의 경험학습 과정이 어떻게 전개될 수 있는지를 실증적으로 분석하였다. 분석 결과, 신입직원의 직장 내 S-OJT 활동은 하나의 고정된 순차적 과정을 따르는 것이 아니라 다양한 형태로 전개될 수 있음을 확인하였다. 그 형태에는 Kolb(1984)가 제안한 구체적 경험→반성적 관찰→추상적 개념화→능동적 실험(기본 모형)과 더불어 구체적 경험→반성적 관찰→능동적 실험→추상적 개념화(변형 모형 1), 구체적 경험→추상적 개념화→능동적 실험→반성적 관찰(변형 모형 2), 구체적 경험→능동적 실험→추상적 개념화→반성적 관찰(변형 모형 3)이었다.

또한 구체적 경험과 반성적 관찰, 추상적 개념화와 능동적 실험은 상대적으로 다른 과정에 비해 동시적으로 발생한다. 이는 동시에 Kolb(1984)가 가정한 정보를 지각하는 방법으로서의 이해(acquisition)와 정보를 처리하는 방법으로서 변형(transformation)의 두 가지가 뚜렷이 구분됨을 의미한다. 이 결과는 경험학습과정이 각 단계 간 연결고리가 약하다는 Miettinen(2000)의 주장에 비판을 제기할 수 있는 근거가 된다. 즉, Kolb의 경험학습과정에서는 이해와 변형이라는 고리에 의해 적어도 '구체적 경험과 반성적 관찰' 그리고 '추상적 개념화와 능동적 실험'이 각각 함께 연결되고 있다.

2) Peter Jarvis의 학습 과정 모델

Jarvis(2006)는 경험학습을 '새로운 경험이 개인의 생애적 전기에 통합시켜 변화된 인간이 되는 과정이다'라고 정의한다. Jarvis의 모델은 Kolb의 모델보다 복잡한 아홉가지 학습 경로 혹은 유형으로 구성되어 있다.

Jarvis는 학습 과정 모형에서 특정 경험에 대하여 학습자가 어떻게 반응하고 그에 따라 어떤 경로를 거쳐서 특정 유형의 학습 결과로 진행되는지를 '가정, 비고려, 거부, 전의식, 실천, 기억, 심사숙고, 반성적 실천, 실험적 학습'의 아홉 가지 학습반응으로 범주화하였다. 이 중 세 가지 경로(가정, 비고려, 거부)는 '비학습'이라고 지칭되는 형태로, 학습자가 이미 알고 있다고 가정하거나, 학습할 필요가 없어서 고려하지 않기로 결정하거나, 상황에서 배울 수 있는 기회를 전적으로 거부하는 것이다. 이 모델의 다음 세 가지 경로에는 학습이 포함되기는 하지만 실습을 통한 기초적 기술 습득 혹은 암기 수준의 '비성찰적 학습'으로 전의식 단계에서 진행된다. Jarvis는 마지막 세 가지 형태들을 '성찰적 학습'이라고 지칭한다. 학습자는 이 단계에서 경험에 대해 성찰하고, 경험을 수용하거나 변화시킬 수 있으며, 상황에 대해 생각하고, 그 생각을 수용하거나 혁신함으로써, 생각을 행동으로 옮길 수 있고, 혹은 상황에 대해 생각하고, 그들이 경험한 것에 동의하거나 이의를 제기할 수 있다 (Jarvis, 2006).

Jarvis(2006)는 '학습에서 경험의 중요성'과 '인간과 사회와의 상호작용에 대한 이해'와 같이 학습이 이루어지는 데 있어 중요한 여러 가지 요소들을 찾아냈다. Jarvis는 모든 경험이 학습으로 연결되는 것은 아니며 경험을 중요하다고 생각하고 그 중요성을 인정할수록 학습자의 경험

은 학습으로 연결될 수 있다고 하였고, 특히 반성이 개입되는 학습에서
는 경험의 중요성이 관련되는 것으로 보았다(현영섭, 2004).

4 경험학습의 실천적 제언

성인교육에서 경험학습이 새로운 방법이나 기술이 아님에도 불구하
고 관심을 보이는 이유는 교육현장에서 전통적으로 학습내용은 현실과
거리감이 있는 문자로 축적된 지식의 학습이었기 때문이다. 반대로 경
험학습은 우리의 일상생활에서 분리될 수 없으며 성인교육은 기본적으
로 경험학습에 바탕을 두어야 한다. 성인교육과 관련해서 경험학습이
강력히 적용될 수 있는 몇 가지 영역을 소개해 보자.

우선 고등교육 분야를 들 수 있다. 수명연장과 고령화 그리고 평생
직장이 아닌 평생직업의 시대가 도래함에 따라 비전통적인 성인학습자들
의 고등교육 참여율이 증가하고 있다. 자신의 축적된 경험과 지혜를 발휘
할 수 있기를 원하는 성인들에게 일과 공부, 이론과 실습을 결합한 학습
방법은 보다 친숙하고 학습에 보다 생산적인 장면을 제공할 수 있다.

또한 고등교육분야의 경험학습은 인턴십이나 실습 등의 현장 기반
학습과 비공식적인 환경에서 이루어 질 수 있는 선행 경험학습의 인정
에 이론적 그리고 실천적 토대를 제공해 준다. 현장 기반학습(Field-
based experience)은 가장 오래된 영역으로 1930년대부터 고등교육에
일반화되었다. 그 중 service learning은 학생들이 공동체 사회의 다른
사람들을 위해 봉사하는 것으로, 성찰적인 요소를 포함함으로써 봉사자
와 봉사를 받는 사람들 사이의 학습기회를 강조한다. 이를 통해 학생들
에게 사회문제를 분석하고, 지역 사회 자원을 식별하며, 사회문제의 개
선에 도움을 줄 수 있는 기회를 제공한다(Lewis & Willians, 1994).

또한 선행 학습 경험 인정은 개인이 정규 교육훈련이나 자격 등으로
인정받지 못한 다양한 선행학습 및 경험학습을 객관적이고 공식적인 절

차를 통해 평가·인정하는 것을 의미한다. 여기서의 경험학습은 무형식학습의 하나로 업무경험 및 삶의 경험을 통해 학습자의 주도적, 자발적인 학습경험이라고 할 수 있다(이정표, 2015).

둘째, 일터를 들 수 있다. 직장인들은 하루의 많은 시간을 일터에서 보내게 되므로 일터에서의 경험은 성인들에게 '학습자원'이 된다. 성인들은 직장에서 타인들과 상호작용하면서 자신의 상황을 파악하고, 문제에 직면하여 이를 해결하기 위해 노력한다. 즉, 일터에서 자신과 주변 환경 및 다른 사람과 경험학습이 기반이 된 무형식적인 지속적인 상호작용을 통하여 업무와 관련한 문제를 해결하고, 업무 성과를 향상시키는데 필요한 지식, 기술 및 태도를 학습한다.

셋째, 최근 많은 연구가 이루어지고 있는 실천공동체 역시 경험학습과 관련이 깊다. Wenger(1998)는 공동체 차원의 학습을 강조하면서 '실천공동체(communities of practice)' 개념을 제시하였다. Wenger(1998)는 실천, 즉 경험을 통한 학습을 강조하면서 학습은 정해진 지식의 획득이 아니라 실천의 전개과정 그 자체이며, 학습에는 호혜적 관계의 형성과 일에 관한 지식, 공동 자산의 개발이 포함되어야 한다고 주장하였다. 또한 실천공동체의 조직과 기획에 관련하여 실천공동체는 경험을 수용하는 어떠한 형식보다는 그 내용, 즉 의미를 절충하는 가운데 얻게 되는 생생한 경험학습을 중시하였다.

Chapter 07

자기주도학습

1 성인교육에서 자기주도학습의 역사

'자기주도학습(Self-Directed Learning: SDL)'은 1957년 Houle이 그의 논문에서 self-education을 사용한 이후 1960년대에서 1970년대에 걸쳐 미국, 캐나다, 그리고 영국 등지에서 발전하였다. 이후 점차적으로 평생교육 및 성인교육 관계자들로부터 집중적으로 관심을 받아 왔고 오늘날 평생학습 추진의 중심개념 그리고 교육개혁의 실천적 이슈로 인정되고 있다. 또한 무형식 학습의 대표적 형태로 간주된다.

특히 SDL 개념의 도입과 이론의 발전에 결정적인 공헌을 한 학자로서 Tough와 Knowles를 들 수 있다. 그리고 학습에 있어서 자기주도성은 60년대 안드라고지의 기본 가정 중 하나로 성인학습자의 주요 특징으로 널리 인정되었다. Tough(1971)는 SDL이 의도적일 수도 있고 비의도적일 수 있음을 강조하면서, 자기주도학습이란 학습자가 자기 주변에서 발생하는 일들로부터 학습하기 위해 고도로 계획적인 노력을 통해 스스로 실천하는 자기계획학습으로 정의했다. Tough(1971)는 주로 성인학습자를 통한 SDL의 발견에 초점을 두었다: 66명의 캐나다 성인 중

98%가 적어도 1년에 1회 정도 공식적인 교육기관 이외에서 SDL 프로젝트에 참여하며 SDL 활동 가운데 68%가 학습자 스스로 계획된 것이었음을 발견하였다. 이후 많은 학자들은 70년대 초·중반까지 다양한 계층 및 배경을 가진 성인학습자들 사이에서 SDL의 재확인에 초점을 두었다. 즉, 초창기 자기주도학습 관련 연구는 SDL의 횟수와 지속성 그리고 어떤 과정을 통해 SDL을 실천하고 어떻게 자신의 학습과정을 통제하는가 등이 주요한 관심사였다.

SDL 연구의 초창기 결과는 다음과 같이 요약할 수 있다. 첫째, 성인들은 자신의 학습을 통제하는 것에 많은 관심과 흥미를 가진다. 둘째, 실제 학습자들이 자신의 학습에 많은 부분을 통제하고 있다. 셋째, 학습자들은 자신의 학습욕구를 충족하기 위하여 선형적인 단계들을 진행한다.

이후 Guglielmino(1977)에 의해 자기주도학습준비도(Self-directed learning readiness scale)를 측정할 수 있는 도구가 개발되면서 SDL 연구는 80년대와 90년대를 거치며 성인교육 분야에서 폭발적으로 연구가 진행되었다. 연구자들은 자기주도학습준비도에 영향을 미치는 다양한 요인들을 규명하는 동시에 자기주도학습준비도에 따른 효과를 밝히려는 노력이 집중적으로 전개되었다. 또한 자기주도학습과정에 대한 이해를 돕기 위한 다양한 모델들이 제안되었다.

이후 90년대 후반부터 SDL에 대한 연구는 이전 시기에 비하여 상대적으로 많은 관심을 받지 못한 것도 사실이다. 그러나 1986년 Huey Long에 의해서 학술단체인 국제자기주도학습 심포지움(the international self-directed learning symposium)이 설립되고 2005년에는 국제자기주도학습학회(the international society for self-directed learning)로 확대되면서 학교교육, 대학교육, 성인교육 그리고 HRD 등의 영역에서 SDL에 대한 지속적인 연구가 진행되고 있다.

2 SDL 연구의 세 가지 범주와 개념정의

SDL이 여러 학자와 실천가들에 의해서 발전함에 따라서 다양한 개념들이 논의되어 왔다. Merriam 등(2007)에 의하면 기존 문헌들에서 강조되는 SDL 관련 연구주제는 크게 (1) 자기주도학습의 목표를 규명하고자 하는 연구, (2) 자기주도학습 과정을 밝히고자 하는 연구, 그리고 (3) 성인학습자 개인특성인 자기주도성에 대한 연구로 구분할 수 있다. 그리고 이들 구분에 따라서 자기주도학습에 대한 개념도 서로 다양하게 전개되었다. 첫째, 자기주도학습의 목표에 관심 있는 연구자들은 자기주도학습이 학습에 있어 자기주도성을 높이는 것이 목표이고 결국 자기주도학습이란 자기주도학습력을 증진하는 것으로 정의하였다. 둘째, 자기주도학습 과정에 관심 있는 연구자들은 자기주도학습을 하나의 학습과정으로 정의한다. 셋째, 자기주도성 연구에서는 자기주도학습이 자기주도성을 의미하는 것으로 이해하기도 한다. 지난 30년 이상 자기주도학습과 관련된 연구의 활성화로 인해 자기주도학습이 다양하고 폭넓게 해석되는 경향이 있는 것도 사실이나 이들 세 가지 구분 가운데 자기주도학습을 하나의 학습과정으로 보는 정의가 우세하다.

Merriam 등(2007)이 구분한 세 가지 범주를 간략히 소개하면 다음과 같다. 첫째, 자기주도학습의 세 가지 주요한 목적은 ① 자신들의 학습에 있어서 자기주도적이 될 수 있도록 성인학습자들의 능력을 향상시키는 것, ② 전환학습을 촉진시키는 것, 그리고 ③ 해방학습과 사회행동(social action)을 촉진시키는 것이다(Merriam et al., 2007). Roberson (2006)에 따르면 SDL은 개인적이고 의도적이며 주도적인 학습으로서 다음과 같은 세 가지 목표를 지향한다: ① 성인교육자가 학습자로 하여금 독립적·자율적·선택적으로 자기주도학습이 가능하도록 도와주고, ② 학습자 스스로 자율적인 반성적 사고를 거쳐 전환학습의 단계에 이르도록 해주며, ③ 학습자의 현 상황에서 벗어나도록 해방학습 그리고 이를 위한 사회행동을 촉진시켜주는 것이라 보았다.

둘째, 학습과정으로서 자기주도학습을 이해하고 여러 모형들을 제시하는 연구들이 있다. 즉, 학습자들이 자신들의 학습경험을 계획하고 실천하며 평가하는 과정에 있어 주도권을 갖는 것을 의미한다. 하나의 학습과정으로서 자기주도학습을 이해하기 위하여 다양한 모델들이 제시되어 왔으며, Merriam 등(2007)은 다양한 모델들을 선형적 모델, 상호작용적 모델, 그리고 교수모델로 범주화하였다. Knowles와 Tough에 의해서 주도된 초창기 자기주도학습 모델들은 선형적인 것이 특징이다. 즉, 제시된 단계들을 따르면 자기주도학습이 성공적으로 실천될 수 있다고 보았다. 그러나 선형적 모델들은 환경 또는 상황에 대한 고려가 없었다는 비판을 받았고 특히 행동만을 강조하여 인지적 학습과정에 대한 고려가 없었다. 이후 모델들은 인지적 학습과정과 상황에 대한 상호작용을 통해 자기주도학습 과정을 설명하고자 했다. 자기주도학습의 특성상 학습자가 학습과정의 중심에 위치함에 따라서 상대적으로 교수자의 역할은 크게 조명을 받지 못했다. 이후 형식 그리고 비형식 교육기관에서도 자기주도학습이 교수자에 의해서 학습자를 위한 유용한 학습전략이 되기 위해서 교수모델이 등장하였다. 즉, 자기주도학습 상황에서 교수자의 역할이 학습자 못지않게 중요함을 강조한 모델이 있다.

셋째, 학습자의 개인적 특성으로서 자기주도성에 관한 연구이다. 개인 특성인 자기주도성이란 학습자가 자신의 학습과정에서 발휘되는 다양한 의사결정과 통제에 관한 능력, 태도, 가치 및 의지라고 할 수 있다 (Brockett & Hiemstra, 1991; Candy, 1991). Long(1996)은 자기주도성이란 학습자의 학습과정에 영향을 미치는 자유의지라고 정의하였다. Fisher(1995)는 자기주도성을 학습자들이 새로운 정보를 획득, 종합, 내면화하도록 이끄는 내적인 힘으로 보았다. 권대봉(2003)은 자기주도성에 대한 관련 문헌을 검토한 결과 학습자의 특성과 능력이라는 두 가지 관점에서 접근가능하며 개인들이 보유하고 있는 자기책임의 또 다른 표현이라고 하였다.

자기주도성에 대해 Oddi(1986)는 적극성과 인지적 개방성, 학습에 대한 책임감이며, 학습자 자신이 배움에 책임을 지고 싶어 하는 학습자의 욕구이며 기호로 규정하였다. Candy(1991)는 자기주도학습에 대하여 ① 개인의 속성으로서의 자기주도성, ② 자신의 학습을 실행하고자 하는 의지와 능력으로서의 자기주도성, ③ 형식적 상황에서 수업을 조직하는 형태로서의 자기주도성, ④ 자연스러운 현상에서 개별적, 비제도적으로 학습기회를 추구하는 자기주도성의 네 가지와 관련되어 있다고 했다. 즉, 그는 SDL이 자율성, 자기관리, 학습자 통제, 독학의 네 가지 의미를 가진다고 보았다. Guglielmino(1977)는 자기주도적 학습자의 개인적 특성 영역을 학습에 대한 책임감, 학습에 대한 열정, 미래지향성, 창의성, 기본학습기능, 문제해결능력으로 보았고, Skager(1978)는 자기수용성, 계획성, 내재적 동기, 내면화된 평가, 경험에 대한 개방성, 융통성, 자율성으로 보았다. 이러한 의견들을 종합해보면 자기주도성은 자율성, 독립성, 개방성, 책임감 등의 학습자의 내적 특성에 주목하고 있다는 점을 알 수 있다. 한편 자기주도학습자의 개인적 속성 중에서 초인지적 속성을 강조한 연구도 있다. 예를 들면, Zimmerman(1989)은 학습자가 학습을 조직하고, 정교화하는 인지전략으로 자기주도성을 언급하였다.

가장 보편적인 정의로서 자기주도학습이란 학습자가 학습의 모든 과정에서 의사결정과 행동의 주체가 되는 것으로 학습경험을 계획하고, 수행하며, 평가함에 있어서 특히 학습자 개인의 독립성, 주도성, 자율성을 강조한다. Knowles(1980)는 자기주도학습이란 학습자 개인이 주도권을 가지고 학습요구를 진단하고, 학습목표를 설정하고, 학습을 위한 인적·물적 자원을 찾고, 적절한 학습전략을 선택·실행하고 학습결과를 평가하는 일련의 과정이라고 정의하였다. 또한 자기주도학습에서 타인의 도움이 필요할 때도 있지만, 절대적인 것은 아니다. Long(1994)은 자기주도학습의 개념을 타인의 지도 여부에 관계없이 학습자 스스로 자신을 통제하고 관리하며 학습에 임하고, 의문을 제기하며 비교하고 대조하는 일련의 메타 인지적 행동(meta-cognitive behavior)을 수행하는 과정이라 정의하고 있다.

그렇다면 자기주도학습준비도(self-directed learning readiness)란 것은 무엇인가? 우선 준비도(readiness)란 개념을 보면 학습을 효과적으로 수행할 수 있게 하는데 필요한 준비 상태나 정도를 의미한다. 이러한 의미에서 자기주도학습준비도란 학습자의 자기주도학습에 대한 준비 상태나 정도라 할 수 있다. 자기주도학습 준비도 검사(SDLRS: Self-Directed Learning Readiness Scale)를 개발한 Guglielmino(1977)는 두 가지를 합쳐 자기주도학습준비도로 보았다: (1) 자기주도학습을 가능하게 하는 개인의 능력, 가치, 태도의 복합체와 (2) 자기주도학습을 수행할 심리적 준비도. 즉 자기주도학습준비도에는 자기주도학습자의 개인적 특징인 자기주도성을 포함하는 것으로 보았다. SDLRS의 여덟 가지 요인들은 ① 학습하기를 좋아하는 것, ② 독립적인 자아개념, ③ 위험이나 모호함, 복잡함에 대한 인내심, ④ 창조성, ⑤ 학습은 유익한 변화과정이며 생애에 걸쳐 지속되어야 한다는 믿음, ⑥ 학습의 주도성, ⑦ 자기이해, 마지막으로 ⑧ 자신의 학습에 스스로 책임을 지는 것이다. 즉, 학습에 대한 주도성·독립성·지속성, 학습자 자신의 학습에 대한 책무성, 자기통제, 높은 수준의 호기심, 독립적으로 학습하고자 하는 강한 능력, 학습에 대한 흥미, 목표지향성, 문제에 대해 장애보다는 도전으로 보는 경향과 같은 것들이 자기주도학습준비도의 구성요소라 할 수 있다. 한편 심리측정 척도로는 부적합하고, 신뢰도와 타당도에 대한 검증이 필요하다는 한계와 함께 문화적 맥락의 고려 없이 설계되어 낮은 수준의 능력을 지닌 학습자나 높은 수준의 교육을 받은 학습자들에게 부적합하다는 점에서 자기주도학습 준비를 측정하기 위한 도구이기 보다는 학습에 대한 일반적 흥미를 측정하는 도구에 가깝다는 비판도 있다.

3 자기주도학습자의 집단주의적 속성

학습에서 자기주도성이 높은 학습자의 특징은 학습자 자신의 성장을 목표로 하는 개인주의적 성향이 강한 존재로 많이 이해되어 왔다. 그러나 1990년대 중반 이후 몇몇 연구들(Andruske, 2000; Cho, 2002; Cho & Kwon, 2005; Nah, 1999; Rowland & Volet, 1996 등)에서 자기주도성이 높은 학습자의 새로운 특성으로 집단주의적 본성(collective nature of self-directed learners)이 논의되기 시작했다. 즉, 자기주도성이 높은 학습자들은 타인들과 사회적 관계를 형성·유지하는데 적극적이며, 집단의 목표달성을 위하여 타인과 정보를 공유하고 실천을 위하여 협력하고자 하는 강한 의지를 가지고 있다.

전통적으로 학습자 자신의 개인성장이 자기주도학습의 가장 큰 목적이므로(Merriam & Caffarella, 1999), 자기주도학습은 개인주의와 깊은 연관이 있다(Braman, 1998). 즉, 자기주도성이 높은 학습자는 자신이 속한 집단 활동을 개인의 목표를 성취하기 위해 타인의 도움을 구하고 상호작용하는 경향이 있기 때문에 자기주도성에 개인주의적 특성이 있다고 할 수 있다.

그러나 Merriam(2001a)은 몇몇 연구자들이 자기주도학습을 개인학습을 위한 것뿐만 아니라 사회·정치적 차원의 행동으로 보고자 하는 경향이 있다고 하였다. Kerka(1999) 역시 자기주도학습의 개인주의적 관점을 넘어선 집단주의적 특성을 강조하는 연구들을 소개하기도 하였다. Brookfield(1993)는 자기주도성이 사회로부터의 영향력이나 통제로부터 자유로울 수 없으며, Vann(1996) 역시 학습에 있어 자기주도성은 학습자의 가족, 지역사회, 직장 등에서 타인과 상호작용에 의해 영향을 받을 수 있다고 하였다. Candy(1991)는 학습자의 자기주도성이 개인과 주변 환경 사이 상호작용의 산물이라고 보았다.

위의 관점에 기초하여 자기주도성이 높은 학습자들은 타인들과 사회적 관계를 형성하고 이를 유지·발전시키기 위해 행동하는 적극적인 주체로 볼 수 있다. 또한 자신들의 자기주도학습을 위하여 상호작용적 환경을 주도적으로 조성하기도 한다. 예를 들면, Rowland와 Volet (1996)의 연구는 집단학습에서 자기주도성이 높은 학습자들은 서로 자신들의 이전 경험을 공유하고자 하며 이는 학습자 개인뿐만 아니라 소속된 집단을 위해서도 중요하다고 믿는다. Andruske(2000)는 실업자 구제 직업훈련 프로그램(welfare-to-work)에 참여하는 여성들의 자기주도학습과정을 분석한 결과 유용한 정보와 자신들의 성공담을 서로 공유하여 함께 성공적인 학습과 고용으로의 전환을 도모하는 것을 발견하였다. Nah(1999)는 조직생활에서 자기주도성이 높은 여성지도자 5명을 면접한 결과 이들은 다양한 그룹 활동에 적극적으로 참여하며, 개인의 학습목표를 소속된 그룹의 목표와 조화를 이루려고 노력하는 경향이 있음을 발견하였다. Cho와 Kwon(2005)은 자기주도성이 높은 학습자의 집단주의적 특성에 기초하여 자기주도학습 준비도가 근로자들의 조직몰입에 긍정적인 영향력이 있음을 밝혔다. 즉, 그들은 자기주도성이 높은 학습자들이 집단 또는 조직 내 공유된 목적달성을 위하여 동료들과 정보를 공유하고 협력하여 무형식적 학습기회를 만들고, 이러한 학습기회는 조직몰입의 향상으로 이어진다는 것이다. 이와 같은 연구들은 자기주도학습과 학습자의 자기주도성에 대한 이해가 독립성과 자율성을 넘어 상호작용, 협동, 그리고 사회적 측면 등으로 확대되고 있음을 강조하고 있다.

결론적으로 학습에 있어서 자기주도성이 높은 학습자들은 학습과정에 있어서 독립적이고 자율적인 존재 뿐만은 아니다. 이들은 타인과의 관계를 존중하고 공유된 목표달성을 위하여 타인과 함께 정보를 공유·실천할 수 있는 강한 의지와 능력을 가지고 있다. 이와 같은 이들의 사회적 행동은 자신과 자신이 속한 집단 또는 직장을 위한 학습기회의 창출과 직접 연결될 수 있다.

4 자기주도학습 모형들

1) 선형모형(Linear Models)

단선형 구조를 지닌 SDL의 모형으로 성인학습자가 스스로 학습을 계획하는(self-planned learning project) 과정에 대해서 Tough의 13Steps와 Knowles의 6Steps을 들 수 있다. 이들 모형은 학습의 시작에서 끝까지의 과정을 단계별, 선형적으로 설명하고자 했고, 학습자의 학습과정에 초점을 두고 있다. 선형모형에서는 학습자가 사전에 계획적이고 직선적인 단계에 따라 자기주도적으로 학습해나간다는 가정을 전제로 하고 있으며, 이 때 성인교육자는 학습자와 협력하고 학습자가 더 효과적으로 학습 과정을 수행할 수 있도록 도와주어야 한다.

그러나 선형모형이 지니는 한계는 학습의 과정, 그 안에서의 조직적 측면을 단순한 선형 구조로 나타냈다는 점이다. 물론 학습의 초기에서 마지막 단계에 이르기까지의 일련의 과정을 명시적으로 보여준다는 장점은 있지만 실제 학습이 일어나는 상황에서는 여러 가지 변수가 있게 마련이고, 이러한 상황적 맥락을 고려하지 않은 단계적, 수차적, 일차원적인 모형으로는 이론을 설명하고 적용하기에 한계가 있다.

2) 상호작용모형(Interactive Models)

성인학습자가 성숙할수록 자기주도성이 높아진다는 가정하에 학습자 스스로 학습의 내용이나 방법을 결정하고 평가하는 일련의 과정을 나타낸 선형모형과 달리, 상호작용모형은 학습이 발생하는 데 있어서 학습의 여건이나 환경, 학습자의 개인적 특성, 인지과정, 학습맥락 등이 상호작용하는 결과로서 나타난다고 보았다.

1991년 Brockett과 Hiemstra는 학습에 있어서의 자기책임과 조절을 강조하였고, 이에 착안한 PRO(Personal Responsibility Orientation) 모

형을 제안하였다. 이는 구체적으로 ① 학습자는 학습에 책임을 지며, 이는 학습자의 특성이라는 점, ② SDL은 학습을 계획 · 실행 · 평가하는 활동에 초점을 둔 교수방법 ③ 학습자의 자기주도성, 잠재력을 충분히 발휘 ④ 학습자는 학습과정과 학습자에게 영향을 미치는 사회적 맥락 속에서 존재한다는 네 가지 요소를 담고 있다.

한편 Garrison(1997)은 협력적 구성주의(collaborative constructivist)에 기초한 다차원의 상호작용적 모형을 제시했다. 그는 SDL을 '학습자들이 그들의 학습목표를 설정하고 그에 대한 통제권을 지니는 것은 물론이고 학습과 함께 진행되는 인지적 과정 등에 대한 점검을 타인과 협력해서 관리하면서 이와 동시에 자신에 대한 책임 또한 수반하는 것'으로 정의하였다. 그리고 학습의 사회적 · 상황적 조건의 통제로서 자기관리, 인지적 · 메타인지적 과정의 점검, 즉 자기모니터링 혹은 자기점검(self-monitoring), 참여를 촉진하는 동기유발의 세 가지 주요한 요소를 강조하였다.

PRO 모형과 Garrison 모형은 일련의 학습과정에서 자율성을 지닌 개인 학습자가 일차적 책임과 통제권을 지닌다는 SDL의 대전제하에서는 공통적인 내용을 담고 있지만 Garrison의 경우, 자기의 관리뿐만 아니라 자신에 대한 점검, 모니터링과 타인과의 협력이라는 요소가 포함되어 있다는 점에서 차이점을 보인다.

3) 교수모형(Instructional Models)

교수모형을 제시한 학자들로 Grow, Hammond, Collins를 들 수 있다. Grow는 특히 학습자가 자기주도적일 때의 교수자의 역할을 강조했다. 즉, 교수자가 학습자의 자기주도성 발달 단계에 따라 적절한 교수법을 사용해야 한다는 원리로 SSDL(staged self-directed learnin) 모형을 제시하였다. Grow는 학습자의 자기주도성을 4단계로 나누어 ① 가장 낮은 자기주도성을 보이는 의존적인 학습자(Low), ② 학습활동에 관심이 있는 학습자(Moderate), ③ 참여지향적인 학습자(Intermediate), ④ 자기주도적인 학습자(High)로 보았다. 그에 따라 교수자의 역할은 각각 ① 권위자, ② 동기유발자, ③ 촉진자, ④ 자문·상담자로 달리 강조하였다.

한편, Hammond와 Collins가 제시한 모형에서 강조한 것은 자기주도학습을 위해 교수자는 협력적인 학습환경을 구축하고, 학습자들이 당면한 사회적·경제적·정치적 맥락과 학습자 자신에 대해서 분석하고 비판적으로 성찰하게 해야 한다는 것이다. 그리고 그 맥락에서 학습자들의 학습요구를 진단하는 등 자기주도학습의 기본적인 요구진단-실행-관리-평가라는 일련의 과정 위에 학습자의 사회적·정치적·경제적 측면을 고려해야 하는 교수자의 역할을 강조하였다. 이러한 접근방식은 해방학습과 사회참여로의 유도를 촉진시키고, 개인의 차원에서 벗어난 좀 더 넓은 시각에서 SDL을 조명하였다는 점에서 의의를 지닌다.

5 자기주도학습에 대한 비판적 시각들

자기주도학습은 모든 성인학습자들에 적절한가? 자기주도학습 계획이 일부 학습자에게만 적용가능하며 많은 학자들이 언급한 체계화되고 단계적인 활동이라기보다 학습자가 자신이 처한 환경에 따라 학습과정을 선택하는 경향이 있다. 즉, 다양한 학습자원을 가지고 이를 자기주도적으로 활용하기 어려운 집단에게는 자기주도학습 모델을 적용 또는 일반화시키는 데 어려움이 있다.

이러한 맥락에서 자율성과 독립성의 개념을 특히 강조하는 자기주도학습은 다양한 국가, 인종들의 문화적 차이에 따라 적용의 일반화에 한계를 갖는다. Baumgartner, Lee, Birden & Flowers(2003)에 따르면, 미국과 중국의 예를 들고 있다. 개인주의와 인권을 강조하는 미국의 경우, 학습자의 자율성이나 개성을 존중하는 것이 우선시되는 반면, 중국의 경우 집단이나 위계질서에 엄격한 사회적 분위기 속에서 집단지향적인 자아개념이 형성되고, 학습자인 학생이 교사에게 순응하는 것이 일반적이다. 이에 대해 Pratt(1991)은 한 사회의 구조와 풍토가 학습자의 자아개념, 자아형성에 영향을 미친다고 하였다.

인본주의 심리학을 이론적 토대로 하고 있는 자기주도학습은 학습자 개인의 학습에 있어서 교사의 역할이나 개인 학습의 사회적·환경적·문화적 차이 등의 고려를 간과했다는 점에서 비판을 받는다. 그러나 이러한 한계에도 불구하고, 교육학이라는 큰 틀에서 보았을 때, 분명 자기주도학습은 단지 학생에게 지식을 전달하고 가르쳐주는 것을 교육이라고 보았던 기존의 시각에서 벗어나 가르침을 받는 학생에게로 그 중심축이 이동하면서 더 넓은 의미의 지속적이며 자율적인 성인학습의 발전에 큰 공헌을 했다. 성인교육자가 자기주도학습에 대해서 아는 것은 학습자들의 특성과 그들이 학습을 수행하는 일련의 과정, 그 안에서 발생하는 문제점들을 보다 잘 이해하는 교수·촉진자로서의 역할을 수행하는데 큰 의미를 지닌다. 앞으로도 계속해서 인종·사회·국가·문화 등의 다양한 맥락의 요인을 반영한 연구들이 자기주도학습 이론을 재조명하고 새로운 모형과 척도가 개발될 필요가 있다.

Chapter 08

전환학습

1 전환학습의 개관

앞의 장에서 성인학습에 있어 경험의 중요성을 강조하였다. 경험과 학습을 성인교육에 있어 중요한 개념으로 자리매김하게 한 것이 바로 Mezirow의 전환학습이론이다. 전환학습의 개념은 1978년 Mezirow에 의해 소개된 이후로 성인교육영역에서 핵심적인 주제로 등장하였다 (Imel, 1998). 이 이론은 Habermas의 저서인 '인식과 관심(Knowledge and Human Interest)'에 이론적 바탕을 두고 있다. Mezirow는 Habermas(1971)가 인간의 인지적 관심사 영역을 기술적(technical), 실천적(practical), 해방적(emancipatory) 관심사로 분류한 것으로부터 영감을 받아, 학습의 형태를 도구적(instrumental), 의사소통적(communicative), 해방적(emancipatory)의 3차원으로 분류하여 전환학습을 설명하고자 했다(Mezirow, 1991). 이 중 해방적 학습은 Mezirow의 전환학습에서 가장 핵심이며 다양한 사회구조적 배경으로부터 형성된 기존 시각으로부터의 해방을 의미하며, 이는 비판적 성찰을 통해 가능하다(Mezirow, 2000).

전환학습은 인생의 혼돈스러운 딜레마와 같은 주요 사건을 통하여 자신에 대한 비판적 반성과 이성적 담화를 거치는 학습과정으로, 전환학습의 과정 속에서 기존의 생각, 인식 등의 고정된 관점을 개방적, 포괄적, 반성적으로 변화시킴으로써 학습하게 된다(Mezirow, 2003). Mezirow는 사회화를 통해 무의식적으로 수용되고, 고착화된 사고의 틀에 대해 성인들이 비판적으로 사고하고 반성할 수 있는 능력을 신장시켜 의미구조의 변화를 통해 인지구조를 변화시키고자 하는 전환학습을 체계화하였다(Merriam, 2001).

성인에게 있어 '교육'은 단지 학습내용의 수동적인 전달만이 아닌 삶속에서 의미와 경험을 만드는 능동적 과정이어야 한다. 이런 관점에서 전환학습이론은 기존의 전통적인 학습이론과는 달리 사람의 관점, 세계관, 전망 등을 전환시킴으로서 포용적이고, 열린 관점을 지니고, 통합적인 세계관을 갖도록 하는 성인학습이론이라 할 수 있다. 단지 지식의 습득과 삶의 경험을 통한 의미의 재구성에서 탈피하여 비판적 성찰과 반성적 담화를 통해 새로운 차원으로의 전환을 도모하는 이 이론은 성인교육분야에 새로운 시각을 제시해 주었다.

Mezirow의 전환학습은 구성주의, 인본주의, 비판이론의 가정에 바탕을 둔다(Cranton & Taylor, 2012): 전환학습이 경험에 대한 개인의 해석을 통하여 새로운 의미를 획득하여 세계관 형성과 변화가 나타나는 점에서 구성주의에 기반을 두고 있다; 인본주의를 가정한다는 것은 전환학습이 본질적으로 인간의 자발성을 바탕으로 하고, 본인의 독특한 개성의 발달과 자아실현을 목표로 한다는 점에서 확인할 수 있다; 비판이론은 전환학습의 중요한 의도가 사회적 삶을 통하여 내면화한 자신의 신념 및 가치의 억압성을 인식한다는 점에서 그 근거를 찾을 수 있다.

2 전환학습의 개념

전환학습은 기존에 무비판적으로 수용해 온 관점이나 사고방식 등의 준거틀(frame of reference)을 보다 분별력 있고 개방적인 태도로 더욱 의미 있는 관점으로 전환하여, 궁극적인 행동변화를 가져오는 신념과 인식의 생성과정이다(Mezirow, 2000). 다시 말해, 전환학습은 새로운 경험의 의미에 대한 해석을 통해 사람의 관점(세계관) 변화, 즉 학습자의 의식을 전환하는 과정이다. Mezirow는 '경험'된 사건의 의미를 새롭게 구성하기 위한 '관점의 전환'이 학습과정에서 매우 중요하다고 보았으며, 이러한 전환 과정 자체를 학습이라고 보았다(Merriam & Bierema, 2014). 여기서 관점의 전환이란 세상을 이해하는 방식인 틀의 변화이며(김한별, 허효인, 2017), 전환학습은 기존의 신념체계 및 인간 또는 세계관의 변화를 의미한다(정민승, 2010). 또한 전환학습은 학습자가 속한 상황의 변화 그리고 사회의 변화를 위한 개인의 인식변화를 강조하였다(정민승, 2010).

Mezirow는 전환의 의미를 인지적 차원에서 의미구조의 근본적인 변화로 보았다. 사람은 누적된 경험에 의해서 사신만의 의미구조를 형성하고 이를 통해 자신의 관점 또는 세계관을 만들어 경험이나 사건 등을 해석한다. 관점전환은 기존에 갖고 있는 의미구조의 근본적 변화를 통해 경험의 의미를 재해석하고 새로운 의미를 만들어 가는 것이다(Taylor, 2001).

Mezirow의 의미구조는 다시 '의미도식(meaning scheme)'과 '의미관점(meaning perspective)'으로 구분하는데, '의미도식'은 무의식적으로 우리 자신이 갖고 있는 일종의 규칙이나 습관을 의미한다. 어떤 새로운 경험에 무의식적으로 그 경험을 간단히 해석하는 습관을 뜻한다. 예를 들면, 호랑이를 보았을 때, 곶감, 무서움, 동물원 등이 무의식적으로 갑자기 생각나면 이들 단어들이 의미도식이 된다. 반면 '의미관점'은 의미도식보다 고차원적인 복잡한 것으로 우리들이 갖고 있는 가정이나 전제를 의미한다. 즉, 의미도식들이 모여 나만의 해석기준이 형성될 수 있는데, 예를 들면, 위 호랑이에 대한 의미도식들이 모여 '호랑이에게 가까이 가면 위험하다'라는 기준을 가질 수 있고 이를 의미관점이라고 한다. 의미관점의 변화는 의미도식의 변화가 일정 기간 지속되어 더 이상 기존의 의미관점으로는 축적된 의미도식의 다양한 양상을 해명할 수 없을 때 이루어진다(Mezirow, 1990). 의미도식의 변화와 의미관점의 변화 모두를 전환학습에서 기대하는 '전환'의 범위에 포함된다고 보지만, 궁극적인 전환학습은 자신이 가지고 있는 전제에 대한 성찰을 통한 관점의 전환으로 완성된다(Mezirow, 1990).

한편 Boyd는 초합리성, 감성적이고 정신적인 면에 초점을 두었다(Baumgartner, Lee, Birden & Flowers, 2003). Mezirow 관점은 성찰에 중점을 둔다면, Boyd는 식별(discernment)을 강조한다. 여기에서 식별은 자신이 좋아하는 것을 형상화하기 위해 이미지(image)와 상징(Symbol)을 사용한다. 심리학에 기반을 둔 Boyd 관점에서의 전환은 자신의 딜레마를 해결하는 근본적인 변화와 의식의 확장, 즉 무의식으로의 확장을 의미한다(Brooks, 2004). 즉, 무의식이 일상생활에 어떤 영향을 미치지 이해할 수 있다. 다시 말해, Mezirow의 전환학습에서 비판적 성찰이 가장 강조되었지만, Boyd는 비판적 성찰 없이, 즉 무의식에서 식별을 위해 이미지와 상징의 중요성을 강조하였다.

3 전환학습 과정과 핵심 요소

Mezirow(2000)는 개인의 준거틀(frame of reference)과 관점이 딜레마적 상황과 만나 비판적 성찰 및 이성적 담론을 통해 새로운 의미관점(meaning perspective)으로 수정 및 재구성되는 '전환'이 일어나는 과정을 곧 전환학습이라고 설명하였는데, 그 과정을 10단계로 나누어보면 다음과 같다(유선미, 2018).

〈표 8.1〉 전환학습 과정의 10단계

단계	내용
1	혼란스러운 딜레마
2	두려움, 분노, 수치심의 감정에 대한 자기성찰
3	기존 가정(assumption)에 대한 비판적 평가 → 전환학습의 결정적 계기
4	자신의 불만과 전환 과정이 공유되고 있다는 인식
5	새로운 역할, 관계, 행동에 대한 대안 탐구
6	새로운 행동 계획
7	새로운 행동을 실천하기 위한 지식과 기술 습득
8	새로운 역할을 시험적으로 시도
9	새로운 역할 및 관계에 대해 역량과 자신감 구축
10	새롭게 형성된 관점에 근거하여 자신의 삶을 재통합

출처: Mezirow(2000). *Learning as transformation: Critical perspectives on a theory in progress.* San Francisco, CA: Jossey-Bass. p. 22.

Mezirow는 이상적인 전환학습 과정의 10단계를 제시하면서도, 일부 단계는 반복되거나 생략될 수 있고 단선적 또는 순차적으로 진행되는 것도 아니라고 하였다(Mezirow, 1995). 실제로 다른 학자들의 관련 연구에서도 전환학습 과정 10단계 중 일부가 제외 및 통합되기도 하고, 순차적 혹은 순환하는 양상을 보인다는 주장이 있다(Apte, 2009). Mezirow는 이러한 전환학습모델을 통해 인지적 전환을 촉진시키는 네 가지 요인으로 ① 경험(experience), ② 비판적 성찰(critical reflection), ③ 이성적 담론(rational discourse), 그리고 ④ 행동을 제시했다(Merriam & Bierema, 2014). 동시에 특정한 경험 이후 생성된, 비판적 성찰과 이성적 담화를 통한 관점의 전환이 행동으로까지 옮겨지지 않으면 완전한 전환학습이라고 말할 수 없기 때문에, 궁극적으로 관점의 전환이 행동으로 옮겨지는 것이 곧 전환학습이라고 하였다(Mezirow, 1995).

이 중 경험은 학습이 일어나는 맥락에서 중요한 요소로, 성인 전환학습의 주제는 학습자의 경험이다(Mezirow, 1995). 그러나 성인의 모든 경험이 전환학습으로 이어지는 것은 아니며 이는 반드시 혼란스러운 딜레마(disorienting dilemma)를 포함해야 한다(Cranton, 2006). 이에 더하여 Mezirow는 1단계 혼란스러운 딜레마(예: 가까운 사람의 죽음, 천재지변, 자연재해, 직업의 변화, 출산 등)의 발생과 동시에 전환학습이 시작되는 것이 아니라, 이러한 딜레마 사건을 통해 문제점을 인식하게 될 때야 비로소 전환이 시작된다(Mezirow, 1995).

또한 Mezirow는 '비판적 성찰'을 가장 중요하게 보았는데, 이는 바로 성찰이 개인의 의미구조 변화를 가능하게 하는 핵심 동력이기 때문이다(김한별, 허효인, 2017). 그리고 전환학습이 학습과정으로 자리 매김하기 위해서 비판적 성찰과 같은 인지적 측면이 강조되어야 한다. Mezirow의 전환학습에서 효과적인 학습은 성찰로부터 가능하다고 보았는데(Merriam, Caffarella, & Baumgartner, 2007), 여기서 성찰이란 경험을 되돌아보는 행위를 말한다(Mezirow, 1998). 따라서 비판적 성찰이란 경험을 인식하고 이해할 때 자연스레 작동되는 개인의 가치체계(예상, 가정, 신념 등)를 의심하고 검토하는 것이라 할 수 있다(Mezirow, 1990; Mezirow, 1998).

합리적 대화는 비판적 성찰을 통한 얻게 된 새로운 의미에 대해 보다 나은 이해를 위해 두 사람 이상이 서로 적극적으로 신념이나 감정, 가치들에 대한 평가가 수반된 대화를 하는 과정을 말한다(Mezirow, 2000). 합리적 대화는 비판적 성찰의 결과에 대한 합리성을 부여하는 과정이기도 하지만, 상대방과의 대화를 통해 다시 경험을 성찰하고 가정과 신념을 규명하며(Mezirow, 2003), 새롭거나 수정된 해석 혹은 의미관점을 형성할 수도 있다(정경연, 2017). 이러한 과정을 거쳐 마지막 요인인 행동 단계까지 도달하면, 개인은 기존의 관점 또는 성향을 전환시키는 학습을 실제적으로 할 것인지 말 것인지 선택하게 된다(Mezirow, 2000). 지금까지 설명한 일련의 과정을 요약해보면, 개인은 혼란스러운 딜레마를 경험함으로써 비판적인 성찰 및 변화의 필요성을 경험하고,

합리적 대화를 통해 타인들과 인식을 공유하며 그 결과로 변화를 위한 행동을 하게 되는 것이다(배을규, 2006).

그렇다면 성인학습 교수자로서 학습장면에서 전환학습을 어떻게 활용할 것인가를 고려할 때, 우리는 다음과 같은 세 가지 방법을 생각해 볼 수 있다: ① 새로운 경험의 기회 제공, ② 비판적 성찰을 할 수 있는 시간적 여유 제공, ③ 합리적 대화를 위해 동료들과 함께 할 수 있는 시간 제공(비판적 성찰을 한 이후에 스스로의 생각이 옳고 그른지 확인해 볼 수 있도록). 새롭지 않은 경험은 성인학습자의 학습에 대해 동기부여가 어렵다. 따라서 새로운 또는 적어도 변형된 경험이 제공되어야 한다. 그리고 새로운 경험에 대해 스스로 비판적 성찰을 할 수 있는 시간을 정해놓고(예를 들면, 2분간 생각해 봅시다 등) 제공해야 한다. 대개 경력이 짧은 교수자들은 학습자에게 새로운 경험에 대해 어떻게 생각하는지 질문 후 얼마 있다가 답을 이야기하거나, 질문하고 곧바로 답을 요구한다. 이런 경우 학습자에게 비판적 성찰의 기회가 제한되는 것이다. 비판적 성찰이 끝나면 자신의 생각이 타당한지 또는 다른 생각이 가능한지에 대해 동료들과 충분히 대화하고 의견을 공유할 수 있는 모둠활동이 진행되어야 한다. 이와 같이 강의중심의 학습 환경에서도 전환학습의 적용이 가능하다. 물론 일회성 적용으로 전환학습이 발생하기에는 무리가 있지만, 이와 같은 과정을 계속 반복하면 전환학습의 가능성이 그만큼 높아진다고 볼 수 있다.

Apte(2009)는 <표 8.2>와 같이 전환학습 과정을 4단계로 제시하며 퍼실리테이터의 역할을 언급했다. 그는 본인이 주장한 전환학습의 4단계 역시 Mezirow의 모델처럼 순차적으로 일어날 수도, 또는 특정 단계를 건너뛰거나 다시 1단계로 순환, 반복되어 일어날 수도 있다고 보았다(Apte, 2009).

<표 8.2> 전환학습 과정의 4단계

단계	내용
1	자신의 현재 관점을 확인하고 재검토
2	전환학습을 위한 트리거(Trigger)를 떠올려봄
3	조용한 상태(예: 명상)로 한걸음 물러나 그 때를 재조망
4	새로운 관점을 형성

출처: Apte, J. (2009). Facilitating transformative learning: A framework for practice. *Australian Journal of Adult Learning, 49*(1), p. 172.

4 전환학습의 의의 및 한계

Mezirow의 전환학습에 대해 빈번히 제기되는 비판 중 하나는 이 이론이 전환의 과정 제시는 정교하게 하고 있으나, 지나치게 '이성적 개인'에 초점을 맞춘 한계를 지니고 있다는 것이다(정민승, 2010). 많은 학자들은 Mezirow가 그의 이론에서 '성찰'을 강조하고 있다는 점을 근거로, 경험의 의미를 해석하고 재구성하는 학습자의 활동, 즉 개인의 인지적 활동 측면을 많이 강조하고 있음을 지적했다(김한별, 허효인, 2017). 이에 더해 Taylor(1998)는 전환학습에서 감정과 무의식적 학습, 앎의 다양한 방식(ways of knowing) 또한 실제로는 매우 중요한 역할을 한다고 비판했다.

한편, Clark과 Wilson(1991)은 Mezirow가 주장하는 전환학습 이론이 '탈맥락적'이라고 비판했다. 그들은 학습자의 전환과정이 사회적 맥락에서 동떨어진 것처럼 기술되어 학습자가 경험한 의미를 온전히 파악하기 어렵고, 전환의 주축이 되는 '자율성'이 기본적으로 남성과 백인, 중산층을 대상으로 하고 있다는 점을 지적했다.

또한 '전환'이라는 구인에 대한 적절한 측정도구가 개발되지 않아 질적 연구에 의존할 수밖에 없는 현실을 고려하면, 전환학습의 평가 차원에서도 다양한 의문점들이 제기될 수 있다. 예를 들어, 전환학습이 실제로 일어났는가에 대해서 진실한 평가를 할 수 있는 주체는 거의 학습자 스스로가 판단할 수 있음에도 불구하고, 교수자의 역할만 강조되고 학습자의 역할은 분명히 규정되지 않았다는 것에 대해서도 비판을 제기해 볼 수 있다(Merriam & Bierema, 2014).

이러한 비판 및 한계에도 불구하고, Mezirow의 전환학습은 ① 구성주의(개인이 경험의 해석을 통해 얻은 의미에 기초하여 세상을 이해하는 관점 형성과 변화가 나타나는 점을 다룸), ② 인본주의(학습의 결과로서 개인의 고유하고 독특한 개성의 발달과 자아실현을 목적으로 함), ③ 비판이론(사회적 삶을 통해 내면화한 개인의 가치지향성과 억압성을 인식하는 것이 중요함)이라는 다양한 가정을 바탕으로 하여(Cranton & Taylor, 2012), 성인학습의 고유한 특성을 견고히 설명하고 있는 이론이라는 데에 그 의의가 있다. 아울러 Mezirow 이전까지의 많은 경험학습 관련 연구들이 학습결과에만 초점을 맞추어 개인이 어떻게 경험을 통해 성장하고 학습하는지에 대해서는 블랙박스였으나(Boyd & Fales, 1983), Mezirow(2000)의 전환학습은 10단계 모델을 통해 새로운 의미 형성과정을 제시했다는 점에서도 그 의의가 있다.

Chapter 09

체화된 학습(Embodied Learning)과 영성학습(Spiritual Learning)

1 체화된 학습의 배경

인간의 생존에 있어 신체(body)의 중요성을 모르는 사람은 없다. 인간은 바로 신체를 통해서 세상을 만나고, 또 신체와 함께 자신의 삶을 살아가게 된다. 그런데 학습에 있어서 우리는 신체에 대해 그렇게 큰 관심을 갖지 않았다. 오히려 인간의 이성, 사고, 정신이 학습과 관련하여 많이 강조되어 왔기 때문이다. 데카르트는 신체와 마음을 분리하는 이원론적 관점을 강조하였다. 데카르트의 '나는 생각한다. 고로 나는 존재한다'라는 명제에서 이성적인 사고와 합리적인 마음은 내 존재를 위해 불변하는 필수적인 것이며 신체는 불명확한 존재로 주변부적 존재감 정도였다. 데카르트는 마음과 몸은 서로 배타적이며 다른 실체라고 가정했다. 인간의 육체 혹은 몸은 현실세계에서 우리 자신을 구성하는 중요한 부분임에도 불구하고 인간만이 갖고 있는 이성의 정신작용을 강조하는 바람에 상대적으로 저평가되어 온 것이다. 이와 같은 사상은 18세기의 계몽주의 철학을 통해 더욱 견고해졌다. 계몽주의자들은 마음을 지식의 원천으로 보았고 이성과 합리성은 지식과 학습에 이르는 가장 정당한 방법으로 서구사회에서 교육의 모든 것을 지배하게 되었다(Merriam & Bierema, 2014).

근대 이후 서양문화의 힘에 의해 마음이나 이성을 통한 합리적 지식은 정당화하면서 신체를 통한 앎 또는 지식은 무시하는 경향이 지배적이었다. 사실 인간이 지닌 육체와 정신을 분리하여 보고자 한다면 완전체로서 인간을 볼 수 없다. 고요한(2008)에 따르면, 몸은 삶의 조건이고 주체이며 정신이 기능할 수 있도록 만드는 물리적 조건이기 때문에 교육이 인간의 완전체를 위해 노력한다면 교육은 몸의 중요성을 간과할 수 없다.

근대 이후 몸에 대한 관심의 증대는 여성주의자들의 노력으로부터 출발하였다. 여성의 몸은 억압과 사회로부터의 소외와 연결되어 있다(Clark, 2001). 여성은 서구문화에서 영향력이 없는 소외된 대상이었다. 가부장적인 문화가 여성의 신체에 대한 제한을 통해 여성을 억압하고 있다고 보고, 여성주의자들에 의해 몸은 여성의 자아(self)에 대한 개념화와 여성에 대한 지식의 구성을 위한 기본으로서, 즉 체화된 학습의 장으로서 보아야 한다고 주장하였다. 결국 체화된 학습의 관점은 전통적인 학습에서 강조되어 왔던 것들에 대한 도전이면서 몸은 지식과 학습의 매우 중요한 자원이자 장소(Clark, 2005)라는 생각에서 출발하였다.

2 체화된 학습의 개념

체화된 학습과 몸학습(somatic learning)이 혼용되고 있지만, 같은 의미로 사용되고 있다(Merriam & Bierema, 2014). 여기서는 체화된 학습으로 통일하여 사용하고자 한다. Freiler(2008)는 '체화된 학습'이라는 개념을 통해, 신체(몸)를 영, 정서, 상징, 문화, 합리성 등의 다른 앎의 영역들과 연결된 학습장면으로 상정하며, 지식 구성에 대한 더 포괄적이고, 전체적인 관점으로 제시하였다. 체화된 앎은 감각, 인식, 마음과 몸의 활동과 반응이 포함된 경험지식을 뜻한다(Metthews, 1998). 결국 체화된 학습은 인지, 신체적 경험, 그리고 실제 맥락사이의 연결을 통해 이들 간의 역동적인 상호작용을 강조한다. 기본적으로 몸과 마음은 분리되어 있는 것이 아니라 함께 하는 것으로 본다. 여기서 맥락이란 개인 학습자가 놓인 환경 또는 상황을 의미한다. 김주연(2019)은 신체와 정신의 유기적 상호작용을 제기하는 개념이 '체화'라고 했다.

결국 체화학습은 정신/신체, 뇌 혹은 마음/몸이라는 위계 또는 분절적 접근을 지양하고 인지적 활동에 신체가 공헌하도록 계획해야 하며(Maclachlan, 2004), 이때 정신과 마음을 통한 인식의 핵심 원리로서 신체와 환경과의 역동적인 상호작용을 강조한다. 이때 신체를 통한 앎은 결국 감각 기관을 포함한 신체를 통한 경험을 뜻한다. 김주연(2019)은 실제 움직임, 신체적 감각, 경험, 생리적 변화 등을 비상징적 감각들이라고 명명하고 이를 행위의 기저로 보았으며 체화학습의 구성원으로 강조하였다.

Lawrence(2012)는 체화된 학습에서 직관을 중시했다. 즉, 체화된 학습을 직관적 과정이라고 보면서 직관은 무의식적이고, 마음 중심적이며, 자유롭고, 비계열적이며, 비선형적이다. 우리는 꿈, 예술작품, 댄스, 요가, 명상, 사색 등을 통해 직관에 접근한다. 이 대부분의 과정은 체화된 앎을 요구한다.

문헌들에서 언급된 체화된 학습의 예를 들어보자. 태국의 유목민 모켄인들이 쓰나미가 왔을 때, 자연의 기호를 적절하게 읽고 대처하는 것이나, 광부들이 개인 주변 환경의 소리, 냄새, 공기의 기운 등 미묘한 차이에 대한 세밀한 감각 자각과 다른 광부들과의 신뢰나 팀워크를 통해 위험한 환경에서 살아남을 수 있는 것들이 갱도감각이라 불리는 체화된 학습의 예로 볼 수 있다(Somerveile, 2004).

위협적 환경이나, 화가 날 때, 행복하고 흥분될 때 이들 감정들의 정확한 원인을 인지하기 전에 우리는 몸의 앎의 방식으로 반응한다. 스트

레스로 인해 몸이 아프기 시작할 때 휴식이 필요함을 우리 몸이 먼저 아는 경우가 있다. 몸의 앎은 결국 마음과 인지가 결합된 뇌의 인지적 과정을 통해 연결됨에 따라, 결국 몸과 마음은 연결된 것으로 보아야 한다.

박진아(2015)는 여성의 몸 활동 학습경험이 그들에게 어떤 영향을 미치는가에 대해 각종 센터와 시설에서 몸 활동 프로그램에 참여 중인 여성을 대상으로 연구를 진행하였다. 몸을 움직이는 과정 속에서 느끼게 되는 다양한 체험의 과정을 통해 참여자들이 몰입과 집중을 경험하면서 익숙한 것에서 벗어나 자신의 몸에서 느끼게 되는 낯선 경험에 주체적이 되어가고 몸에 대한 편견에서 벗어나 자신의 몸에 대한 지식을 새롭게 구성하며, 몸 활동 학습을 통한 배움에의 호기심을 확장하면서 여유를 갖게 되고 삶을 대하는 태도와 타인을 대하는 자세가 긍정적으로 변화하게 됨을 확인하였다. Freiler(2008)는 간호수업에서 학생들이 태극권을 체험하면서 호흡 등 이미지 명상, 근육을 움직이는 요가 등의 활동을 통해 감각운동에 초점을 둔 체화된 학습을 연구하기도 하였다.

한편, Schuyler(2010)는 리더십 개발을 위해 체화된 학습을 강조하였다. 그동안 리더십 개발을 위해 인지적이고 개념적인 내용으로 구성하였지만, 체화된 접근을 통해 리더십의 중요한 기술을 더 발달시킬 수 있다고 하였다: 미시적 차원의 움직임, 호흡, 정신의 상태를 자세히 관찰하는 학습자를 보니, 이들은 암묵적 지식(tacit knowledge)의 수준에서 변화를 만들어내고 있었다. 이 지식은 우리가 "알고(know)" 있지만, 상세히 설명할 수는 없는 영역이다. 바로 사람의 "앎(knowing)" 가운데서 이 부분이 가치관과 장기간의 습관에 대해 변화를 가능하게 한다 (pp. 34-35).

3 체화된 학습의 의의

체화된 학습이 가지는 의의를 정리하면 다음과 같다.

첫째, 인간을 전체적인 차원에서 바라보기 때문에 온전한 주체적 인간으로서 볼 수 있다는 점이다. 앎 또는 지식의 생성에 있어 정신/마음과 신체를 구분하는 이분법적 접근은 인간을 온전한 하나의 존재로서 전인적인 인간으로 이해하기 더 어렵게 만든다. 체화된 학습은 학습자의 정신, 신체 그리고 학습자가 놓은 맥락(상황, 환경, 문화 등)이 서로 상호작용함으로써 온전한 인간으로 바라보도록 도와준다는 점에서 의미가 있다.

둘째, 오랫동안 학습에 있어 주목받지 못했던 인간의 신체/몸의 중요성을 제고할 수 있는 계기를 마련해주었다. 학습에 있어서 그리고 지식을 생성하는 데 합리적 그리고 이성적 사고가 중요하지만, 인간에게는 신체를 통한 감각과 감정 역시 학습과정에 있어서 매우 중요하다. 체화된 학습을 통해서 우리의 몸과 신체가 제대로 된 평가를 받을 수 있게 되었고, 사람들이 각자의 신체에 대해 소중히 생각할 줄 아는 계기를 마련해주었다.

셋째, 체화된 학습은 타인들을 의식하고 서로 협력할 수 있게 도와준다. 탄광에서 일하는 광부들이나 유목민, 흑인들의 사례에서처럼, 체화된 학습은 타인들과의 신뢰를 바탕으로 협력과 연대의식을 높여주며 서로 도움을 주고받는 관계로 나아가는 데 긍정적인 기여를 한다. 따라서 체화된 학습은 집단주의적 관점을 형성하는 데 도움을 줄 수 있다.

물론 체화된 학습이 긍정적인 요소만을 갖고 있는 것은 아니다. 체화된 학습에서 다루어지는 것을 암묵적 지식(tacit knowledge)이라고 부르는 것처럼, 이것은 설명하기도 어렵고 신체적 경험을 통한 앎의 개인차도 클 수밖에 없다. 따라서 체화된 학습이 존재한다는 것에는 긍정적이더라도, 이것을 어떻게 설명하고 구현할 것인가는 여전히 우리의 과제로 남겨져 있다.

4 영성의 개념과 영성학습

영성은 인간이 가지고 있는 보편적인 특성임에도 불구하고 산업혁명 이후 과학의 발달로 인해 증명하거나 이해하기 어려운 것으로 여겨졌다. 오늘날까지 성인학습에서 영성 또는 영적 기능의 논의는 사실 쉽게 찾아 볼 수 없었다. 이는 앞에서 다룬 신체 및 몸과 학습의 관계에서처럼 과학적이고 합리적이며 개관적인 지식이 절대적 가치를 갖는 전통이 오랫동안 우리 사회와 나 자신을 에워싸고 있었기 때문이다. 즉, 영성은 그 의미상 주관적이고 비합리적이며 비인지적 과정이므로 지식의 원천이 될 수 없다고 보는 것이다. 그러나 학습에 있어서 영성에 관한 탐구는 학습자의 몸, 정신 그리고 영혼의 조화를 추구함으로써 완전체로서 인간을 이해하고자 하는 노력이다. 인간은 인지와 감정 등의 마음에다가 몸 그리고 영혼으로 구성된 존재이기 때문이다.

어원상 영(Spirit)은 라틴어 Spiritus에서 유래하였는데 그 의미는 공기(숨) 또는 바람을 의미한다. 또한 히브리어로는 Rauch인데 그 의미는 하나님의 숨결이며 생명체 안에 존재하는 생기를 뜻한다. 결국 생명체 안에는 영(spirit)이 존재하며 영의 외적 발현이 영성(spritualty)이다. 이 아름다운 의미의 영성이 불멸의 존재, 초자연적인 존재와 같은 다른 의미와 결부되면서 많은 이들에게 영성은 미신 취급을 받기도 하였다(Harris, 2014). 또한 영성에 종교와 비슷한 면이 있어 학계에서는 영성에 대해 논하는 것을 꺼려하기도 하였다(Tisdell, 2008).

그럼에도 불구하고 영성은 인간이 자신의 의미를 찾고 이해하는 매우 중요한 역할을 한다. 문헌들에서 언급하고 있는 영성의 개념을 정리하면 다음과 같다. 첫째, 영성은 자신을 뛰어넘는 초월적 존재에 대한 인식을 포함한다. English(2005)는 영성이란 자신보다 더 큰 영향력 있는 존재에 대한 깨달음이라고 하였다. 김영석(2010) 역시 자아보다 더 큰 신령한 존재에 대한 인식을 영성 이해의 한 요소로 강조하였다. 김한별, 안아라, 허효인(2015)도 영성은 자신의 삶, 전 우주, 더 큰 초월적 존재, 그리고 그 존재의 힘에 대한 인식을 전제로 한다고 하였다. 더 큰 존재의 인식은 작은 나에 대한 인식을 의미하기도 한다.

둘째, 영성은 자아와 타인, 다른 세계, 또는 초월적 존재와의 연결 또는 관계맺음을 강조한다. English와 Gillen(2000)은 신성하고 초월적 존재와 나의 관계, 타인과 나의 관계에 대한 깨달음을 강조했다. 오복자와 강경아(2000)는 자신, 이웃/자연 및 상위존재와의 조화로운 관계를 포함하였다. 김영석(2010)은 자신과 타인, 자신과 자연의 연결을 강조하였다. 영성은 개인과 초월적 존재와의 연결성을 바탕으로 한다(Tisdell, 2003). 결국 자신과 타인, 자연, 사회 혹은 더 높은 존재와의 연결성을 깨닫고 그 관계 안에서 의미를 인식한다(김한별, 안아라, 허효인, 2015). 초월적 존재와의 연결 또는 관계맺음은 작은 존재로서 나는 초월적 존재의 힘을 믿고 순응하며 내 삶을 되돌아보게 한다.

셋째, 연결 또는 관계를 통해 탈이성적 의미해석을 포함한다. 여기서 '탈이성적'이란 이성적 사고를 넘어 의미의 깨달음을 뜻한다. 의미해석은 기존 이성이나 인지능력을 통한 의미해석뿐만 아니라 상징, 문화활동, 예술활동 등 비이성적, 비인지적이며 대안적 의미해석 장면을 뜻히며, 나와 초월적 존재 간의 연결 또는 관계를 전체적으로 이해하고 통합된 실체로 파악하는 것을 의미한다(김한별, 안아라, 허효인, 2015). Tisdell(2003)은 영성이 자신과 초월적 존재와의 연결을 바탕으로 자신과 외부세계에 대한 의미해석을 이끈다고 하였다. 오복자와 강경아(2000)는 초월적 존재와의 조화로운 관계를 통해 역동적이고 창조적인 에너지가 생성되고 이를 통해 초현실을 경험하고 탈이성적 의미해석의 결과로 존재의 의미와 목적 및 진실된 삶을 살게 해준다고 하였다. 유재봉(2013)은 또한 초이성적 의미해석의 결과로 인생의 존재의미를 깨닫고 역동적이고 생명력 있는 삶을 영위하게 한다고 하였다. 결국 김영석(2010)은 삶의 목적, 가치, 의미에 대한 탐구를 통해 참된 자아의 이해를 도모한다고 하였다.

결국 이들 세 가지의 영성에 대한 설명은 영적 경험을 의미하며 이를 통해 영적 발달을 이룰 수 있다. 영적 발달은 사람들이 새로운 지식이나 의미를 구성함을 뜻한다. 그리고 단순히 인식의 수준을 넘어 한 사람의 삶에 반영되고 행동으로 나타날 때 진정한 영성이 완성된다(김영석, 2010). 따라서 영성은 전통적인 앎의 방식인 인지적, 이성적 측면과 함께 무의식적이고 상징적인 측면과 협력을 강조한다. 이런 면에서 성인학습에서 영성을 어떻게 연결시킬 것인지가 관건이 된다. 즉, 성인학습의 장면에서 무의식, 탈이성적 영성을 어떻게 촉진시킬 수 있을지가 중요한 이슈이다.

Merriam과 Bierema(2014: 142)는 다음과 같이 성인교육자로서 영성학습을 촉진할 수 있는 방법을 제안하였다.

학습 상황에서 영성이 발현될 공간을 만들 필요가 있다. Vella(2000)에 따르면 그 공간은 안전하고, 지지적이며, 개방적이고, 대화가 이루어지고, 다른 학습자나 퍼실리테이터에 의해 평가받지 않는 현안과 관련된 경험을 공유할 수 있는 신성한 공간이어야 한다. 과도하게 프로그램화되지 않고 원래 계획을 포기하면서 흐름을 따라갈 수 있는 유연성이 필요하다. [중략] 학습자의 경험이 부속물이 아니라 결정되지 않은 학습결과를 허용할 수 있는 유연성 있고 의미 있는 방법으로 사용될 수 있는 공간을 만드는 것이다. 이것이 의미를 창조하는 그리고 지식을 구성하는 영성학습이다.

Tisdell(2008)에 따르면, 영성은 우리가 일상적으로 삶을 살면서 접할 수 있는 매우 넓은 범위의 맥락에서 발생할 수 있는 성스러운 개인의 경험이다. 따라서 종교와 구분된다. 물론 종교활동을 통해 성스러운 경험을 할 수도 있다. 그러나 항상 종교와 연결되는 것은 아니다. 종교는 동시대의 윤리적 강령과 문화적 가치가 반영된 공식화된 교리와 규정된 행동 안의 조직된 신앙 공동체(Tisdell, 2008)로 교리 안에서만의 개인적 영성을 강조한다. 반면 영성은 종교와 관련 없이 일어날 수 있다(Merriam & Bierema, 2014): 아이의 출생, 아름다운 일몰 장면, 음악 공연에서의 감동 등도 모두 영성 체험일 수 있다.

Chapter 10

성인학습이론의 변화 트렌드6)

본 장은 90년대 이후 성인의 학습현상을 효과적으로 이해하고 설명하기 위한 이론들이 무엇이 있으며 어떻게 변화되었고 현재 강조되는 트렌드가 무엇인지를 살펴보고자 한다. 특히 성인학습 현상을 잘 설명하고 이해를 도모할 수 있는 차별화된 이론들에 집중하고자 한다. 왜냐하면 Knowles 이후 많은 성인교육자들은 학생들을 대상으로 하는 학교교육과 차별화된 영역으로서 성인교육의 정체성을 찾고자 노력하였고 이를 위해서 성인의 학습현상만을 설명하는 데 기여할 수 있는 이론에 집중하였다. 이런 노력에 힘입어 'New Directions for Adult and Continuing Education'이라는 학술지에서 1990년 이후 세 번의 성인학습 관련 이론들을 소개하였다. 본 장은 이들의 내용을 분석하여 성인학습이론의 변화와 트렌드를 살펴보고자 한다.

1 성인학습이론에 대한 세 번의 update

1993년에 Merriam 교수가 편집장을 맡아 New Directions for Adult

---

6) 조대연(2014). 성인학습이론의 변화 트렌드. 권대봉 편저(2014). 일자리와 교육리더십(pp. 267-280). 서울: 박영사의 원고를 수정 보완하였음.

and Continuing Education 57호, 'An Update on Adult Learning Theory'를 발표하였다. 이 호에 포함된 성인학습이론들은 안드라고지, 자기주도학습, 전환학습, 인식과 학습, 상황인지이론, 비판이론, 페미니즘이었다. 즉, 1990년대 초반까지의 성인의 학습현상을 설명하고 실천가들에게 그 현상을 잘 이해할 수 있도록 도움을 줄 수 있는 7개의 이론들을 소개한 것이다. Merriam(1993)은 57호의 권두언(Editor's Note)에서 성인학습에 대한 우리의 이해가 어디에 있는가를 뒤돌아보고 평가하며 새롭게 성인학습이론으로 볼 수 있는 잠재성 있는 것들을 확인하기 위한 것이 목적이라고 하였다.

성인학습의 이론을 구축하기 위한 목적 중 하나는 초·중·고교 학생의 학습과 구별되는 학습현상을 설명하기 위한 것이었다. 이와 같은 맥락에서 발생한 이론들이 전통적인 성인학습 이론들이며 안드라고지, 자기주도학습, 그리고 전환학습이 대표적이다. 반면, 인식과 학습, 상황인지이론, 비판이론, 그리고 페미니즘은 성인학습의 이해를 돕기 위해 다른 영역들에서 도입된 이론들이다. 이들 이론들은 성인학습에 대한 전통적 관점들을 넘어 우리가 다른 시각에서 성인학습을 이해할 수 있도록 돕는 역할을 한다.

Boucouvalas(1993)는 '인식과 학습'의 장(chapter)에서 보다 직관적이고 변증법적이며 개인의 한계를 초월하는 내적인 인식을 통한 학습을 강조하였다. 반면 Wilson(1993)은 상황적 인식을 강조하였다. 즉, 학습은 학습이 발생하는 사회적 상황이나 맥락 내에서 이해될 수 있다는 것이다. Welton(1993)은 비판이론을 소개하면서 성인학습에 대해 우리가 기존에 알고 있는 또는 당연하다고 생각하는 기본 가정이나 실천에 대해 비판적 시각을 갖게 함으로써 다른 관점을 제공할 수 있다고 하였다. 비판적 시각을 통해 새로운 앎(knowing)이 가능하다는 것이다. Tisdell(1993)은 페미니스트 페다고지의 관점을 소개하면서 좀 더 힘을 갖기 위한 여성의 투쟁이 성인학습의 상황에서 어떻게 발생할 수 있으며 이것이 여성의 학습에 어떤 영향을 줄 수 있는지를 설명하였다.

이후 2001년 New Directions for Adult and Continuing Education 의 89호에서 'The New Update on Adult Learning Theory'라는 제목으로 성인학습이론들이 소개되었다. 93년 이후 8년 만에 Merriam 박사가 다시 편집장을 맡아 11개의 이론적 틀(framework)들이 다루어졌다. 89호에 포함된 성인학습이론들은 안드라고지, 자기주도학습, 전환학습, 비형식 & 무형식 학습, 여성학습관점(페미니스 페다고지와 동일), 상황기반학습, 비판주의와 포스트모던 관점, 감성, 뇌와 인식, 신체를 통한 학습과 내러티브 학습이 포함되었다.

1993년과 2001년에서 포함된 이론들을 비교할 때 다음과 같은 특징이 있다. 첫째, 성인학습에서 전통적 이론이라고 할 수 있는 안드라고지, 자기주도학습, 그리고 전환학습과 함께 1993년에 새로운 관점으로 소개한 인식, 상황인지이론, 비판이론, 그리고 페미니즘이 여전히 포함되어 있다.

둘째, 새롭게 등장한 이슈들이 있다. 그러나 완전히 새로운 것은 아니다. 예를 들면, 성인의 학습과정에서 '인식'의 역할을 연구하다보니 뇌(Brain)와 관련된 주제가 포함되었고, 페미니스트 페다고지의 범주가 여성학습으로 확대되었으며 비판이론은 맥을 같이 하는 포스트모던주의까지를 다루게 되었다. 즉, 복잡한 성인학습의 현상을 보다 잘 이해하기 위해서 이론적 틀의 범주가 점진적으로 확대되었다고 볼 수 있다.

셋째, 무형식 & 우연적 학습, 감성, 몸학습 또는 체화된 학습, 내러티브 학습 등 1993년에 언급되지 않은 새로운 이론들이 포함되었다.

넷째, 전통적 이론들 역시 제한된 역할을 넘어 지난 8년간 연구되고 시도되어 온 새로운 관점을 강조하였다. 결과적으로 성인학습이론의 양적 그리고 질적 진화를 확인할 수 있었다.

안드라고지와 자기주도학습은 90년대에 큰 연구 이슈가 되지는 못했다. 그러나 여전히 성인학습에서 중요하고 기본적인 모델이며 동시에 중심축으로서 역할을 수행하였다(Merriam, 2001b). 성인학습이론 가운데 상대적으로 90년대에 가장 크게 관심을 받은 것은 전환학습이다. 이는 안드라고지, 자기주도학습, 그리고 전환학습을 성인학습의 전통적 이론으로 볼 때 안드라고지는 이론이라기보다 성인학습자의 특성에 대한 기본 가정들(assumptions)이다. 자기주도학습 역시 안드라고지의 기본 가정 중 하나에서 발전한 성인학습의 대표적 이론이었으나 성인에게만 적용되는 학습이론이 아니다 보니 그 중요성이 감소되었다. 결과적으로 90년대에 관심은 상대적으로 전환학습에 집중되었다. 특히 Mezirow가 제안한 전환학습은 비판적 사고가 중심에 있기 때문에 아동보다는 성인에 맞는 학습이론으로 여겨졌다.

1993년과 비교해서 범위가 확장되거나 새롭게 언급된 성인학습의 이론적 틀들을 소개하면 다음과 같다. 무형식 & 우연적 학습의 경우 평생교육 트렌드가 강조되면서 형식적 학습만이 아닌 무형식과 비형식 학습으로 학습의 범주가 넓어졌다. Marsick과 Watkins(2001)는 90년대에 조직 내에서의 생활과 경험이 중심이 된 무형식 & 우연적 학습이 많은 관심을 받았다고 하였다. 이는 성인학습이론의 근간인 안드라고지의 구성요소들(예를 들면, 안드라고지에서 강조했던 경험의 중요성 그리고 자기주도학습은 대표적인 무형식 학습이다)에 바탕을 두고 있기 때문이다. 특히 90년도 이후 HRD에서 큰 이슈였던 학습조직을 설명하면서 그 핵심으로 무형식 및 우연적 학습이 강조되었다. Hayes(2001)는 여성이라는 성(gender)은 학습자로서 차별화될 수 있는 특성이며 학습을 창출할 수 있는 요인 중 하나임을 강조하였다. 즉, 기존 연구들이 제안한 여성학습의 주류는 타인과의 상호작용, 직관적이고 정서적인 방법이었다. 그러나 Hayes는 젠더 측면을 학습이 발생하는 원천으로 보았다.

Hansmans(2001)은 성인학습이 사람 간 상호작용 상황에서 발생함을 강조하면서 상황기반 성인학습을 소개하였다. 특히 학습자들이 자신의 학습활동을 설계, 실행, 평가하는 데 있어 타인과 공유할 수 있는 상황을 만들어줘야 한다. Kilgore(2001)는 지식, 파워, 그리고 학습에 있어서 비판이론과 포스트모던 이론의 관점 차이를 제시하였다. 또한 두 관점에서 공통점도 제시하였다. 지식은 도전의 대상으로 변화가능하고 지식은 현재 수준에서 파워의 표현이며 그 파워에 의해서 형성되고 학습은 우리가 믿는 진실에 대한 도전과정이고 지속적인 분해과정이다. 따라서 많은 진실 가운데 선택적으로 모자이크하는 창조적 그리고 생산적 열린 대화과정이 필요하다.

다음의 세 가지 이론들은 1993년에 포함되지 않는 새로운 이론적 접근을 소개한 것이다. Dirkx(2001)에 따르면 성인학습은 감성과 이미지에 의해서 경험의 의미를 구성할 수 있으며 의미 있는 학습이란 감성적 구성요소를 갖는다고 주장하였다. 이는 많은 성인학습이론들이 합리적이고 반성적인 인지적 과정에 초점을 둔 것에 반하여 감성과 이미지가 성인학습과정에 포함될 수 있음을 강조한 것이다. Hill(2001)은 뇌 연구에 관한 정보를 요약하면서 뇌 관련 지식들이 어떻게 학습, 기억, 감성, 마인드, 그리고 인식에 연결될 수 있는지 설명하였다. 특히 뇌와 의식 관련 지식은 성인학습의 이해를 촉진하는 데 기여할 수 있다. 또한 뇌의 엄청난 유연성, 삶을 통한 학습에 반응할 수 있는 뇌의 능력, 뇌 작용을 통한 감성과 감각경험이 학습과정에 기여할 수 있는 점, 인식은 개인 경험에 통합되어 학습으로 연결될 수 있는 점 등을 강조하였다. 마지막으로 Clark(2001)은 성인학습에 대해 새로운 시각을 제공하는 두 가지 이론적 틀을 소개하였다. 하나는 신체를 통한 학습(embodied learning)이며 다른 하나는 경험을 통한 스토리 형성과정을 통해 학습이 이루어지는 내러티브 학습이다. 이들 학습형태는 기존 성인학습이론 영역 밖의 이슈들을 다루었다는 점에서 2001년에 적어도 성인학습이 발생하는 장면의 확장으로 볼 수 있다.

2008년 New Directions for Adult and Continuing Education의 119호에서 'The Third Update on Adult Learning Theory'라는 제목으로 성인학습이론들이 소개되었다. 2001년 이후 7년 만에 이번에도 Merriam 교수가 편집장을 맡아 8개의 이론적 틀이 포함되었다. 그 특징을 살펴보면 다음과 같다.

첫째, 1993년과 2001년에 포함되었던 안드라고지, 자기주도학습, 상황인지이론, 비판이론, 그리고 페미니즘 학습이론과 2001년에 포함되었던 무형식 & 우연적 학습이 2008년 update에는 포함되지 않았다. 2008년 세 번째 update에서는 보편적인 성인학습이론들을 모두 포함하지 않았고 좀 더 보편적인 성인학습이론이나 모델들로 발전할 수 있는 가능성이 있는 것들을 포함하였다(Merriam, 2008). 따라서 3번째 update에서 포함되지 않은 이론들도 여전히 성인학습의 복잡한 현상에 대해 우리의 이해를 돕는 중요한 이론들임에 틀림이 없다.

둘째, 전환학습은 3번의 update에 모두 포함되었다. 전환학습을 주제로 한 별도의 학술대회가 개최될 만큼 성인학습의 대표적 이론으로서 자리를 잡았고 이에 대한 연구가 2000년대에도 활발하게 진행된 결과로 볼 수 있다.

셋째, 2001년에 새롭게 소개되었던 이론적 관점들이 많은 연구결과에 기초하여 그 이론적 타당성을 갖추었다. 예를 들면, 신체학습과 내러티브 학습이 별도의 장을 구성하며 소개되었고 마인드와 뇌에 대한 이슈가 다루어졌다.

넷째, 2008년에 성인학습의 이론적 틀로서 높은 가능성을 갖고 성장할 수 있는 이슈들이 포함되었다. 우선 성인학습이 발생하는 setting에 대한 관심이 포함되었다. 예를 들면, 일터학습(workplace learning)과 성인학습에 대한 비서구적(non western) 관점이 포함되었다. 그리고 포스트모던 관점에서 좀 더 나아간 통섭운동(Convergence movement)이 포함되었고 신앙과 차별되는 영적(spirituality) 학습이 다루어졌다.

2008년에 언급된 성인학습이론들을 간략히 소개하면 다음과 같다. Taylor(2008)는 2000년대 전환학습에 대한 연구가 폭발적으로 증가하였고 개척자인 Mezirow의 이론적 틀을 기반으로 이제는 그 틀을 넘어 다양한 관점(예를 들면, 뇌생명공학, 문화－영적(cultural－spiritual), 인종중심, 전 지구적(planetary))차원에서 전환학습을 이해하고 촉진할 수 있는 연구들이 많이 수행되고 있다고 하였다.

Fenwick(2008)은 일터학습의 주된 관심을 두 가지로 제시하였다.

첫째는 학습을 통해 일터의 문제를 어떻게 해결하는가에 있다. 그러나 일터에서의 문제가 점점 복잡해짐에 따라서 직장 내 성인교육자들은 직장 내 성인들이 문제해결을 할 수 있도록 학습을 촉진하기 위해 노력하며 결과적으로 학습자 중심의 일터학습(workplace learning) 프로세스에 대한 지식이 교육훈련(workplace pedagogy)에 대한 지식으로 급속히 전환하게 되었음을 지적하였다. 이는 적어도 직장 내에서 어떻게 잘 학습할까 보다 무엇을 어떻게 잘 가르칠까로 일터학습의 강조점이 이동함을 의미한다. 둘째는 직장 내에서 특별한 집단들(예를 들면, 중고령 근로자, 소수인종 근로자, 이민근로자, 저임금 근로자)이 어떻게 학습하는가를 이해하는 것이다. 이들 두 가지 이슈에 기초해서 일터학습은 실제중심 체계적 접근, 문해이론, 파워와 정치의 개념들이 다루어진다. Fenwick의 일터학습에서 강조한 이슈는 HRD에서 그동안 관심을 받지 못한 이슈를 지적함으로써 성인학습이론이 HRD에 기여할 수 있는 또 다른 관점을 제공한 것으로 볼 수 있다.

Tisdell(2008)은 영적(spiritual) 학습이라는 새로운 성인학습의 이론적 틀을 소개하였다. 영성(spirituality)는 인간의 완전함(wholeness)을 향한 개인의 개별적 경험의 여정(journey)으로 정의하였다. 따라서 영적학습은 경험학습 영역과 관련이 있지만, 일반적인 새로운 경험을 통한 앎의 과정 이상이라고 볼 수 있다. 즉, 신성한 것으로 인식될 수 있는 개인의 경험들 또는 세상의 모든 것을 연결하는 완전함이 목적이다. 이는 통합적인 정체성 차원에서 좀 더 진정한 자아(self)가 되기 위한 학습이라고 볼 수 있다. 영적 학습에서 언급하는 새로운 경험이란 극단적인 경험 외에도 상징, 은유, 예술 등을 통해 발생하기도 한다. 따라서 성인교육자들은 학습자들의 학습과정에서 이런 경험들이 자신들의 영적 영역 및 창의성과 연결될 수 있도록 기회를 제공할 필요가 있다. 아직 영적학습은 성인학습의 이론적 틀로서 성장해 가고 있는 과정에 있다. 한편 영적학습도 전환학습이 응용될 수 있는 확장된 영역으로 그 의미가 축소될 수 있는 가능성도 있다.

Freiler(2008)는 신체학습이란 신체를 통한 직접적 경험을 통해 지식의 구성과정이면서 앎의 과정으로 정의했다. 또한 다른 앎의 영역들(예를 들면, 영적, 정서적, 상징, 문화, 합리적 영역)을 인식하고 이들과 상호작용하는 데 있어 신체와 마인드 모두 살아있는 핵심적 경험을 통해 상호의존적으로 연계되어 앎 또는 지식이 형성된다는 것이다. 신체학습은 인지 중심의 학습양식을 넘어 신체와 마인드의 새로운 연결을 도모하면서 성인학습이론의 영역을 넓히는 시도를 하고 있다.

Taylor와 Lamoreaux(2008)는 신경과학적 측면에서 바라본 성인학습을 소개했다. 이들은 뇌가 학습을 위한 기본인 경험을 어떻게 사용하는가와 학습이 뇌를 어떻게 변화시키는가에 대한 정보를 제공해 주고 있다. 특히 경험, 반성(reflection), 요약화(abstraction), 그리고 검증이라는 일련의 과정을 거치면서 뇌에서 이들을 어떻게 의미 있게 연계시키는가를 통해 신경과학에 기반을 둔 성인학습을 설명하였다. 또한 성인교육자들에게 뇌 개발을 통해 학습을 극대화하는 방법을 제안하였다.

Clark과 Rossiter(2008)는 내러티브란 학습을 촉진하기 위한 방법이면서 동시에 학습과정으로 보았다. 지난 10년간 내러티브 학습은 성인학습의 주변이론에서 좀 더 중심이론으로 성장하였다(Merriam, 2008). 그들은 성인학습의 핵심 개념 중 하나인 의미해석(meaning making)을 내러티브 과정으로 보았다. 이야기를 듣고, 말하고, 인식하는 과정 속에서 세상 또는 경험의 의미를 해석하는 학습이 발생한다. 또한 새로운 경험에 대해 스토리를 만들어 가는 과정(의미해석과정)을 학습과정으로 보았다. 예를 들면, 작문(writing)은 우리 생각을 가시적으로 만든다. 즉, 작문을 하면서 무엇인가 이해한 바를 이야기로 만들기 때문에 그 자체가 사고과정(thought process)의 부분이라 볼 수 있다. 이를 통해 자신이 알고 있었던 것과 작문을 하면서 새롭게 의미 해석된 부분의 통합적 노력을 하게 된다. 그러나 내러티브 학습은 일반 성인들보다 내러티브에 준비된 또는 훈련된 성인학습자들이 더 효과적이므로 성인교육자들은 학습자들에게 어떻게 내러티브에 친숙하게 할 것인가를 생각해야 한다.

Merriam과 Kim(2008)은 글로벌 차원에서 서구 중심의 성인학습 관점과 함께 비서구적 성인학습 관점에 대한 성장과 그 특징들을 소개하였다. 그들은 비서구적이란 용어 자체도 서구 중심적 관점이라고 지적하였다. 그러나 성인학습현상과 이론이 서구에서 활성화되어 연구되었기에 서구적 관점이라고 하고 유럽과 북미 이외의 지역에서 어떤 성인학습의 특성이 있는지를 살펴보았다. 그들이 제안한 비서구의 성인학습은 집단주의적 속성을 지닌 지역사회중심이며 평생 매일 이루어지는 일상생활과 연계된 것이고 따라서 무형식 학습의 특성이 강조된다. 또한 학습자의 인지, 감성, 영성, 그리고 신체가 결합된 홀리스틱한 특성이 있다.

Hill(2008)은 모던적 접근과 포스트모던적 접근을 동시에 취하거나 아니면 두 개 접근을 모두 취하지 않는 입장을 갖고 성인학습의 현상을 이해하고자 하는 새로운 시도로 통섭운동(convergence movement)을 소개하였다. Merriam(2008)은 Hill의 접근을 포스트모던 관점에서 성인학습과 사회정의의 교차점에 대한 비판적 시각이 통섭운동이며 동시에 포스트모던의 비판을 넘는 새로운 해결책을 제안하고자 하는 사회운동으로 해석했다. Hill(2008)에 따르면 사회운동은 학습, 지식창출, 의미해석 그리고 저항의 장소이고 특히 성인교육에서는 사회운동과 학습의 관계를 주목해왔다. 통섭운동이란 다양한 사람들이 다양한 용어와 시각으로 자신의 권리를 인식하기 위한 목적을 갖고 다양함 또는 다름을 통해 건전한 문화를 형성하는 운동이다. 결국 이 순간의 진실이 영원한 진실이 아님을 인정하면서 다양한 목소리와 시각을 바탕으로 또 다른 바람직한 진실 또는 해결책을 찾는 운동이라고 볼 수 있다. 이를 위해 다양한 사람들의 폭넓은 참여와 합의된 의사결정과정, 다양한 그리고 자유로운 개인들과 집단들의 행동에 의한 변화는 매우 가치 있는 것이다. 최근 ICT와 인터넷 그리고 SNS의 발달은 통섭운동을 가속화하고 있다.

2 성인학습이론의 트렌드 종합

1920년대는 Thondike 등(1928)의 Adult learning의 출판과 AACE에서 성인학습을 정의하고자 하는 노력 등 성인학습의 실제와 학문적 정체성을 찾는 출발점이라고 볼 수 있다. 이후 성인교육학의 고유한 연구영역과 현상을 설명하기 위해 다양한 이론들을 제안해 왔고 본 논문의 분석대상인 'New Directions for Adult and Continuing Education'은 성인학습이론에 대하여 세 번(1993년, 2001년 그리고 2008년)의 up-date를 시도하였다. 성인학습이론의 진화와 발전에 대하여 다음과 같이 정리하고자 한다.

첫째, 복잡하고 거대한 성인학습현상을 보다 잘 설명하기 위해 그리고 우리에게 성인학습에 대한 이해를 돕기 위해 지금도 성인학습이론은 진화하고 있다. 적어도 80년대 이후 오늘날까지 지난 40여 년 동안 성인학습이론은 양적 그리고 질적인 차원에서 성장하였다. 성인학습자의 특성과 성인 교수-학습의 기본 가정들로 구성된 안드라고지를 출발점으로 자기주도학습 및 전환학습이 성인학습이론의 기초로 자리매김을 하였고 이를 기반으로 다양한 이론적 접근들이 소개되며 이후 정교화되는 과정을 거치고 있다.

둘째, 성인교육은 적어도 자기주도학습과 전환학습 등 전통적인 그리고 기본적인 이론들을 갖추고 있는 동시에 다른 인접 연구영역에서 이론들(비판이론, 여성주의, 신경과학, 신체 등)을 갖고 와서 복잡하고 역동적인 성인학습현상을 설명하고 있으므로 간학문적 특성을 갖는다.

셋째, 성인학습은 더 이상 개인의 인지적 측면에서만 설명될 수 없다. 그렇다고 학습의 인지적 측면에 대한 중요성이 감소되었다는 의미는 아니다. 그만큼 성인학습의 생성과 학습과정은 홀리스틱하고 다차원적 측면(예를 들면, 감정, 마인드, 기억, 영성, 인식, 형성화, 신체 등)들을 동시에 고려해야 함을 의미한다. 예를 들면, 학습에서 뇌의 기능은 매우 중요하다. 그러나 새로운 경험을 받아들인 감각기능과 신체가 뇌의 기억장치와 연계되어 학습이 발생하게 된다. 전환학습 역시 인지적으로 이루어지는 비판적 사고와 함께 감성, 감각기능, 신체 등의 경험이 전환학습을 촉진할 수 있다.

넷째, 안드라고지에서 학습자의 경험은 성인학습의 자원이라고 하였다. 지금도 성인학습에서 경험에 대한 중요성은 간과할 수 없으며 모든 성인학습이론의 출발점은 경험으로부터 시작된다. 전환학습을 포함해 성인학습의 새로운 시도인 신경과학, 내러티브, 신체학습, 영적학습 등 거의 모든 관점들에서 경험을 논의의 시작으로 삼고 있다.

다섯째, 비판적 사고의 중요성 역시 점점 강조되고 있다. Mezirow에 의해 제안된 전환학습에서 비판적 사고의 역할은 인지적 측면에서 매우 강조되었다. 이후 인지적 측면 이외에 학습의 홀리스틱하고 다차원적 측면이 강조되면서 비판적 사고에 대한 강조는 예전만 못한 느낌을 준다. 그러나 신체, 감성, 이미지, 비판이론관점 그리고 통섭운동 등의 성인학습에 대한 기여 역시 비판적 사고를 바탕에 두고 있다. Merriam(2008b)은 비판적 사고가 우리 뇌의 역량을 강화하기 위해 필요하며 일터학습에서 파워와 정치에 직면해서도 필요하다고 강조하였다.

여섯째, 성인학습을 이해하는 데 있어서 what보다는 how에 관심을 둔다. 단순히 정보와 지식의 창출이라는 학습의 결과뿐만 아니라 정보와 지식창출을 위한 과정에 관심의 이동이 있었다. 다시 말해서, 학습의 주체를 개인으로 보고 개인의 내적 과정으로 학습자가 무엇을 획득하였는가에 대한 관심에서 개인 학습자들의 환경 또는 상황과 상호작용하는 다양한 과정으로 관심이 이동하는 것을 의미한다. 특히 다양한 상황에서 학습이 발생하고 이들 상황들에서 어떻게 학습이 발생하는가를 설명한다. 예를 들면, 젠더, 인종, 파워, 억압, 정치, 비판 등이 그 예이다. 즉, 다양한 사회문화적 상황에서 성인학습이 발생한다. 70-80년대에 자기주도학습의 주된 관심인 개인의 내적인 학습과정 속에서 주도권과 책무성 등에 대한 이슈가 주로 다루어졌다면, 90년대 이후에는 학습자와 환경 간 상호작용을 강조하는 사회문화적 관점의 학습자 자기주도성이 강조되었다(조대연, 2005).

끝으로 세 번의 update에서 다루지 않는 한 가지를 제안하고자 한다. 성인학습은 더 이상 개인학습자만의 비즈니스로 볼 수 없다. 개인학습자를 둘러싼 다양한 환경으로부터 영향을 받고 또 개인학습자가 영향을 미치는 상호작용적 관계 속에서 성인학습을 이해할 필요가 있다. 오늘날 우리에게 가장 급격한 변화로 다가온 이슈 중 하나가 스마트 폰, 인공지능 등과 같은 테크놀로지의 혁명이며 이를 어떻게 성인학습과 통합하는가가 큰 관심이다. 테크놀로지 혁명과 성인학습의 결합은 모바일 학습으로 구현될 수 있으며 SNS의 급속한 성장과 성인들의 참여로 SNS 상황에서 집단지능(collective intelligence)의 생성이 가속화될 것이며 이를 통해 새로운 의미해석과 지식창출이 가능하고 빠른 시간 내에 공유가 가능해진다. 그러나 학습의 주도권이 더욱 더 개인학습자에게 있기 때문에 학습에 대한 책무성 및 윤리성이 강조될 것이다. 따라서 성인학습이론의 네 번째 update가 이루어진다면 성인의 모바일 러닝과 SNS 그리고 인공지능을 통한 집단지성의 이슈와 함께 SNS 환경에서의 학습자 책무성이 다루어져야 할 것이다.

평생교육의 마당

Chapter 11

지역사회에서의 평생학습

1 평생학습도시

1) 평생학습도시의 등장 및 개념

Hutchins(1968)은 직업훈련교육 위주의 미국 교육제도를 비판하고, 인간화 또는 인간성 회복을 지향하는 사회를 만들기 위해 '학습사회(Learning society)'의 건설을 주장하였다. Illich(1976)도 학교에 의해서만 학습이 이루어지는 것은 아니며, '학습망(Learning Web)'을 통해 교육이 학교교육에서 분리되어 모든 사람에게 개방되어야 한다고 주장하였다. 이러한 학습망의 개념은 넓은 의미에서 학습공동체의 개념과 유사하다. UNESCO의 Faure 보고서에서도 지역사회의 모든 기관들이 교육 제공자가 될 수 있으며, 사회의 전 구성원들이 '학습사회'에서 제공하는 학습에 적극적으로 참여하는 기회를 가져야 한다는 점을 강조하였다(권대봉 외, 2017). 이후 학습사회는 우리나라의 경우 지역 평생학습 활성화 정책과 연계되어 평생학습도시 조성사업으로 등장했다.

70년대 OECD의 교육도시(Educating Cities)로 시작하여 90년대 초 국제교육도시연합의 교육도시헌장이 발표되었다. 이 헌장에서 교육도시는 아동과 청소년의 교육에 초점이 있지만, 모든 사람에게 평생학습의 기회를 제공해야 한다고 규정하고 있다. 이후 유네스코 산하의 평생학습협회(UNESCO Institute for Lifelong Learning, UIL)는 국제적으로 '학습도시' 활성화를 위해 노력하였으며 학습도시를 개인의 역량, 사회통합, 경제·문화적 번영 그리고 지속가능한 발전을 가능케 하고 강화시키는 학습생활 공동체라고 규정하였다(UIL, 2013: 7). 또한 세계 학습도시 간의 긴밀한 네트워크를 위해 국제콘퍼런스 개최 등의 노력을 최근까지 기울이고 있다.

학습도시는 평생학습과 지역의 경제 발전이 연계된 개념이지만 국가에 따라 빈곤과 사회양극화를 해소하기 위한 노력으로, 또는 경제발전을 위한 고급연구개발을 강조하기도 하며, 사회적 평등이나 사회 정의를 강조하기도 한다(Walters, 2005). Boshier(2005)는 학습도시를 '모든 주민들이 지역사회의 사회적, 경제적, 문화적, 환경적 상황을 향상시키기 위해 정부, 재계, 비영리, 교육, 시민과 지역사회 그룹들의 학습자원과 전문성을 동원하는 실용적 접근을 기반으로 함께 행동하는 지역사회 발전 운동'으로 보았다. 결국 학습도시는 평생학습의 인간해방적, 유토피아적 이데올로기를 추구하며 경제적, 직업적 초점을 둔 평생학습운동이면서 동시에 지역의 상황에 맞는 실천적이며 지속적 해결책들을 실행하는 글로벌 학습도시의 발전을 강조하고 있다(Watson & Wu, 2015).

한편, 국내에서 논의되었던 학습도시의 정의를 살펴보면, 김신일(2004)은 지역사회 내의 인적·물적·교육자원의 유기적 활용을 통해 주민들에게 교육을 제공하고 주민 스스로 다양한 학습활동을 전개할 수 있도록 지원하여 학습공동체를 형성함으로써, 개인과 지역사회 전체의 문화적·경제적·정치적 능력향상과 활성화를 촉진시키기 위한 지역단위 학습지원시스템이라고 정의하였다. 평생학습도시는 사회통합 및 번영과 개인의 발전을 촉진하기 위해 모든 부문의 학습자원을 동원하여 개인의 잠재력을 발전시키는 도시이다(정성지, 최수정, 2018). 국가평생교육진흥원(2008)은 평생학습도시를 개인의 자아실현, 사회적 통합 증진, 경제적 경쟁력을 높여 궁극적으로 개인의 삶의 질 제고와 도시 전체의 경쟁력을 향상시킬 수 있도록 언제, 어디서, 누구나 원하는 학습을 즐길 수 있는 학습공동체 건설을 도모하는 총체적 도시 재구조화(Restructuring) 운동이자 지역사회의 모든 교육자원을 기관 간 연계, 지역사회 간 연계, 국가 간 연계시킴으로써 네트워킹 학습공동체를 형성하려는 지역 시민에 의한, 시민을 위한, 시민의 지역사회교육 운동이라고 정의하고 있다.

결국 국내에서 학습도시 개념의 성격은 시민참여를 통해 지역주민의 변화와 지역사회의 발전을 이끌기 위한 일종의 지역사회 재구조화를 위한 학습운동으로 보았다. OECD의 학습지역 모형(learning region model)에 따르면, 학습도시의 핵심은 인간자본과 사회자본이라는 두 기둥의 통합이다(차갑부, 2014). 즉, 평생학습도시는 인간자본을 기반으로 한 개인학습과 사회자본을 기반으로 공동체 학습이 서로 혼합하여 적용하는 실천적 활동이다.

2) 우리나라 학습도시의 발전과 현황

1999년 3월 우리나라 최초로 광명시는 학습을 통한 복지, 문화, 생활의 향유와 자연과 공존하는 평생학습도시를 선언하였다. 2001년 정부는 '제1차 평생학습도시 종합계획'을 수립하고 2001년에 광명시와 대전의 유성구 및 전북 진안군을 평생학습도시로 시범 선정하였다. 2003년에 5개 도시, 2004년에 8개 지자체가 신규로 평생학습도시에 지정되었다. 지자체의 지속적인 관심으로 2005년에 14개의 평생학습도시가 신규 지정되었다. 2006년도 24개, 2007년도 19개 도시가 선정되었다. 정부는 평생학습도시 네트워크 구축 지원 사업을 진행하면서 인프라를 구축하고 지역의 평생교육 내실화 조성사업의 방향이 자리를 잡게 되었다.

그러나 2008년 정부의 긴축재정으로 예산확보가 어렵게 되어 2010년까지 선정이 중단되었으나 평생학습도시 지정 및 특성화 지원에 관한 내용을 평생교육법 제15조를 통해 법적 근거를 마련함에 따라 2011년부터 재개되었다. 2011년 6개, 2012년 8개, 2013년 28개, 2014년 11개, 2015년 7개, 2016년 7개, 2017년 10개, 2018년 7개, 2019년 7개 도시가 지정되어 2019년 3월 기준 167개 도시에서 평생학습도시 사업을 운영하고 있다. 전국 226개의 기초자치단체 중에서 2019년 3월까지 167개 도시가 평생학습도시로 선정되면서 국내의 평생학습도시 비율은 약 74%로 증가했다.

우리나라의 학습도시는 세계에서 선두적인 지위를 가지고 있다. 한 사례로 2015년 남양주시, 2017년 수원시, 2019년 서울 서대문구가 유네스코 학습도시상을 수상했고, 학습도시에 관한 유엔 회의가 2018년에 우리나라에서 열렸을 만큼 우리나라 학습도시의 정책과 모델을 벤치마킹하려는 해외 도시들이 증가하고 있다.

3) 학습도시의 긍정적 효과와 개선점

학습도시 조성의 긍정적 효과를 교육, 사회·문화, 경제적 측면에서 정리해 보면 다음과 같다.[7] 첫째, 교육적 측면에서 학습도시는 평생교육 차원에서 기초교양교육부터 고등교육에 이르기까지 다양한 그리고 포괄적인 학습을 촉진함과 동시에 학습의 질과 우수성을 향상시킬 수 있게 도와준다. 특히 교육의 최대 목표 중 하나인 개인의 자아실현을 돕는다.

둘째, 사회·문화적 측면에서 학습도시는 가족 및 지역사회, 직장 등에서의 학습을 용이하게 하여 공유와 깨달음 등 배움의 문화를 조성하게 한다. 또한 체육, 예술, 인문사회 영역에서의 학습 활동을 지원함으로써 다양하고 풍부한 여가 및 취미생활을 향유할 수 있고 문화를 활성화하고 있다. 그리고 지역 내 환경자원, 문화재 등의 지역 특색을 살려 지역 사회 특유의 문화를 보존 및 창조하고 발달시킬 수 있다. 또한 학

---

7) UIL 홈페이지에 게시되어 있는 학습도시의 특성 중 긍정적인 측면을 개인, 사회, 국가의 차원으로 나누어 정리함. http://uil.unesco.org/lifelong-learning/learning-cities

습동아리 등 학습공동체를 형성해 긴밀한 연대 및 공존을 추구하여 사회적 통합에 기여할 수 있다.

셋째, 경제적 측면에서 학습도시는 시민들이 최신의 새로운 지식 및 기술을 빠르게 습득하게 해서 산업 및 기술의 변화에 잘 적응할 수 있도록 하여 개인뿐만 아니라 지역사회의 경제적 경쟁력을 강화하도록 돕는다. 또한 지역 내의 일자리와 소비를 창출해 지역의 실업률 감소와 빈부 격차 해소에 도움을 줄 수 있다. 그리고 주민자치 활성화를 통해 지역 및 도시 재생에 긍정적인 영향을 끼친다. 무엇보다 인적·물적 자원의 선순환을 일으켜 지속가능한 성장을 가능하게 한다.

이상의 긍정적 효과는 학습도시가 잘 건설되고 운영될 때를 전제로 달성 가능하다. 각 학습도시의 내·외부 상황과 중점추진 정책에 따라서 그 성과는 달라진다. 성공적인 학습도시 건설과 운영을 위해 선행연구들은 다음과 같은 원칙들을 제안하기도 하였다. Juceviciene(2010)는 학습도시의 지속가능성 차원에서 체제의 안정성과 활력뿐만 아니라 환경, 경제, 사회, 문화, 교육, 그리고 국제문제 차원에서 지속가능성을 도모해야 한다고 주장하였다. 결국 학습도시는 사회의 거의 모든 부문에서 지속가능성을 추구해야 함을 강조한 것이다. 또한 Kearns(2012)는 지속가능한 학습도시를 건설하기 위해 다음과 같은 원리들을 제시하였다: 공유된 비전의 개발, 파트너십, 사회 정의 및 평등 강조, 적극적으로 지역사회에 참여, 다양한 상황과 형태로 학습을 진행, 개발전략 수립, 도시가 직면한 큰 문제를 해결.

특히 Watson과 Wu(2015)는 성인교육 차원에서 학습도시 건설을 위해 다음과 같은 노력들이 필요하다고 하였다. 첫째, 지역사회의 모든 부문에서 전략적 파트너십을 강화해야 하며 그 핵심으로 다양한 형태의 학습을 강조한다. 이해당사자들과의 파트너십 확대와 미래를 위한 공유 비전의 개발은 핵심이다. 둘째, 지속적인 재정지원과 프로그램의 성공을 결정하기 위해 학습결과에 초점을 둔 연구를 통해 평가를 지속해야 한다. 학습자가 다양하고 지역사회의 여러 문제들(실업, 빈곤, 환경 문제

등) 및 사회변화와 연결되어 학습도시의 효과성과 성과를 평가해야 하므로 쉽지 않은 일이다. 그러나 성인교육자들은 이런 도전과 역할을 과감하게 수행해야 한다. 셋째, 학습자들이 참여할 수 있는 열린 학습 환경을 만들고 직접 학습자들과 함께 멘토링, 지도조언, 새로운 경험의 제공, 성찰적 대화에 적극 참여해야 한다. 성인교육자의 전문성과 교육적 경험을 통해 다양한 부분의 시민들이 함께 모여 학습도시의 철학과 실제를 논의, 적용, 연구하는 포럼을 주도적으로 만들 필요가 있다. 이때 학습 프로그램의 불공정한 분배 문제를 염두해 두어야 한다.

결국 학습도시는 중요한 사회적 & 경제적 이슈들(예를 들면, 환경보호, 빈곤 퇴치, 건강한 삶 증진, 개인개발, 사회 통합, 경제적 번영 등)을 해결하는 수단이다. 국내외에서 다양한 학습도시 사례를 통해 많은 성공과 성취도 있었지만 새로운 도전과 한계 역시 직면해 있다. Watson과 Wu(2015)는 시대정신에 비추어 학습도시의 이상과 현실적 실천의 간격에 대한 질문들은 끊임없이 제기되어야 한다고 했다. 즉 평생학습에 영향을 받는 학습도시의 철학은 이상적인 목표일 수 있고 현실에서의 실천은 또 다른 문제일 수 있기 때문이다. 또한 빠른 도시화, 도시로의 대량 이주, 환경문제, 인권, 계층 간 경제적 불평등, 지역사회 붕괴와 지역민으로서의 정체성 감소 등 학습도시의 실천에 고착된 문제들을 항상 고민해야 한다.

우리나라 학습도시의 도전과 개선점은 여러 연구를 통해 확인할 수 있다. 첫째, 각 지역의 특성 및 지역 주민의 요구를 반영한 특색 있는 사업을 전개하지 못한 채, 유사한 평생학습 프로그램들이 제공되고 있다. 둘째, 지역의 모든 관련 주체가 파트너십을 통하여 사업을 추진하여야 함에도 불구하고 교육청과 지자체 간의 협력 체제나 민·관 파트너십을 이끌어내지 못하고 있다. 셋째, 평생학습도시로 선정된 도시들이 선정 초기에 보였던 열기가 지속적으로 유지되지 않고 있다. 넷째, 주민학습을 통한 지역 발전이라는 목표에 맞는 구체적인 성과를 만들어내지 못하고 있다. 다섯째, '평생학습도시 조성사업'에 대한 결산이나 평가 기제가 미약하여 사업 효율성이 떨어지고 성과 전파가 미미하다(변종임 외, 2006: 178 재인용). 다시 말하면, 각 학습도시의 특성화가 불분명하다는 점과 관련 주체 간의 긴밀한 네트워크가 연결되어 있지 못하다는 점, 지속적인 질 관리가 되고 있지 못하다는 점, 지역경제발전에 가시적인 성과를 내고 있지 못하다는 점, 평가체제가 미흡하고 효과성이 비가시적이라는 점은 우리나라 학습도시가 안고 있는 도전이며 개선해야 할 사항들이다.

2 학습동아리

1) 성장배경

오늘날 사회는 학습이 일상화된 평생학습사회의 중요성과 함께 평생학습에 대한 국가와 국민의 인식수준이 높아지면서 중앙정부와 지자체의 지속가능한 발전 동력 확충 차원의 평생학습 활성화를 위해 다양한 노력이 진행되고 있다. '제3차 평생교육진흥 기본계획(2013 - 2017)'에서는 평생학습을 강화하기 위하여 지역기반 평생학습체제를 강조하고 있으며, 지역사회에 잠재된 인적 네트워크 구축 방안으로 학습동아리를 권장하였다. 그리고 '제4차 평생교육진흥 기본계획(2018 - 2023)'은 지역사회의 자발적 평생교육 실현을 위한 학습모임 육성 및 우수학습모임 성장 지원을 포함하였다.

학습동아리에 대한 관심은 중앙정부 차원에서 평생교육 관련 정책사업을 주도적으로 진행하면서 직면하게 된 어려움을 해결하기 위한 대안으로 본격화되었다. 2000년 이후부터 우리 정부는 국가 차원에서 국민을 위한 평생교육 진흥 정책을 수립 추진하였다. 즉, 정부의 평생교육 정책 방향은 '진흥'에 초점을 두었다. 진흥을 위한 다양한 정책들이 top down 방식으로 진행되다 보니 국민 개개인의 삶에 직접적으로 영향을 미치는 데 한계를 보였다. 우리나라의 경우 중앙정부 주도로 평생교육이 확장되면서 '학습자 주도적인, 학습자의 삶과 연계된, 자발적 학습을 통한 지역사회와 함께 하는' 평생학습의 비전을 제대로 달성하고 있는가에 대한 반성이 제기되었다.

'시민중심 네트워킹 학습사회의 구현과 지역공동체의 복원, 그리고 성인의 학습 주체화' 등 bottom up(상향식) 마을 기반 풀뿌리 평생학습을 위해 학습동아리가 제안되면서(국가평생교육진흥원, 2009), 현재는 정부와 지자체의 다양한 지원사업과 연계하여 학습동아리는 양적으로 많이 확대되었다. 평생학습도시에 등록된 학습동아리 규모를 통해 양적 확대를 가늠할 수 있다. 평생학습도시에 등록된 학습동아리의 수는 매년 지속적으로 증가하여 2003년에는 560개에 불과했지만 2009년에는 3,341개로 늘어났고(국가평생교육진흥원, 2009), 2013년에 학습동아리는 전국적으로 7,449개이며, 132,596명이 참여하고 있다(국가평생교육진흥원, 2014).

2) 학습동아리의 개념

학습동아리를 간단하게 정의한다면 '학습하는 사람들의 모임'으로 볼 수 있다. 그러나 학습동아리는 협의의 개념과 광의의 개념으로 구분할 수 있다. 첫째, 협의의 개념으로 학습동아리는 학습을 목적으로 하는 사람들의 모임이다. 즉, 구성원들이 공통의 주제를 학습하기 위해 자발적으로 조직하여 지속적으로 참여하는 소규모 자생 집단을 의미한다. 동호회, 토론회 등의 소모임과 같이 학습활동을 통한 개인의 성장이나 집단의 발전과 관계없이 친목과 상호교류를 포함한 소모임까지도 학습동아리로 볼 수 있다는 의견도 있다(한국교육개발원 평생교육센터, 2004). 그러나 학습동아리의 일차적 목적이 학습이기 때문에 단순히 친목이나 상호교류를 위한 모임을 학습동아리로 보기에는 무리가 있다.

학습동아리는 일정한 인원의 성인이 자발적으로 모임을 구성해 정해진 주제에 대한 학습과 토론을 위해서 정기적으로 활동하는 모임을 말한다(이지혜 외, 2001). 학습동아리 활동은 학습자들이 자신들이 속한 학습동아리의 학습목표, 학습내용, 학습방법, 그리고 학습평가에 이르기까지의 의사결정과 활동을 자율의 원리에 입각하여 수행해가는 특징이 있다. 이런 측면에서 학습동아리는 자기주도학습의 집단 형태라고 볼 수 있다(김한별, 김영옥, 2010).

둘째, 광의의 개념으로 학습동아리는 학습이 주요 목적은 아니지만 학습이 수반되어 자발적인 활동을 하는 집단을 의미한다. 즉, 주된 목적은 따로 있지만 학습을 통해 그 목적을 달성하며 학습의 과정과 학습된 결과를 통해 목적 달성을 위한 실천으로 이어지는 자생 집단을 뜻한다. 이지혜 외(2001)에 따르면, 학습동아리란 같은 지역사회에 살고 있는 사람들이 함께 부딪히는 문제에 대한 공동의 해결방안을 찾거나 생각해 보는 토의가 중심이 되며, 일정한 규칙에 따른 지속성을 원칙으로 하는 소모임이다. 결국 이 정의에 따르면 학습이 주된 목적은 아니지만 해결 방안을 찾고 생각해보고 토의하는 등의 학습을 수반하고 있다.

학습이 수반되는 자생 집단의 역사는 오랜 전통을 갖고 있다. 예를 들면, 농민의 자발적인 활동 집단인 두레에서부터 이후 농민계몽운동 모임, 야학집단, 대학생들의 사회 문제를 학습하기 위한 모임 등을 들 수 있다(이재숙, 이정희, 2015). 우리나라의 경우 민주화 이전 학생운동 그리고 민주화 이후 사회운동 등의 핵심이 이와 같은 자발적인 모임이었으며 학습이 수반되었다. 이후 1990년대에는 문화적·현실적이고 대중적인 생활 문제를 개선하고 해결하기 위한 활동으로 학습동아리가 변화되었다(이지혜 외, 2001). 즉, 1990년대 사회변화와 함께 민간단체 중심의 시민 & 생활영역에서 학습동아리 운동이 활성화되었다. 그러나 '함께'하는 집단 내에서 자연스럽게 수반되는 '학습' 자체에 중심을 가지고 평생학습에서 구체화되기 시작한 것은 1990년대 말 스웨덴의 학습동아리(Study circle) 운동이 한국에 소개되면서부터이다(박상옥, 2009).

학습동아리를 살아 있는 유기체에 비유할 수 있다. 즉, 학습동아리의 탄생에서부터 성장, 성숙 그리고 소멸과 함께 또 다른 학습동아리로 재탄생하는 과정들을 여러 사례 연구에서 확인해 볼 수 있다. 또한 주된 목적이 학습인 학습동아리가 성장하면서 지역사회 문제를 개선하고 해결하기 위해 지역사회 실천 운동에 참여할 수도 있다. 이때 주된 목적인 학습이 변했지만, 여전히 학습이 수반된 모임을 운영·발전시킨다. 학습동아리는 자율적으로 지역사회와 지역경제 개발에 참여하는 지역 주민의 자조(自助)조직으로써, 지역의 학습공동체 구축을 통한 평생학습참여를 촉진하는 데 주도적인 역할을 수행해왔다(이희수, 2012; 홍숙희, 2010). 학습동아리 활동은 구성원들이 함께 모여서 자료를 읽고 토론하며 실습하는 학습에만 국한되지 않고, 학습을 통해서 얻은 구성원들의 역량을 학습사회에서 활용하는 과정까지 포함한다. 따라서 평생학습 내에서 학습동아리는 지역의 문제와 이슈에 단절된 모습을 보이기는 어렵다. 따라서 협의와 광의의 개념을 합쳐 학습이 주된 목적이거나 지역사회 문제를 개선하고 해결하기 위해 학습이 수반된 자발적인 활동을 하는 집단을 학습동아리로 정의할 수 있다. 이와 같은 맥락에서 지역사회 문제를 개선하고 해결하기 위한 자생적 모임을 실천공동체(Community of Practice)라고 할 때 학습동아리를 실천학습동아리(Community of Practice and Learning)로 확대하는 것도 바람직한 접근이라 할 수 있다. 이와 같은 정의는 이지혜 외(2001)가 구분한 심화학습형, 전문탐구형, 문제해결형 학습동아리의 유형들을 모두 포함한다고 볼 수 있다.

3) 학습동아리의 운영원리

성공적인 학습동아리를 위한 주요 운영원리를 제안하면 다음과 같다. 첫째, 학습동아리는 학습자 중심이며 학습자의 자발성과 적극성 그리고 주도성에 기초한다. 학습동아리를 평생교육 학계와 실천영역에서 관심을 갖는 이유는 학습동아리를 통해 학습자의 주체적 참여를 촉진함으로써 결국 평생학습의 평등성 및 평생학습기회 확대에 기여했기 때문이다(한숭희, 2001). 학습동아리는 공통의 관심주제를 공유한 참여자들이 자발적으로 모여 학습활동을 전개하며 동아리 구성원들이 주도적으로 진행한다. 예를 들면, 운영 규칙, 계획 등은 참여자들에 의해 자유롭게 결정되며 자율적이며 모든 의사결정은 구성원 모두 평등에 입각한 대화를 바탕으로 한다(권인탁, 2009). 학습동아리 구성원의 적극적 참여는 학습자들에게 의미 있는 학습경험이 제공될 때 더욱 효과적이다(홍숙희, 2001). 특히 학습동아리 활동이 지역사회 봉사와 연계될 때 학습자의 자발성과 적극성은 더욱 높아진다(조대연, 김준희, 이윤수, 2020).

둘째, 학습동아리는 살아있는 유기체이다. 학습동아리를 생명이 있는 유기체로 인식해야 한다. 특히 학습동아리 리더와 지원 단체는 학습동아리의 탄생에서 성장 및 성숙 그리고 또 다른 재탄생을 위해 노력해야 한다. 이를 위해 생명력 있는 유기체인 학습동아리를 잘 자랄 수 있도록 보살펴야 한다. 학습동아리의 성장은 크게 두 가지 차원에서 논의할 수 있다. 먼저 학습을 주된 목적으로 탄생한 학습동아리의 경우 성장과정을 통해 학습뿐만 아니라 봉사로 이어져 지역사회 발전에 기여토록 해야 한다(홍숙희, 2001). 학습동아리는 목적에 따라 지역사회의 발전에 기여하는 지역공동체 학습동아리와 동아리의 자체 성장 등 다른 목적을 갖는 일반적인 학습동아리로 구분할 수 있다(송정환, 2011). 일반적 학습동아리가 지역공동체 학습동아리로 변화하는 모습 역시 성장이고 발전이지만, 원래 목적이 성취되었을 때 새로운 목적을 설정하고 재탄생하여 지속가능한 학습동아리로 유지·성숙하게 하는 것 역시 성장의 또 다른 모습이라 할 수 있다. 송정환(2011)에 따르면 학습동아리 태동기에는 목적성과 자발성이 주로 나타났으며, 성장기에는 친밀성과 연대성, 성숙기에는 지역성과 실천성이 나타난다고 하였다. 쇠퇴기는 목적성과 자발성 및 친밀성을 통해 극복할 수 있으며 이를 위해 동아리의 문제점을 파악하고 보완하면서 다시 성장기로 진입해야 한다고 강조하였다. 따라서 학습동아리 성장 단계에 따른 맞춤형 컨설팅 지원과 리더 및 구성원을 위한 교육이 제공되어야 한다(조대연, 김준희, 이윤수, 2020).

셋째, 학습동아리 리더로서 역량은 학습동아리의 성패를 결정짓는다. 시민 평생학습의 파트너로서 학습동아리 리더의 육성 및 지원은 매우 중요하다(조대연, 김준희, 이윤수, 2020). 학습동아리가 생성되고 운영되는 데 있어 구성원의 자발성과 함께 운영의 민주성에 기초한 리더의 역량에 따라 학습동아리의 성패가 결정된다. 이재숙과 이정희(2015)는 자생적 학습동아리의 리더 역량을 탐색한 결과 성격적 특성으로 존중감, 우호성, 성실성, 자발성, 적극성의 5개 역량과 행동특성으로 대인관계, 조직관리, 사회관계, 학습지향의 4개 역량을 도출하였다. 특히 그들의 연구에서 대인관계와 사회관계의 차별성을 다음과 같이 설명하였다: 리더의 대인관계역량은 리더와 구성원 간의 관계에서 배려, 나눔, 협력, 유머를 중시하며 실천하는 것을 말하고 사회관계는 리더의 사회적 영향력을 행사하는 것을 의미하며 다른 동아리들과 기관 간의 네트워크나 개인적인 사회에 대한 관심을 말한다. 또한 노경란과 허선주(2012)는 리더로서의 역할 인식 수준과 학습주제에 대한 리더의 경험수준에 의해 학습주도형, 학습지지형, 동반학습형, 그리고 학습지원형의 네 가지 유형으로 학습동아리를 구분하였고, 특히 여성리더의 활동 특성을 제시하였다. 학습동아리 리더로서 성공적 역할 수행과 리더십, 그리고 헌신을 위한 마인드 셋은 학습동아리 리더 양성과 지속적인 교육을 통해 확립되어야 한다.

넷째, 학습동아리는 구성원 간 역동적이고 유의미한 학습 상호작용이 필수적이다. 구성원 간 상호작용은 자신의 학습경험, 지식과 정보, 가치와 신념을 타인과 공유하고 지역사회의 문제해결을 위한 실천을 통해 역동적으로 일어난다. 그러나 학습동아리 구성원 개개인의 학습기회, 지식공유, 학습성과 등은 차이가 존재할 수 있다. 이는 구성원의 개인특성에 대한 차이뿐만 아니라 구성원 간 사회적 연결 또는 이와 연관된 심리적 구조에서도 기인한다(현영섭, 조대연, 2009). 구성원 간의 관계가 일부 구성원에게 집중되는 중심화 정도, 전체 구성원 간 상호관계의 정도인 관계밀도, 사회적 자본의 수준 등 사회적 연결망은 학습관련 성과에 차이를 발생하게 한다. 학습동아리 내 지식공유는 지식을 갖고 있는 개별 구성원뿐만 아니라 지식의 분배, 권력의 소유, 긴장과 갈등 등 정치적 역학관계도 함께 고려해야 한다.

현영섭과 조대연(2009)은 학습동아리의 사회적 연결망이 동아리 구성원 간 지식공유에 있어 항상 긍정적인 효과만을 나타내지는 않음을 전제로 하여 연구를 수행하였다. 예를 들면, 학습동아리 초반에는 동아리를 이끌 강력한 리더십이 필요하며 이를 위해 사회적 연결망의 집중화가 성공적일 수 있으나 학습동아리가 발전하면서 집중화는 한계를 보이고 구성원 간 관계 밀도가 증가하며 지식의 독점현상은 감소할 것이다. 그들의 연구에서 학습동아리 내의 구성원 간 관계밀도는 지식공유와 정적 관계를 갖는 반면 집중화는 지식공유와 비선형적 관계인 역U자 형태를 보였다. 즉, 집중화가 강화될수록 지식공유는 증가하다가 어느 시점부터 감소하는 것으로 확인되었다. 결국 학습동아리 내 구성원간 지식공유를 활성화하기 위해 기본적으로 관계밀도(예, 구성원 전체의 상호작용, 만남, 네트워크 활성화를 통해)가 강화되어야 하지만 이 관계가 어느 개인에 치우치는 것은 바람직하지 않다.

이 외에도 학습동아리의 효과적인 운영을 위해서는 구성원에 대한 교육, 리너를 위한 지원 등 인적지원이 필요하고 경비나 장소 등과 같은 재정적·물리적 지원이 이루어져야 하며 학습동아리와 지역사회와의 지속적인 연계를 위한 관리적 지원이 필요하다(김한별, 2010; 이재숙, 이정희, 2015).

3 사회적 자본

1) 사회적 자본의 개념 및 수준의 확장

오늘날 국가의 지속가능한 성장과 발전을 위해서는 물적 자본 및 인적 자본과 더불어 지식과 정보의 창출과 활용, 사회적 네트워크 등에 기초한 사회적 자본의 중요성이 강조되고 있다. 많은 사회학자, 정치학자, 경제학자 그리고 조직이론가들은 자신들 고유의 영역에서 직면한 광범위한 문제들에 대한 해답을 구하기 위해 사회적 자본의 개념을 도입하였다(Adler & Kwon, 2002). 또한 성인교육 분야에서도 사회적 자본의 개념과 역할은 조직과 지역사회에서 이루어지고 있는 다양한 학습활동에 흥미 있는 주제가 되고 있다. 사회적 자본의 개념 역시 연구영역에 따라서 다양하다. 많은 연구자들(예를 들면, 김남선, 2004; 박혜영, 김정주, 2012; Putnam, 1995)은 사회적 자본이 지역사회나 공동체 형성 및 발전에 기여할 수 있다고 믿는다.

먼저 국외의 대표적인 연구자들이 어떻게 사회적 자본을 정의하고 있는지 살펴보자. 특히 아래 소개할 3명의 학자인 Bourdieu, Coleman, Putman은 사회적 자본의 개념적 틀을 발전시킨 대표적인 연구자들이다(Van der Gaag, & Snijders, 2005). 사회적 자본을 처음으로 이론화한 Bourdieu(1986)는 사회적 자본이란 지속적 네트워크의 소유 정도와 관련지어진 실제적 혹은 잠재적 자원의 결합체로서 여기서 지속적 네트워크는 상호 친밀성 혹은 인식의 관계를 어느 정도 제도화한 형태를 의미하는 것으로 규정하였다. 이와 같은 정의는 사회적 자본을 명확하게 개인적 차원으로 귀착시킨다. 따라서 사회적 자본은 사유재의 성격을 갖는다.

Coleman(1988)은 물적 자본 및 인적 자본과 구별되는 사회적 자본의 속성을 제시하였다. 기계, 생산 설비 등의 물적 자본과 개인의 기술과 지식 등의 인적 자본은 개인의 속성 혹은 능력을 의미하는 데 반해, 사회적 자본은 개인들 간의 사회적 관계 또는 구조에 의해 발전된 사회적 관계망이라고 보았다. 사회적 관계망을 통한 거래비용 감소, 정보의 교류, 규범 강화 등의 결과는 다시 경제적 목적을 달성할 수 있게 한다. 그러나 Coleman은 보수적이고 기능주의적 시각에서 사회적 자본의 공공재 성격을 강조하였다(구혜정, 2002).

한편 Putnam(1993)은 이탈리아의 20개 지방정부를 대상으로 한 연구에서 신뢰를 바탕으로 한 시민 문화 및 공동체 의식의 발달 정도와 경제 발전 사이에 높은 상관성이 있음을 제시하였다. 지역사회의 생산성에 영향을 미치는 사람들 간의 수평적 결합체로서 시민참여 네트워크의 형태를 취하는 사회적 자본은 서로의 이익을 위해 조정과 상호 협력을 촉진시키는 네트워크, 규범, 상호 신뢰 등과 같은 사회적 조직체의 특성을 의미한다고 하였다. 그는 위 두 연구자가 강조한 네트워크를 넘어 규범과 신뢰로 확대하였다(김현진, 2016). Putnam은 사회적 자본의 분석단위를 지역으로 확대하면서 집단적 자산으로의 사회적 자본의 최종 결과는 '서로의 이익'이며 경제적 자본을 획득하가 위한 사회적 자본, 즉 명확한 공공재의 성격을 강조하였다(구혜정, 2002).

그 외에도 Wookcock와 Narayan(2000)은 사회적 자본을 사람들이 집합적으로 행동할 수 있는 규범과 네트워크로 정의하면서 그 특징을 다음과 같이 언급하였다: 첫째, 사회적 자본의 결과보다는 근원(sources)에 초점을 둔다; 둘째, 결속형과 연결형 등 다양한 차원의 통합된 사회적 자본을 상정하면서 지역사회의 접근 가능성을 강조한다; 셋째, 이 정의의 기본 단위가 개인 또는 국가보다는 지역사회나 이들 세 단위의 관계성을 고려할 수 있다. OECD(2000)는 사회적 자본에 관한 많은 학자들의 개념 정의에 근거하여 집단 내 혹은 집단 간의 상호협력을 촉진하는 네트워크, 규범, 가치, 이해로 사회적 자본을 정의하였다. 또한 OECD(2001)에 따르면, 사회적 자본은 문화화 행동 규범의 산물이며 특정 개인의 배타적인 자산이라기보다는 사람들 간의 관계와 관련이 있고, 집단에 의해 공유된다는 점에서 공공재적 성격을 지닌다고 하였다. Imel과 Stein(2003)은 사회적 자본이란 한 공동체가 공동의 이익을 위해 사용할 수 있는 또는 그 공동체에 내재되어 있는 지식과 네트워킹 자원이라고 정의하였다.

국내 연구들을 살펴보자. 김남선(2004)은 사회적 자본이란 인간관계 속에서 상호 의사소통, 신뢰와 리더십 등을 통해 나타나는 사회적인 비가시적 에너지이며 사회를 발전시키는 원동력이라고 정의하였다. 또한 이명주(2000)는 사회적 자본이란 사회단체나 조직과 개개인의 관계에 있어서 신뢰정도, 의사소통 채널, 사회규범, 기대치 등 무형의 추상적 가치라고 정의하였다. 구혜정(2003)은 사회적 자본이란 참여의 네트워크, 포괄적 호혜성의 규범, 그리고 구성원 간 사회적 신뢰를 바탕으로 협력적 행위를 촉진시켜 집합체의 사회적 효율성을 향상시킬 수 있는 관계적 개념임을 강조하였다. 이처럼 우리나라에서 사회적 자본은 주로 지역사회와 조직 등 공동체 단위에서 논의되어졌다. 즉, 사회적 자본이 공동체의 자원이며 이는 각 개인의 목적 달성보다 공동체의 목적 달성에 기여하는 공공재의 성격으로 보았다.

사회적 자본을 구성하는 주요 구성요소를 살펴보면 다음과 같다. 사회적 자본은 상호 이익을 위한 조정과 협조를 촉진할 수 있는 네트워크, 규범, 및 신뢰와 같은 사회조직(social organization)의 특징들과 관련이 있으며(Falk & Harrison, 1998), Putnam(1995)은 이 세 가지 특징들 중 신뢰를 사회적 자본의 가장 중요한 요소로 보았고, 사회발전을 위한 사회적 자본의 역할을 강조하였다. Fukuyama(1999)도 사회적 자본이란 협력할 수 있는 집단구성원들 사이에 공유된 무형의 가치 또는 규범이라고 정의하였고, Putnam과 마찬가지로 사회적 자본을 위하여 상호간 믿음의 중요성과 그 역할을 강조하였다. Kilpatrick 등(1999)은 네트워크, 몰입, 그리고 공유된 가치를 사회적 자본의 구성요소로 언급하였다. 한편 Putnam의 세 가지 구성요소가 국내 연구에서 많이 활용됨에도 불구하고 일부에서는 세 가지 구성요소가 개념적 차원의 이론적 틀을 제공해 줄 뿐 실증적인 연구결과를 제시하지 못하고 있다는 비판도 있다 (예, Skocpol & Fiorina, 1999).

일반적으로 사회적 자본은 네트워크, 공유된 가치, 그리고 구성원들 간의 상호 믿음을 구성요소로 하며 특히 네트워크를 통한 구성원들의 상호작용을 통해 달성될 수 있다(Falk, 2001; Putnam, 1995). 즉, 기존 네트워크 또는 새로운 네트워크 건설이 사회적 자본 형성에 크게 영향을 미친다(Falk et al. 2000). Imel과 Stein(2003)에 따르면, 네트워크의 질은 상호작용을 통한 공유된 이슈들과 함께 구성원 간 참여의 정도에 달려 있다. 또한 Niemela(2003: 38)의 주장처럼, 사회적 자본의 한 핵심 아이디어는 공동의 목표를 위해 함께 일할 수 있는 능력이다. 선행연구들을 종합해 볼 때 사회적 자본이 '규범, 신뢰, 네트워크를 통해 조정과 상호 협력을 촉진시켜 자원의 획득을 지원하는 집합체의 원동력 또는 힘'으로 개념화할 수 있다.

사회적 자본의 이러한 요소들은 학습활동과 매우 밀접한 관련이 있다. Kilpatrick 등(1999)은 사회적 자본의 구성요소들이 '학습상호작용(learning interaction)의 질'에 기여한다고 하였다. 예를 들면, 개인과 개인, 개인과 집단, 또는 집단과 집단 간의 네트워크 형성과정을 통해 사회적 자본이 생성되고 확산된다. 사회학습 또는 상황학습이론에 따르면, 개인들 또는 집단들이 공통의 목표를 위하여 상호작용할 때 학습이 이루어진다(Falk, 2001; Niemela, 2003). 따라서 조직 내 구성원들 간의 상호작용을 통한 학습은 사회적 자본의 발달을 촉진시킬 수 있다. Cho 와 Imel(2003)은 조직 및 지역사회 내에서 사회적 자본의 다양한 역할을 다음과 같은 세 가지 측면에서 정리하였다: 첫째, 학습에 대한 결과 물로써 사회적 자본; 둘째, 학습을 위한 수단 및 자원으로써 사회적 자본; 셋째, 지역사회 또는 조직의 목적 달성과 변화를 위한 전략으로써 사회적 자본.

조대연과 김재현(2007)은 World Bank의 사회적 자본 측정과 관련된 연구보고서들을 분석한 결과 대체로 다음과 같은 특징을 갖는다고 하였다: 첫째, 관계성, 네트워크, 규범, 신뢰를 통해 다양한 수준의 집합체가 공유된 공동목표를 달성하고자 집합적 행동을 실천할 수 있는 파워라는 정의는 공통적으로 포함하고 있다. 둘째, 공통적인 부분과 함께 각 연구보고서마다 독특한 영역 또는 개념들을 포함하고 있다. 셋째, 집합체는 일반적으로 개인과 개인, 가정, 단체, 지역사회, 그리고 국가수준에 있어 다양성을 보였다. 예를 들면, Knack(2000)은 국가와 같은 큰 수준에서 집합적 행동이 요구될 때 협력을 요청하는 강력한 시민 규준과 일반적인 신뢰의 형태 안에서 사회적 자본의 중요성을 강조하였다. Grootaert(2001)는 사회적 자본을 미시, 중시, 그리고 거시의 수준에서 개념화하면서 거시 단계에서 사회적 자본은 정부, 법의 역할, 사회와 정치적 자유와 같은 공공제도를 포함하였다. 이처럼 사회적 자본의 역할은 점점 개인과 개인의 상호작용적 관계에서 국가 차원으로 확대되고 있다.

2) 사회적 자본과 지역사회의 역량 관계

Chibber(2002)에 따르면 국가역량을 신장시키기 위해서 가장 중요한 것은 국가 내부의 응집력(internal cohesiveness)이다. 이는 국가뿐만 아니라 지역사회나 조직 차원에서도 마찬가지이다. 지역사회 내부 응집력은 개인, 기관 및 조직 등 지역사회 내 구성원 간의 긴밀한 네트워크 위에서 실현될 수 있다. 또한 지역 발전에 있어 사회적 관계의 중요성은 매우 크다(Wookcock & Narayan, 2000). 이는 사회적 자본과 지역사회 역량의 관계를 가늠해 볼 수 있는 대목이다.

사회적 자본에 대한 국제기구의 보고서들은 발전 패러다임에서 사회적 자본의 역할을 강조하고 있다. 예를 들면, Grootaert(2001)는 사회적 자본과 국가성장 사이에 높은 상관이 존재하며 사회적 자본 형성은 빈곤 타파와 친환경적 개발 및 균등한 성장에 이바지함으로써 지역사회의 발전 및 시민의 복지 증진에 기여한다는 것이다. 또한 World Bank(2002)의 연구에서는 사회적 자본의 영향력으로 집합적 행동 역량과 공공서비스 제공의 긍정적인 변화를 이끌 수 있음을 밝혔다.

Knack(2000)의 연구에서 호혜성의 신뢰가 높을수록 시민은 공적 책무성에 대한 강한 의식을 가지며 정부는 더 높은 성과를 보이고 이때 사회적 자본은 정부의 성과(government performance)를 다음과 같은 세 가지 방향에서 향상시킬 수 있다. 첫째, 사회적 자본은 정부의 책무성을 증대시키며, 정부가 보다 폭넓게 시민에게 반응하도록 만든다. 둘째, 정치적 이해관계가 분열될 때 사회적 자본은 합의를 이끈다. 셋째, 정책입안자들이 새로운 도전에 직면할 때 사회적 자본은 큰 혁신(innovation)을 진행할 수 있게 하는 동력이다. 특히 Knack(2000)의 연구는 다른 유사 연구들과 달리 미국이라는 발전된 나라에서도 정부 성과에 대한 사회적 자본의 영향력이 검증되었다는 점이다. 이남철(2007)은 사회적 자본이 사회 구성원들로 하여금 취업기회 제공, 생산성 향상, 정보공유 및 활용 등 경제적 효용과 공적 가치 및 지속가능한 발전을 위한 잠재력을 서로 연계시켜주는 촉매역할을 하기 때문에 사회적 자본은 매우 다양한 분야에서 경제적 성과를 연결시킬 수 있으며 광범위한 분야의 산출물을 더 많이 포함시킨다고 강조하였다.

결과적으로 사회적 자본은 전체적으로 조직, 지역사회 그리고 국가의 자산이다. 많은 경험적 연구들을 통해 사회적 자본은 지식과 정보가 공유되고 지속가능한 발전을 유지할 수 있어 사회적 비용을 절감하는 효과가 있는 등 개인적 이익뿐만 아니라 경제적, 사회적으로 긍정적인 효과가 있다(이남철, 2007; Woolcock & Narayan, 2000). 또한 정부는 지역 간 그리고 계층 간 사회적 자본의 균등한 분배와 창출을 통해 정부가 의도한 결과를 효율적으로 현실화시킬 수 있도록 실행능력을 향상시켜야 한다.

Chapter 12

일터학습[8]

지난 수년간 일터 현장에서 social learning과 informal learning이 강조되었고 동시에 스마트 디바이스와 같은 기술혁명과 연계되어 일터학습(Workplace Learning)이 강조되고 있다. 집합교육(off-the-job training) 중심의 집단 전달 및 학습체제에 대한 유용성 인정에도 불구하고 그 한계가 분명이 존재한다는 인식하에 평생학습이 일터에서도 함께 작동해야 한다는 주장이 설득력을 얻게 되었다. 물론 전통적으로 OJT, S-OJT 또는 멘토링 등 일터에서 진행하는 인적자원개발 프로그램이 오랫동안 존재해 왔지만 전통적으로 1:1 프로세스로시의 한세로 인해 파급효과가 미약한 것이 사실이다. 이들 프로그램들은 일터에서 진행되는 특정한 또는 일시적인 프로그램으로 그 한계를 지닌 것도 사실이다.

일터에서 HRD 담당자라면 매우 익숙한 '70-20-10 법칙'은 일터학습의 중요성을 가장 잘 표현하는 용어이다. 즉, 인재육성 또는 학습의 70%는 일터에서 발생하며 20%는 구성원들과의 사회적 상호작용 등에 의해서 발생한다. 그리고 나머지 10%는 공식적인 교육훈련을 통해 발생함을 강조하는 법칙이다. 역사적으로 볼 때 1990년대 이래로 일터학

---

8) 조대연, 유주영(2016). 일터학습의 개관. 배을규 편저, Workplace Learning. 한국인력개발학회 HRD학술총서 1의 내용을 수정 보완함.

습은 평생교육 차원에서 학습이 발생하는 하나의 장소가 되었다. 특히 2004년 ASTD(American Society for Training & Development)는 HRD 담당자의 업무영역이 점차 확대되고 있는 시점에서 보다 현장에 초점을 두면서 동시에 HRD보다 더 적절한 용어로 WLP(Workplace Learning & Performance)를 제안함에 따라 전 세계적으로 학계와 현장에서 일터 학습을 대중화시키는 데 기여했다.

그럼에도 불구하고 현재 일터학습에 대한 많은 논쟁거리 역시 학계 와 현장에서 존재하는 것이 사실이다. 예를 들면, 일터학습의 개념에서 도 아직까지 합의되는 정의를 찾기는 쉽지 않을 뿐만 아니라 더욱 넓은 범주까지를 포함하므로 그 시도 자체가 어렵다고 볼 수 있다. 다른 예로 는 일터학습이 구체적인 하나의 교육 또는 학습 프로그램인지 아니면 프로그램들의 묶음인지도 명확하지 않다. 따라서 본 장에서는 국내외 선행연구들을 분석하여 일터학습의 역사와 정의, 대표적인 이론들과 관 련된 솔루션들을 소개하고 향후 일터학습의 이론적 & 실천적 함의점을 제안하고자 한다.

1 Workplace Learning의 역사와 정의

일터학습이 본격적으로 조명 받은 것은 90년대 들어서이며 오늘까 지도 현장과 학계의 관심 있는 주제 중 하나이다. 그러나 일부에서는 90년대 이후 재조명 받은 것이지 새롭게 등장한 것은 아니라고 주장한 다(Poell, 2014). 산업혁명 이후 대량생산체제를 갖춘 큰 조직들이 생겨 나면서 오늘까지 학습과 교육훈련(Training & Development: T&D)이 분리되어 왔으나 원래 도제교육처럼 그 이전에는 학습과 훈련을 일터에 서 따로 떼어 생각할 수 없었다.

지식의 팽창과 기술의 변화 및 글로벌화 등으로 급격하게 변화하는 환경이 업무현장에 영향을 미치는 지식사회로의 전환이 일어남에 따라,

기업에서는 구성원들의 지속적인 직무능력향상이 조직 내에서 중요한 관심사로 자리 잡게 되었다(정영순, 2005). 실제로 기업을 중심으로 한 많은 조직에서 경쟁력 확보를 위해서 구성원의 학습이 중요하다는 사실을 깨닫게 되었고 성과증진과 구성원 직무능력 제고의 일환으로 구성원들이 다양한 학습활동을 촉진할 수 있는 일터학습에 주목하고 있다.

일터학습이란 일반적으로 일터에서 이루어지는 학습을 포괄하는 의미로 사용한다. 일터를 학습 환경으로 바라보아야 한다는 관점은 1990년대 초 업무활동과 학습을 유기적 관점에서 바라보는 일터학습에 대한 연구에서부터 시작했다고 볼 수 있다(Fenwick, 2003). HRD의 한 패러다임인 학습패러다임의 근원은 성인학습에 관심을 갖는 학자들에 의해 주로 발전되었다. 즉, 성인교육의 많은 연구자들 중 일부가 일터에서 구성원의 학습(adult learning in the workplace)에 관심을 갖고 연구하면서 성인학습의 주요 연구 이슈들인 무형식학습, 우연적 학습(incidental learning), 소셜러닝, 자기주도학습 등을 일터에 제안하여 왔다. AHRD(Academy of Human Resource Development) 국제학술대회에 참석해 보면 참가자 중 일부는 성인교육학회(Adult Education Research Conference: AERC)나 성인계속교육협회(American Association for Adult & Continuing Education)에서 활동하는 성인교육전문가들이다. 결국 직장에서 일터학습의 뿌리는 성인교육 또는 성인학습, 특히 일터 또는 일터 구성원의 성인학습에서 찾을 수 있다.

일터학습의 가장 고전적인 관점은 기존의 학습이론과 마찬가지로 행동주의적 관점이다(Hager, 2011). 학습을 관찰 가능한 것으로 학습의 결과를 측정 가능한 것으로 간주하는 행동주의는 일－학습의 관계에 있어서도 구성원들이 자신의 업무를 효과적으로 수행할 수 있는 것에 중점을 둔다. 자극－강화를 이용한 훈련 기법들의 개발과 적용, 그리고 직무분석과 수행에 대한 관찰과 분석이 이에 속한다. 그러나 행동주의적 관점은 많은 강점에도 불구하고 인지적 능력, 상황, 성찰, 이해 등과 같은 부분으로 확대하지 못하였다는 한계를 가지고 있다.

또한 성인학습과 학습에 대한 행동주의 관점은 기본적으로 개인에 초점을 둔다. 예를 들어, 성인교육의 기본적인 분석단위는 개인과 지역 사회이다. 즉, 성인학습에 기반을 둔 경우 일터학습의 주요 관심은 구성원 개인일 수밖에 없다. 이후 일터에서 발생하는 학습은 팀 단위와 조직 단위로 확대되어 팀학습, 조직학습, 학습조직 등이 연구되어졌다.

Argyris와 Schön(1974, 1978)은 조직심리학적 관점을 기반으로 하여 일터에서 학습을 환경에의 적응과 성찰에 기초한 변화와 발전으로 확장하여 단일고리학습(single loop learning)과 이중고리학습(double loop learning)으로 구분하여 논의하였다. 단일고리학습은 기존 조직이 갖고 있는 경험이나 지식에 의해 문제상황이 해결됨으로써 조직의 경험이나 지식이 새롭게 확장되지는 않지만 기존 것에서 확장됨을 강조한다. 반면 이중고리학습은 새로운 문제상황이 기존 조직이 갖고 있는 경험이나 지식에 의해 해결되지 않을 때 새롭게 학습하게 되고 새로운 지식이 생성 · 공유됨을 의미한다.

또한 Marsick과 Watkins(1990)의 우연적 상황에서의 학습을 강조한 일터학습 개념 역시 역사적으로 볼 때 큰 기여를 한 이론이다. 학습의 심리학적 특성에 기반하여 경험과 성찰을 중심으로 개인 학습이 이루어지는 일터와 조직 맥락을 강조하였다. Watkins과 Marsick(1992)은 일터학습의 유형을 형식학습, 무형식학습, 우연적 학습으로 구분하는데 형식학습은 계획된 학습, 무형식학습은 구조화되지 않은 학습, 우연적 학습은 의도하지 않은 부산물로 정의하였다. Elkjaer와 Wahlgren(2006)은 일터에서는 무형식적이고 우연적인 학습 기회를 제공할 뿐 아니라 이러한 학습의 형식적인 교수(teaching)와 안내 활동으로 결합될 필요가 있음을 강조하면서 일터학습을 형식학습, 무형식학습, 우연적 학습으로 구분하였다. 배을규(2007)는 다양한 일터학습의 이론적 배경과 유형 가운데 일터환경과 맥락에서 일상적인 일과 관련된 활동과 일터의 다양한 교육자원의 영향을 받는, 즉 개인과 일터 환경의 사회적 상호작용 맥락을 강조한 무형식 학습활동을 일터학습의 핵심 요인으로 강조하였다.

종합하면 일터학습의 역사는 성인교육 또는 성인학습 영역에서 일터 또는 조직에 관심을 갖는 학자와 실천가들로부터 시작하여 일터에서 개인/성인의 학습 촉진을 위한 학습이론과 전략에 초점을 두었다. 이후 학습의 단위가 팀과 집단 그리고 조직으로 확대되면서 일터학습의 주체가 확대되었다. 일터학습이론은 개인학습에서 사회학습으로, 개인과 개인, 개인과 일터환경과의 사회적 상호작용의 종합적이고 체계적 분석을 강조하는 방향으로 전개되었다(배을규, 2007). 그리고 오늘날 스마트 디바이스의 혁명으로 다양한 단위, 다양한 학습형태가 더욱 촉진됨에 따라 일터학습은 제2의 전성기를 맞이하고 있다고 볼 수 있다.

일터학습에 대한 개념들은 학자에 따라 다양하지만 공통적으로 일터 구성원의 주요 학습 원천은 그들이 업무 중에 수행하고 있는 일과 관련된 활동 및 일터 환경과의 상호작용임을 알 수 있다. 예를 들면, Sambrook(2005)은 일터학습을 learning at work와 learning in work로 구분하면서 learning at work는 일터학습이 발생하는 환경으로서 'work'를 강조하였다. 따라서 일터에서 이루어지는 보다 형식적인 교육훈련(예를 들면, 입문교육, 건강과 안전의무교육, 대학이 제공하는 프로그램이지만 장소가 일터인 경우 등)을 learning at work으로 보았다. 반면 learning in work은 업무수행에 내재되어 있는 무형식 학습활동을 의미한다.

일터학습은 다양한 용어로 불리고 있으며, 연구자에 따라 그 개념과 범주가 다르게 분류되고 있으며 하나의 개념으로 정의하기에는 어려움이 있다(Jacobs & Park, 2009). 여기서는 일터학습에 대한 정의를 일과 일터(workplace)에 대한 접근 방법에 따라 크게 두 가지 관점으로 구분하고자 한다. 첫째, 학습이 일어나는 장소에 초점을 두는 관점과 둘째 일과 관련된 학습에 초점을 두는 관점이 그것이다.

1) 첫 번째 관점: Learning in the Workplace

일터란 본질적으로 사회적 상호작용이 일어나는 곳이며, 일터에서 학습이란 일의 과정, 일을 수행하는 사람들과의 관계에서 생길 수 있는 자연스럽고 자율적인 프로세스이다. 많은 일터는 구성원들이 직무수행을 잘 할 수 있도록, 성과향상을 위하여, 좋은 팀 구성원이 될 수 있도록, 개인개발과 경력관련 니즈를 충족하기 위해 도움이 될 수 있는 환경을 제공한다. Boud와 Garrick(1999)은 일터학습을 구성원의 직무수행을 위해 필요한 현재 또는 미래 역량을 습득하기 위해서 일터에서 이루어지는 학습으로 정의했다. 또한 Rothwell, Sanders와 Soper(1998)는 일터학습을 업무 환경에서 한정적으로 이루어지는 학습으로 정의하였다.

일터는 학습이 이루어지는 장소이며 학습을 촉진하는 환경이기도 하다. 직장인들이 경험하는 학습과 육성의 70%는 일터에서 발생한다. 이제 일터는 단순히 노동력을 제공하고 그에 따른 보상을 획득하는 장소 이상의 의미를 갖는다. 일터는 자기성장과 개발의 원천이며 무대이다. 즉, 일터는 또 하나의 교실이며 학교인 것이다. 따라서 성장과 개발의 기회가 주어지지 않은 일터에서는 자신의 일과 상사 그리고 조직에 대한 열의(engagement)가 낮을 것이고 성장과 개발의 기회가 지속적으로 주어지는 일터는 그 반대의 현상이 발생한다.

일터에서 구성원들은 일상적인 직무를 수행하는 동안, 새로운 과업을 수행하면서, 동료들과의 상호작용을 통해, 업무 프로세스에 대한 반성적 사고를 하면서, 지식이나 정보를 살펴보는 동안, 선배들을 모방하면서, 적절하게 업무절차를 변화시키기도 하면서, 외부교육에서 배운 것을 현업에 돌아와 적용시켜 보기도 하면서 학습이 이루어진다. 이와 같은 학습유형을 무형식 학습이라고 부른다. 결국 나를 중심으로 상사와 동료를 포함한 일터의 모든 환경 및 상황과 상호작용하면서 학습이 발생한다. 경우에 따라서는 비판적 반성 및 성찰 등 인지적 프로세스를 거치기도 하지만 우연히 자신도 모르는 사이에 몸과 마음으로도 학습이 발생한다. Choi(2009)는 일터학습을 조직의 일원으로서 조직의 가치와 감정에 대한 사회화 과정까지 확대하기도 하였다.

2) 두 번째 관점: Work related-Learning

앞에서 설명한 일터학습이 학습의 발생장소로서 일터를 강조하지만 일과 관련된 학습(work related-learning) 역시 앞에서 설명한 일터학습의 많은 부분을 교집합으로 공유할 수 있다. 예를 들면, 일과 관련된 학습에서 많은 부분은 주변 환경 및 사람들과의 관계, 업무수행과 관련한 비판적 반성 및 성찰 등에서 발생한다.

Billet(2002)은 일터학습을 구성원이 일터에서 직무를 수행하는 과정에서 동료나 상사의 도움을 통해 지식과 기술을 습득하는 것으로 정의하였다. 이와 같은 정의는 앞에서 설명한 learning in the workplace와 일치한다. 그러나 Billet(2002)은 일터에서의 경험은 업무수행에 필요한 학습에 영향을 줄 수 있어야 하므로 업무수행에 필요한 사항을 중심으로 구조화되어야 함을 강조하면서 일터학습을 형식학습, 구조화된 학습, 일터의 목표 지향적인 활동으로 분류하였다. 여기서 형식학습은 일터 내 또는 일터 밖에서 이루어지는 일 관련 학습기회를 의미한다고 볼 수 있다.

Sambrook(2005)은 일 관련 학습을 설명하는 데 있어서 외부에서 진행되는 형식적 교육훈련의 과정을 포함하였다. Poell(2005)은 세 가지로 일터학습의 개념을 정의하고 있는데, 공식적 상황(교육상황, 세미나 등)에서의 학습, 자기주도 상황에서의 학습, 일을 하면서 발생한 부산물로서의 우연학습(incidental learning)이 그것이다. 한편 Colley 등(2002)은 기존의 형식학습 및 무형식학습 범주 이외에 비형식학습(non-formal learning)을 추가하여 일터학습을 보다 광범위하게 개념화 하였다.

Clarke(2005)는 일터학습을 크게 직장 내 학습과 직장 외 학습으로 구분하면서, 형식적 직장 외 학습, 독자적인 직장 내 학습, 집단적인 직장 내 학습으로 일터학습을 정의하였다. Jacobs와 Park(2009)은 체계적이고 형식적인 교육훈련과 일터 내 구성원 간 상호작용 등을 통해 직무능력을 향상시킬 수 있는 다양한 학습활동으로 일터학습을 정의하였다. 그들은 일터학습의 유형을 크게 형식학습, 무형식학습, 그리고 형식학습과 무형식학습의 혼합 형태로 구분하면서 이를 다시 학습장소(일터 내/일터 외), 계획의 정도(체계성 정도), 훈련자 또는 지원/조력자의 역할 (수동적/능동적)에 따라서 다양한 형태의 일터학습이 존재할 수 있음을 강조하였다.

이상의 정의들은 일터학습의 발생장소를 일터 내로 한정하지 않는다. 다만 일터 밖에서 이루어지지만 일 관련된 학습이면 일터학습의 범주로 보았다. 박윤희(2012)는 일터학습의 일터라고 해서 단지 업무가 이루어지는 현장으로 제한하지 않고 업무 관련되는 한 '회사 집체훈련' 또는 집에서 수강하는 'e–Learning'과 같이 직장 외부에서 실시하는 교육훈련 또는 학습도 일터학습에 포함되어야 한다고 하였다. 따라서 일터학습은 일과 관련된 학습으로 볼 수 있다.

이상의 내용을 정리하면 일터학습이란 조직의 구성원들이 직무수행을 잘 할 수 있도록 일터에서 이루어지는 계획적인 형식훈련과 다양한 무형식 학습활동을 의미한다. 이때 일터란, 단지 업무가 일어나는 현장에 국한되지 않고 업무와 관련되어 교육, 훈련, 학습이 일어나는 장소를 포함한다. 또한 일터학습은 학습의 맥락을 강조하고 있지만, 일터학습이 개인적이고 무형식적인 학습만을 의미하는 것은 아니다. 결국 일터학습이란 개인, 팀, 조직이 일터에서 형식적, 비형식적 또는 우연적으로 이루어지는 자신과 주변 환경, 다른 사람과의 지속적인 상호작용 과정으로 정의할 수 있다. 결국 본 장은 일터학습이란 일 관련 일터 기반의 학습으로 정의하고자 한다.

2 Workplace Learning의 대표적 프로그램

최근 일터학습은 일터의 일상적인 업무활동이 다양한 맥락과 상황 속에서 발생한다는 점을 인정하면서 액션러닝, 코칭, 멘토링 등의 일터학습 프로그램들이 고안되었다(오미영, 2012). 일 관련 일터 기반 학습전략들을 소개하면 다음과 같다. 그러나 여기서 주의할 점은 일터학습의 많은 부분은 무형식적 학습을 통해 발생한다는 것이다. 아래 소개되는 것은 일터학습에서 formal 차원의 특성이 반영되면서 동시에 HRD 담당자들이 부분적으로 개입할 수 있는 학습전략들을 소개한 것이다.

1) OJT / S-OJT

일터에서 일어나는 대표적 일터학습 사례는 OJT(On-the-Job Training)이다. OJT는 직무경험이 풍부한 선배사원이 신입사원이나 전입사원을 대상으로 일터 현장에서 업무/직무관련 지식, 기술, 노하우 등을 전달하는 교육훈련 프로세스를 의미한다. OJT는 신규 조직 구성원의 조기전력화 및 사회화를 위해서 필요한 전략이지만 비계획적이고 비체계적이기 때문에 지도사원에 따라 전달되는 학습내용 및 그 결과가 달라질 수 있다. 즉, 학습목표가 불명확하고 학습내용이 부정확하며, 학습결과에 대한 일관성 확보가 어려운 단점들이 있다(권대봉, 조대연, 2019). 이러한 OJT의 단점을 극복하기 위해 S-OJT(Structured-OJT)가 제안되었으며, OJT 대비 S-OJT의 가장 큰 특징은 계획적이고 체계적인 과정을 거쳐 교육훈련이 준비, 진행, 평가된다는 점이다.

Jacobs(2003)은 S-OJT를 직무현장 또는 직무현장과 유사한 곳에서 경력사원이 신입사원을 교육함으로써 업무단위 역량을 개발하는 계획된 과정으로 정의했다. 또한 Cho(2009)는 Jacobs(2003)가 제안한 S-OJT 시스템에 기반하여 학습자뿐만 아니라 트레이너 역시 학습자와의 상호작용을 통한 학습의 과정에 참여할 수 있는 기회를 부여받는다고 하였다.

Jacobs(2003)는 S-OJT가 경험이 풍부한 지도사원에 의해 업무경험이 거의 없는 백지상태인 신입사원에게 교육시킬 내용을 전달하는 일방향적(one-way) 프로세스를 강조하였다. 반면 Cho(2009)는 신입사원도 충분한 입사 전 경험과 준비를 통해 백지라고 보기 어려우며 지도사원이 교육시킨 내용을 전달하는 과정을 상호작용적(two-way) 과정으로 보고 지도사원에게도 학습기회가 부여될 수 있는 측면을 강조하였다. 즉, OJT와 S-OJT 모두 일 관련 과업단위를 교육내용으로 삼고 있으며 일터에 기반한 학습기회를 제공하고 있기 때문에 일터학습의 전형적인 예라고 할 수 있다.

2) Coaching(코칭)

코칭은 임원코칭, 관리자코칭, 커리어코칭, 비즈니스코칭, 그룹코칭, 팀코칭, 라이프 코칭 등 대상과 코칭의 주제에 따라서 다양한 형태로 존재한다. 그러나 HRD에서 코칭은 일반적으로 외부전문코칭과 사내코칭으로 나눌 수 있다. 이 경우 코칭이 일 관련 HRD 전략일 수 있지만 일터 밖에서 발생할 수 있기 때문에 일터 기반으로 보기 어려운 경우도 있다. 그러나 일 관련 일터기반 코칭의 대표적인 예가 관리자 코칭이므로 이를 중심으로 설명하고자 한다.

전통적으로 코칭은 상호 목표를 달성할 수 있도록 코치가 코치이를 돕는 관계이며 과정으로 정의할 수 있다. 코칭은 스스로를 발전시키고 보다 더 유능해지기 위해 개인에게 필요한 지식, 도구 기회를 마련해 주는 프로세스이며(Peterson & Hicks, 1996), 직무상 문제 및 관심 이슈의 해결지원을 위한 HRD 프로그램이다(Feldman & Lankau, 2005; Jones, Rafferty, & Griffin, 2006). 또한 최근 관리자 코칭은 관리자에게 요구되는 리더십의 한 형태로까지 발전하였다. 이는 일터에서 부하직원 육성이 리더들에게 어느 때보다도 강조되고 있기 때문이다(장윤영, 이희수, 2015; 정태영 & 최운실, 2009).

　조대연과 박용호(2011)는 일상적인 일 관계 속에서 구성원이 성과향상을 위해 주도적으로 노력할 수 있도록 학습기회를 제공하고 직무관련 문제를 해결할 수 있도록 돕는 상사의 행동집합체로 관리자 코칭을 정의하였다. 관리자 코칭에서 핵심은 부하직원 또는 코치이에게 여백을 제공하는 것이다. 관리자가 부하직원의 일 관련 문제를 발견하거나 도움요청이 있을 때는 즉각적으로 해결책을 제시하지 말아야 한다. 코치이가 주도적으로 문제를 파악하고 해결할 수 있도록 지원하고 돕는 역할을 수행해야 한다.

　코칭 활동에는 코치, 코치이, 과제의 세 가지 요소가 포함되며(McLean, Yang, Kuo, Tolbert & Larkin, 2005), 코칭이란 코치와 코치이 상호 간 신뢰와 존중을 바탕으로 코치이 개인의 학습을 장려하고 문제해결을 위한 역량을 높여 성과향상에 기여하도록 상호 합의된 목표를 설정하여 지속적으로 협력해가는 상호작용적 프로세스이다(조대연, 김희영, 2009). 따라서 관리자 코칭은 크게 학습기회 제공을 통한 역량향상 지원기능과 문제해결 지원기능으로 구분할 수 있다. 여기서 중요한 것은 관리자가 역량향상을 시키고 문제를 해결하는 것이 아니 지원의 역할이다.

3) Mentoring(멘토링)

　멘토링은 주로 조직에 새로 들어온 신입/경력사원의 조직사회화를 위한 목적으로 시행되나, 구성원의 육성을 목적으로도 활용되는 솔루션이다. 멘토링은 멘티의 경력개발에 도움이 되고 도전적 과제를 잘 수행할 수 있도록 자원과 도움을 제공하며 멘티의 조직사회화를 원활히 하여 조직 내 안정감과 소속감을 증진시킬 수 있도록 돕는다(권대봉, 조대연, 2013). 이 두 가지 기능에서 학습이 매우 중요한 역할을 수행하게 된다(Lankau & Scandura, 2002). 일터에서 멘토는 멘티의 동료로서 상호작용하며 함께 배움을 찾아가고, 멘티가 가질 수 있는 조직의 모순적 상황에 대한 이해와 개념을 극복할 수 있도록 조력하는 역할을 수행한다.

Hezlett(2005)은 멘토링에서 발생하는 학습의 유형을 인지적 학습, 기술기반학습, 정서적 학습으로 구분하였다. 즉, 경력개발과 조직적응을 위해 실시되었던 멘토링이 학습과정으로 그 기능이 확장되었다. 멘토링 역시 일 관련의 내용을 매개로 멘토와 멘티의 학습을 위한 상호작용이 주를 이룬다. 또한 주로 일터를 기반으로 이루어 질 수 있기 때문에 일터학습의 대표적인 예로 볼 수 있다.

4) 액션러닝

액션러닝은 개인개발 전략임과 동시에 조직개발전략으로도 활용된다. 액션러닝은 액션과 러닝의 합성어이다. 액션러닝의 목적은 현장에서 발생한 과제(문제)의 해결 또는 해결방안에 대한 도출에 있다. 과제는 일터의 이슈이며 이를 해결하기 위한 과정에 학습 프로세스가 진행된다. 그 과정 동안 참가자들은 지식습득, 질문 및 대화, 그리고 성찰을 통해 과제의 내용뿐만 아니라 과제 해결의 과정을 학습한다(봉현철, 2007). Kuhn과 Marsick(2005)는 소집단으로 구성된 참가자들이 실제 문제해결을 위한 프로젝트를 수행하면서 학습을 통해 개발의 기회를 갖는 것으로 액션러닝을 정의하였다. 즉, 액션러닝 참가자들은 문제해결과정에서 자신들이 갖고 있는 기본 가정에 대한 도전의식이나 의도적인 성찰 등이 진행되면서 학습기회를 갖는다.

액션러닝이 다른 학습방법과의 가장 큰 차이는 실제 일과 관련된 과제나 문제를 해결함으로써 자연스럽게 학습으로 연결된다는 점이다. 초창기 액션러닝에서 학습은 프로그램화 된 기존 지식과 질문을 발견의 결과물($L=P+Q$)이었으나 이후 성찰(Reflection)과 실천(Implementation)이 추가되어 '$L=P+Q+R+I$'라는 공식이 등장하였다. 액션러닝은 우선 일 관련 주제를 학습내용으로 다룬다는 점과 일터 기반에서 진행될 수 있다는 점에서 일터학습의 대표적 프로그램이라고 볼 수 있다.

평생학습시대에서 '학습'의 의미는 한정된 상황, 정해진 내용을 습득하는 것만을 의미하지 않는다(권대봉, 2002). 정책적 차원에서도 일과 학습을 통합하고자 하는 노력들이 있어왔다. 일터학습이란 일 관련 일터기반의 학습을 의미한다. 앞으로 일터학습의 미래 모습을 몇 가지 제안해 보고자 한다.

첫째, 일터학습에서 일터는 장소를 의미한다. 장소는 물리적 위치를 가리키는 말이다. 과학기술 및 정보통신기술의 발달로 장소의 개념이 물리적 장소뿐만 아니라 온라인 공간도 하나의 장소가 되었고 따라서 가상현실(VR, Virtual Reality)과 증강현실(AR, Augmented Reality) 역시 학습의 공간으로써 자리 잡았다. 가상현실과 증강현실은 완벽한 가상공간을 구축하기에 일부 아쉬운 점들이 있었지만, 최근에는 이러한 부족한 점들을 넘어 혼합 현실(MR, Mixed Reality)의 개념이 등장했다. 혼합 현실 속의 업무환경(Working in a Mixed Reality)은 현실과 가상의 정보를 융합해 가장 진화된 형태의 일터학습을 구축하는 장소를 제공해 줄 것이다. 더욱이 Covid-19로 인해 재택근무의 상황이 확대되면서 일터와 재택의 경계가 불분명해지고 온라인 환경에서 일이 진행되는 경우가 빈번해졌다. 따라서 일터학습에서 장소로의 일터는 더 이상 무의미해지는 경향이 있을 것이다.

둘째, 이처럼 새롭게 펼쳐질 일터학습의 공간은 첨단기술 발달을 전제로 하지만, 여전히 현재의 학습방법이 미래에도 효과적인 수단의 하나임에는 변함이 없을 것이다. 현재 일터에서 이루어지는 무형식학습은 기술의 발달에 따라 클라우드 러닝(Cloud Learning)으로 연결될 수 있다. 업무 현장에서 학습이 필요할 때 언제라도 필요로 하는 정보를 클라우드에서 찾아 학습할 수 있는 일 관련 학습이 상시 일어나는 것이며, 구글, 유투브, 위키피디아 등 관련 도구들의 발달과 함께 더욱 가속화될 것이다.

셋째, 일터학습은 중소기업의 HRD 솔루션으로 더욱 자리매김할 것이다. 비용, 시간, 업무공백에 대한 대체 문제 등 중소기업은 중견기업 이상 대기업과 HRD 프로그램의 참여에 있어 매우 제한적이다. 그러나 중소기업을 대상으로 한 HRD는 중소기업의 경쟁력과 국가경쟁력 향상에 직결된 아젠다이다. 중소기업이 여러 가지 장애요인을 극복하고 HRD의 성과를 공유하기 위해서는 일터학습이 유일한 솔루션이다. 중소기업에서 학습은 일과 직결되어 있어야 하며 즉시 활용되어야 한다. 이를 위해 '일 관련'과 '일터 기반'은 가장 핵심 키워드일 수밖에 없다.

넷째, 일터학습 현상은 매우 역동적인 모습을 갖기 때문에 단일한 관점이나 이론으로 이해한다는 것은 어렵다(배을규, 2007). 다학문적 접근을 갖고 있는 HRD의 특성상 일터학습 역시 보다 다양한 학문적 접근과 이론들이 함께 논의될 필요가 있다. 현재는 학습중심의 논의들이 일터학습의 주를 이루어 왔다. 이후 일터학습은 경력개발 또는 경제학 측면에서의 성과 논의 등보다 다양한 학문적 배경 속에서 논의되어야 한다.

Chapter 13

성인학습에서 원격교육

급변하는 테크놀로지 혁명의 시대에 원격교육은 교육설계와 전달의 핵심이며 장소와 시간에 관계없이 다양한 학습자들이 접근할 수 있는 많은 기회를 제공하고 있다. 따라서 평생교육에서 원격교육은 원래 일상적인 면대면 학습 환경에 접근할 수 없는 사람들(예를 들면, 거리, 시간, 신체적 제약 등으로 인해)에게 학습의 기회를 제공하는 방법으로 사회정의 차원에서 논의되어져 왔다. 그러나 오늘날 테크놀로지가 급격히 발달하면서 원격교육은 개별화된 자기주도학습을 촉진하고 또 향상시키는데 많은 잠재성을 갖고 있으며(King, 2005), 특히 필요한 사람(right people)이 필요한 장소(right place)에서 필요한 내용(right contents)을 필요한 시간(right time)에 학습하게 한다는 점에서(구교정, 2005) 원격교육은 성인학습자들을 대상으로 다양한 평생교육현장에서 활발히 활용되고 있다.

원격교육은 수십년 동안 교수자와 학습자 간 다양한 물리적 거리의 종류에 따라 다양한 형태로 발전해 왔다. 원격학습을 전달하는 많은 테크놀로지들(예를 들면, 인터넷의 웹기반 테크놀로지, 비디오 컨퍼런싱, 전화, 이메일, 텔레비전, 라디오, 비디오, 오디오카세트, 그리고 우편까지)이 원격학습에 사용되어 왔다. 1990년대 컴퓨터의 급속한 발전과 인터넷의 대중화로 e-Learning이 도입되면서 성인학습자들을 대상으로 원격교육이 대중화되기 시작했다. 그러나 테크놀로지의 발달과 그 활용은 단순히 오늘날 원격교육을 매체 또는 방법으로 한정짓기에는 한계가 있고 분명히 평생학습을 구성하는 하나의 학습마당으로 그 역할을 해 왔다(권대봉, 2002). 즉, ICT(Information and Communication Technology)는 평생학습을 가능하게 하는 강력한 도구임에 틀림이 없다.

더구나 최근에는 모바일 기기를 활용해 시간과 공간을 초월한 학습이 가능해지면서 m-Learning, u-Learning, micro-Learning, smart-Learning 등의 용어가 생겨났다. 2020년 장기화된 코로나 상황에서 더욱더 비대면 쌍방향 실시간 교육에 대한 초중고교 및 대학뿐만 아니라 HRD와 평생교육 현장에서도 관심이 폭발적으로 증가하면서 새로운 교육패러다임으로까지 강조되고 있다. 본 장에서는 원격교육의 정의, 원격교육의 발전, 성인학습자를 위한 원격교육의 다양한 활용, 그리고 발전 방향을 논의하고자 한다.

1 원격교육의 개념

원격교육에 대해 다양한 정의들이 있지만, Archer와 Garrison(2010)은 다음의 Moore와 Kearsley(2005)의 다음 정의가 원격교육의 가장 보편적인 정의라고 소개하였다: 원격 교육은 일반적으로 교수(teaching)하는 곳과 다른 장소에서 발생하는 계획된 학습으로, 코스 설계 및 교수의 특별한 기술들이 필요하고, 다양한 테크놀로지를 통한 커뮤니케이션, 특수 조직 및 행정 지원이 필요하다. 구교정(2006)은 원격교육이란 학습내용의 전달방법 중 하나로 교수자와 학습자가 다른 장소와 다른 시간에 있으면서 어떤 매체를 활용하여 교수-학습이 일어나는 형태를 의미한다고 하였다. 특히 학습자, 자료, 교수자를 연결하기 위해 쌍방향 원격통신 시스템 등 테크놀로지들이 사용된다(Simonson, 2003). 원격교육을 통해 시간 및 공간의 제약을 벗어날 수 있다는 점에서 원격교육의 여러 방법들은 기존 집합교육의 단점을 극복하는 방법으로 주목받아 왔다.

원격교육에서 기본적인 핵심은 교수자의 가르치는 노력을 포함한다는 점이다. 테크놀로지의 급격한 발달로 인해 마치 원격교육에서 교수자의 노력이 간과되는 경향이 없지 않다. 비록 전통적인 면대면 환경보다 상대적으로 교수자의 노력이 강조되지 않을 수 있지만, 위 보편적인 정의에서 본 것처럼 학습자를 위한 계획된 학습이며 그 계획은 교수자의 몫이고 결국 교수자의 가르치는 행위에 의해 학습자는 원격교육환경에서 학습목표에 도달할 수 있는 것이다.

Keegan(1996)과 Simonson 등(2006)은 원격교육의 특징을 다음과 같이 제시하고 있다. 첫째, 분리성으로 학습의 모든 과정은 수자와 학습자 간 분리되어 진행하며 이는 전통적인 면대면 교육과의 가장 큰 차별적 특성이다. 분리성은 물리적이고 지리적 거리감을 뜻한다. 또한 비동시적 원격교육은 교육시간과 학습시간이 분리되어 학습자가 편리한 시간에 교육에 접근할 수 있다. 그러나 분리성으로 인해 학습자가 이해하지 못하는 것에 대해 실시간으로 교수자가 설명을 해줄 수 없는 한계도 있다. 장선영(2014)은 이를 지적분리라고 하며 이 지적분리를 최소화하는 것이 원격교육시스템의 목적 중 하나라고 하였다.

둘째, 연결성은 학습자, 교수자, 교육자료가 연결됨을 의미한다. 학습자 간 그리고 학습자와 교수자가 연결되어 있어야 학습을 촉진할 수 있는 교육자료가 활용가능하다. 따라서 개인 차원의 독학과 구별된다.

셋째, 대화, 인쇄물, DVD 등 다양한 형태의 학습자료를 활용하여 쌍방향 커뮤니케이션을 기본으로 한다. 상호작용은 실시간 또는 비실시간으로 진행된다. 이를 위해 우편, 텔레비전, 전화, 인터넷, 그리고 최근에는 스마트폰, 그리고 AI기반 LMS 등 원격통신시스템이 필요하다.

2 원격교육의 발달과정

원격교육의 발달과정은 시기, 주요 매체와 학습형태 등에 따라서 다양하게 구분될 수 있다. 그러나 본 장에서는 교수자와 학습자 간 커뮤니케이션의 형태에 따라서 다음과 같이 구분하고자 한다.

1) 1세대: 우편통신교육과 대중매체를 활용한 교육

우편통신의 역사는 1840년대까지 거슬러 올라간다(King, 2005). 우편통신교육의 첫 번째 예시로 많이 인용되는 것은 Issac Pitman이 속기 (short-hand)를 가르치기 위해 영국 우편 시스템을 사용한 것이며 미국 대학에서 공식적인 통신교육과정은 1892년에 시카코 대학에서 시작되었고, 미국 대학중심의 extension 프로그램으로 확장되었으며, 20세기 초반 성인교육영역으로 급속히 확대되었다(Archer & Garrison 2010). 우편통신교육은 학습자와 교수자가 같은 시간, 같은 장소에 동시에 참여할 필요가 없기 때문에 학습자들이 갖는 거리와 시간의 어려움을 극복할 수 있는 장점이 있다. 그러나 교수자와 학습자 간 우편으로 의사소통을 진행하다 보니, 과제교환, 과제에 대한 피드백, 질문 및 응답 등이 매우 늦게 되고 이에 따라 중도탈락률이 매우 높은 단점도 있다. 이후 전화, 면대면 미팅, 다른 학습자 그룹에 참여 등의 방법을 통해 커뮤니케이션의 속도가 상대적으로 빨라짐에 따라서 이수율과 만족도가 향상되기도 하였다. 그러나 우편통신교육의 질 문제, 타인에 의해 학습할 수 있다는 신뢰의 문제 등으로 비판을 받기도 하여 현장에서 질 관리 차원의 노력들이 행해지기도 하였다.

그러나 오늘날 우편통신교육이 우편이라는 매체보다 인터넷, 이메일, LMS 등의 시스템을 통해 원격교육의 한 형태로 발전하여 진행되고 있다. 이를 우편원격교육이라고 명명할 수 있다. 우편원격교육이란 인쇄매체를 교재로 한다는 점과 학습자에 대한 관리를 인터넷 또는 인트라넷으로 하면서(정은정, 조대연, 2011), LMS를 통해 교수자와 학습자 간의 상호작용이 포함되는(오영훈, 이수경, 정현주, 2008) 것을 강조하였다. 또한 이메일, SNS, 유튜브 등 우편 매체보다는 더 빠르고 효율적인 매체를 활용하여 학습자료 등의 교재를 제공하기도 한다. 그러나 주로 인쇄매체를 교재로 활용하는 점은 주요한 특징이다. 이런 관점에서 우편원격교육은 '시 · 공간적 제약을 벗어나 학습을 지원하고, 관리하며 실시되는 원격교육의 한 형태로 주로 인쇄매체를 교재로 활용하여 LMS 상에 교수자와 학습자 그리고 학습자 간 상호작용이 이루어지는 교육'이라고 정의할 수 있다.

우편원격교육은 학습자들이 일과 학습을 병행하면서 자신의 직무능력을 향상하고, 나아가 자신의 경력을 위한 경력계획과 함께 다양한 주제로 자기개발을 가능하게 해준다(오영훈, 손유미, 2001). 또한 우편원격교육은 인쇄물을 이용한 교육이기 때문에 매체 선호도가 높고, 전자매체를 이용한 교육방법에 비해 비용이 효과적이라는 주장도 있다(오영훈, 이수경, 정현주, 2008). 우편원격교육은 통신의 발달과 교육기회의 대중적 확대라는 사회적 변화와 더불어 조직화 · 제도화되었고, 교육기회의 접근가능성을 개방하는 데 크게 기여한 것으로 평가받고 있다(오영훈, 손유미, 2001).

오영훈, 이수경, 정현주(2008)는 Slotte와 Herbert(2006)와 Hagel과 Shaw(2006)의 연구결과를 분석하여 우편원격교육이 이러닝과 비교할 때 학습결과에 차이가 없고, 자격증 취득률은 오히려 높으며, 학생들의 참여 측면에서 긍정적인 효과를 보인다고 하였다. 이 외에 Hilaire, Benson과 Burnham(1998)은 우편원격교육과 교실학습을 비교할 때 학업 성취도에 차이가 없다고 하였다. 정은정, 조대연, 정희정, 김벼리(2010)의 연구에 의하면 우편원격교육은 조직구성원이 인식하는 직무성과 향상에 의미 있는 영향력을 갖는다. 이처럼 우편원격교육은 여러 가지 면에서 유용한 교육방법이지만 다른 테크놀로지의 발전에 비해 학계와 현장의 관심을 적게 받고 있는 것이 사실이다. 그러나 최근 이러닝의 대안으로 블렌디드 러닝에 대한 관심이 높아지면서 우편원격교육은 블렌디드 러닝의 한 가지 방법으로서 재조명되고 있다.

전통적인 우편원격교육 이후 텔레비전 방송과 라디오가 교육매체로 성인교육의 영역에 등장하였다(Moore & Kearsley, 2005). 이를 대중매체교육으로 부르며 전통적인 우편통신교육과 구별 짓는 경우도 있으나 우편통신교육과 마찬가지로 일방향적 커뮤니케이션을 특징으로 하기 때문에 1세대로 구분할 수 있다(Archer & Garrison, 2010). 그러나 대중매체교육은 우편통신교육의 보완재로서 매우 큰 의미를 갖는다. 대중매체교육으로 가장 유명한 원격교육기관은 1969년에 설립된 영국개방대학(British Open University)이다. 우리나라의 경우 성인학습자를 위한 한국방송통신대학교를 1세대 대중매체교육의 대표적인 예로 들 수 있다. 1972년 한국방송통신대학설치령에 의해 설립되었고, 20대 학생부터 중장년 및 노년층에 이르기까지 다양한 연령대의 성인학습자들이 현재 재학 중에 있다. 매체의 발달에 따라서 처음에는 라디오를 학습의 주요 매체로 활용하기 시작하여 이후 텔레비전, 인터넷, 그리고 현재는 모바일 지원까지 학습의 매체가 확장되었다. 1990년에 교육방송국 EBS가 개국하며 방송 교육이 크게 발전하기도 하였다. 방송 교육은 교육의 기회를 대중에게로 확대했다는 점에서 의의가 있다.

방송통신대학의 학습자들은 초창기에 새벽의 라디오 방송을 들어야 했고, 방송을 놓친 경우 지역 대학에 강의 녹화테이프를 빌려야 했다. 1984년부터 교재와 함께 음성강의가 카세트 테이프 형태로 제공되었고 1998년 LOD(Learning On Demand) 시스템을 도입하여 자유롭게 반복 수강이 가능한 인터넷 강의 형태로 정착되었다. 일부 과목은 TV방송도 여전히 진행하고 있다. 라디오 방송은 2008년에 종료되었고, 2009년부터 모바일로도 학습할 수 있어 편의성과 접근성이 크게 향상되었다.

2) 2세대: 원격 오디오 회의와 화상회의 시스템을 통한 교육

2세대 원격교육은 1세대와 달리 좀 더 교실환경과 유사하게 진행된다. 즉, 교수자와 학습자가 같은 시간대에 참여하지만, 장소는 다르다. 다양한 통신시스템을 통해 비디오 이미지가 보완되고 오디오를 통해 쌍방향 커뮤니케이션이 이루어진다. 초창기 가장 흔한 방법은 전화를 통해 교수자와 학습자 간 커뮤니케이션이 이루어지는 것이었다. 이후 비디오 컨퍼런싱 시스템이 도입되면서 오디오와 비디오가 결합되어 쌍방향 커뮤니케이션으로 발전하게 되었다. 전화는 교수자와 학습자 간 일대일의 상호작용이 이루어진 반면, 비디오 컨퍼런싱은 다수의 학습자들이 참여함에 따라 상호작용의 양과 질이 향상된 장점도 있다. 그러나 오늘날과는 달리 이 당시 시스템상 다양한 장소에서 참여자의 숫자가 제한적이고 장비가 고가여서 활성화에 한계가 있었다.

최근에는 오디오 회의와 화상 회의 모두 인터넷과 연결되어 운영된다. 또한 개인 학습자들이 자신의 컴퓨터에서 그래픽 등 다른 유용한 기능들이 추가된 오디오 회의 세션이나 다른 화상 회의에 참여할 수 있도록 좀 더 편리하고 절감된 비용이 특징이다(Archer & Garrison, 2010). 인터넷을 통한 동시 상호작용이 이루어지는 형태를 오늘날 웨비나(webinar) 또는 웹 컨퍼런싱이라고 부른다.

1세대와 비교할 때 테크놀로지 발전이 특징인 2세대 원격교육은 강의실의 면대면 교육과 비슷한 장점과 단점을 갖는다. Archer & Garrison(2010: 321)는 2세대 원격교육의 장점과 단점을 다음과 같이 정리하였다.

· 실시간에 대부분 음성으로 쌍방향 상호작용이 이루어지므로 교수자와 학습자는 다른 원격교육에 비해 적응이 용이하다.
· 학습자들 간 그룹 상호작용이 가능하며 이는 성인학습의 구성주의적 이론에 기반하여

매우 중요하다.
- 교수자와 기관 차원에서 교재가 우편이 아닌 인터넷을 통해 전달되기 때문에 시간 절약이 가능하다.
- 1세대에 비해 일대일 전화 튜터링과 그룹단위의 오디오 컨퍼런싱은 학습자의 만족도를 높이고 이수율을 증가시켰다.

반면 단점은 다음과 같다.

- 학습자들이 정해진 같은 시간에 참여해야 하므로 이는 다른 일정이 있는 성인학습자들에게는 참여를 어렵게 만드는 요인이다.
- 비용구조가 표준화되지 않았다는 점에서 면대면 교육과 비슷하다. 비록 초기 비용이 낮을 수 있지만, 학습자 1인당 지속되는 비용은 보통 높은 편이다. 그 이유는 수업시간에 학습자 간, 그리고 학습자와 교수자 간 상호작용이 가능하도록 학생/교수자의 비율을 상당히 낮게 유지해야 하기 때문이다.

3) 3세대: 인터넷 기반

3세대 원격교육은 'e-Learning'으로 대표된다. e-Learning은 성인교육이나 HRD뿐만 아니라 일반 교육분야에서도 많은 관심을 가져왔다. 그 이유는 1세대와 2세대의 장점을 결합하고 동시에 단점들을 축소했기 때문이다(Archer & Garrison, 2010). e-Learning은 학습자들이 언제든 쉽게 중앙서버를 통해 접근 가능한 방법으로 학습자와 교수자가 학습상황에서 전자적으로 전송하는 방법을 활용한다. 90년대 들어 인터넷의 보급으로 e-Learning은 더욱 활성화되었다.

우리나라도 2000년대 초반 인터넷 강의로 대표되는 e-Learning이 등장하였다. e-Learning은 전자적 수단, 정보통신 및 전파방송기술을 활용하여 이루어지는 학습을 의미한다. 정부는 2004년 '이러닝산업발전법'을 제정하는 등 디지털 교육산업에 대한 지원 정책을 마련하였고 국내 이러닝은 꾸준히 성장하는 중이다.

2000년대 초반 e-Learning에 대한 기대는 전 세계적으로 가히 폭발적이었다. 학습을 위해 일정한 장소에서 일정한 시간에 진행될 필요 없이 학습자 자신이 가능한 시간에 장소의 구애 없이 학습할 수 있기 때문에 학습의 혁명으로 불릴 정도였다. 그러나 지나치게 부풀려진 기대감 때문에 그리고 e-Learning 자체의 한계 때문에 그 사용은 기대에 미치지 못하기도 하였다.

그러나 인터넷의 발전은 평생교육의 참여와 사회운동 활성화에 매우 중요한 역할을 하였다(Bennet & McWhorter, 2020). 인터넷을 통해 정보의 경계가 없어지고 인터넷상에서 사회 이슈에 대한 공유가 가능해지면서 사회운동으로의 기폭제가 될 수 있었다. 특히 2010년 스마트폰의 등장이 이후 현재까지 모바일 기기를 활용해 시간과 공간을 초월한 학습이 가능해지면서 m-learning, u-learning, micro-learning, smart learning 등의 용어들이 생겨났다. 많은 전문가들은 IT혁명을 활용한 새로운 교육 패러다임을 과거 e-러닝이나 u-러닝과 구분하여 '스마트 러닝'이라는 용어로 부르기도 한다. 따라서 e-Learning을 3세대, 모바일 러닝을 4세대, smart learning을 5세대로 칭하는 사람도 있으나 본 장은 이들을 모두 3세대로 통칭하고자 한다. 왜냐하면 이들은 모두 인터넷 기반의 연결성이 강조되기 때문이다. 물론 테크놀로지의 발전에 의해 교수-학습모드가 많이 변화되기도 하였으나 기본적으로는 인터넷 연결망 중심이다.

모바일 러닝은 개인 모바일 기기를 활용한 학습으로 시간과 장소에 관계없이 무선인터넷을 통하여 학습이 가능한 형태를 의미한다. 모바일 러닝은 스마트폰의 보급과 확산이 교육으로 활용되고 그동안 이러닝에서의 문제점 및 개선방향으로 제기되었던 학습 몰입도 향상, 협력학습모델 구현, 자기주도학습 설계 등 매체를 통한 한계를 극복하고 구성주의 이론 등을 접목할 수 있는 차세대 교육의 개념으로 인식되었다(이영근, 2012). 최근에는 다양한 스마트기기와 네트워킹을 활용한 맞춤형, 지능형, 융합형 학습의 개념으로 사용하고 있다(조재한, 2018).

특히 오늘날 디지털 테크놀로지의 혁명은 학습자와 교수자 모두 언제 어디서나 인터넷에 연결하여 정보, 협력자, 통신 채널, 애플리케이션 및 장치에 더 많이 접근할 수 있게 되면서 성인교육에 큰 변화를 가져왔다(Bennet & McWhorter, 2020). 즉, 학습자가 스마트기기와 소셜 네트워크를 활용하는 것이 특징이다(최효선, 우영희, 정효정, 2013). 디지털 테크놀로지들은 사람의 전문성과 디지털 자원들이 결합된 정교한 학습전략을 만들기 위해 도움을 준다. 이러한 네트워크는 성인학습자들을 위한 가상공간을 만들어 성인학습자들은 학습 커뮤니티, 자료에 연결할 수 있고, 프레젠테이션, 블로그, 유튜버와 같은 교수용 비디오, 페이퍼 등 학습 결과를 쉽게 만들 수 있다. 실제 많은 사람들이 새로운 학습의 첫 번째 선택으로 유튜브와 같은 온라인 교수 비디오를 선택한다. 이들은 교수자와 학습자, 학습자 간 지식과 기술의 공유를 가능하게 하며 LMS를 통해 무형식 또는 수업과도 연결될 수 있다. 성인학습을 위한 디지털 테크놀로지는 소셜미디어, 온라인 토론방, 블로그, wikis, 인스턴트 메신저(인터넷상으로 서로 즉시 메시지 교환이 가능한 시스템), MOOCs, 비디오, 화상회의 등이 포함된다(Bennet & McWhorter, 2020).

3 평생교육에서 원격교육의 다양한 활용과 발전 방향

인공지능, 기계학습, 로봇, IoT 등 4차 산업혁명을 통해 평생교육에도 중요한 변화가 일기 시작했고, 이 현상은 처음 접해 보는 Covid-19에 의해 보다 가속화되고 있다. 특히 4차 산업혁명으로 인한 자동화는 많은 일자리가 줄어들 것이고 재직자나 구직자의 재교육에 대한 요구가 평생교육에 영향을 미칠 것이다. 인공지능과 같은 미래 기술의 발전으로 단순 노동이 축소되는 등 기계로 대체되는 직종이 증가하여 일자리가 감소될 것이지만 동시에 새로운 일자리도 생겨날 것이다. 또한 숙련과 비숙련 등의 일자리 양극화가 커질 것이다(조대연 외, 2018). 학교교육만으로 급변하는 일자리 생성과 소멸에 대응할 수 없기에 그 역할은 평생교육에서 담당해야 한다는 목소리가 힘을 받고 있다.

또한 발전된 원격학습 테크놀로지를 누구나 언제든 쉽게 사용할 수 있게 됨에 따라 평생학습에 참여할 수 있는 '평생학습의 민주화'가 촉진될 수 있다. 그러나 반대로 원격교육의 활성화를 통해 평생학습에 참여할 기회가 부족한 소외계층이 있고, 디지털 격차 등 인프라가 열악한 지역 주민 등을 위해 평생교육 접근성 제고 차원에서 온라인 평생학습지원체제를 구축할 필요성이 있다(권재현, 2013). 2020년 우리 정부는 '한국판 뉴딜' 추진 방향에서 비대면 서비스 확산 기반 조성을 위해 맞춤형 교육 콘텐츠를 제공하는 AI 기반 원격교육지원 플랫폼 구축 등 미래형 디지털 환경을 조성한다는 내용을 강조했다.

2020년은 Covid-19로 인해 원격교육에 대한 관심이 가장 높아진 시기이다. 여러 플랫폼이 등장하면서 원격교육이 우편원격교육, 방송교육, 이러닝, 엠러닝, 스마트 러닝 등의 다양한 형태로 정규 교육과정, 평생교육, HRD 등 다방면에 적용되고 있다. 평생교육 유튜브 채널, 온라인 콘텐츠 제작 및 무료 배부, 웨비나 행사 개최, 온라인 평생학습운영 조례 제정, 프로그램의 온라인 전환 등의 노력을 평생교육 영역에서 실천하고 있다(박선경, 2020). 그러나 이러한 양적 확대와 더불어 질적인 발전 또한 도모되어야 할 것이다. 단순히 모바일 기기를 완비하였다고 해서 효과적인 스마트 러닝이 보장되는 것이 아닌 것처럼, 디바이스 및 플랫폼의 발전 외에도 콘텐츠, 패러다임, 교수방법 등 고려되어야 할 요소들이 많다. Covid-19로 인한 비대면 상황의 평생학습에서 학습자는 지식과 정보를 온라인 콘텐츠를 통해 습득하고, 온라인 학습공동체를 통해 성찰과 실천 그리고 활동으로 연계되며, 비대면 학습을 지원하는 시스템과 지원방식에 대한 획기적인 인식의 전환이 필요하다(김수정, 2020).

원격교육을 이해하는데 테크놀로지의 발전뿐만 아니라 상호작용(교수자와 학습자 그리고 학습자들 간) 두 가지 측면을 고려해야 한다. 현재 원격교육은 실시간 쌍방향 학습, 콘텐츠를 활용한 학습, 과제수행중심 학습 등으로 구성된다. 학습자는 강사의 강의를 시청하는 것이 아니라 화상시스템을 활용하여 토론하고 보고서 작성 후 피드백을 받는 등 쌍방향 학습활동에 참여한다. 상호작용은 교수–학습을 의미하며 테크놀로지는 물리적, 심리적 거리감이 있는 상황을 실시간으로 좁히고, 수시로 상호작용하는 기제로 지원하는 데 의의가 있다. 또한 테크놀로지는 학습 이후 학습자 간의 커뮤니티 형성을 통해 학습이 지속될 수 있는 기회를 제공할 수 있다. 동시에 상호작용의 피로감을 낮추기 위한 교수자의 새로운 역할도 필요하다.

Bennett과 McWhorter(2020)은 오늘날 원격교육의 기회와 도전에 대해 다음과 같이 정리하였다. 우선 기회는 첫째, 많은 학습자들이 모바일 디바이스를 사용함에 따라서 교수자 역시 교수–학습을 위한 모바일 디바이스를 활용할 기회가 많아진다. 교수자들은 학습자의 가상경험에 영향을 미치는 모드가 무엇인지 이해해야 하고 LMS와 Course 웹사이트에서 디지털 디바이스와 콘텐츠 사이에 균형성을 잘 유지해야 한다. 둘째, 사물인터넷은 사물과 사람 간의 더 많은 연결을 제공한다. 학습자료는 보다 빠르게 ebook 형태로 확보되고, 교수자와 학습자 간의 지적 관계가 보다 쉽게 동시에 촉진될 것이다. 셋째, 무형식학습이 웹 환경에서 활성화되고 있고 이런 환경에서 성인들은 삶의 문제들을 서로 공유하고 도울 수 있다. 넷째, 무형식과 형식학습의 블렌디드화가 점점 증가할 것이다. Covid–19로 인해 온라인과 집합교육의 블렌디드는 더욱 강화될 것이다. 다섯째, 디지털 테크놀로지는 (학습)참여의 확장을 이끌 것이고 그 환경에 맞게 새로운 학습경로 또는 학습주제가 생겨날 것이다.

반면에 우리가 고민하고 해결해야 할 도전적 과제도 있다. 첫째, 테크놀로지의 위험성을 배제할 수 없다. 예를 들면, 사이버 왕따, 사이버 보안, 사이버 스토킹, 사이버 사기, 디지털 눈의 피로와 시력 문제, 두

통, 수면 문제, 목, 어깨, 허리, 팔, 관절 부상, 비만, 감광성 발작, 공격적 행동, 정신적 문제와 같은 컴퓨터 관련 부상 등이 있다. 더 많은 디지털 테크놀로지를 사용할수록 이 이슈는 증가할 것이다. 이러한 부작용을 최소화하고 계정과 기기/기술을 안전하게 하여 사용자를 보호하는 것이 가장 큰 관심사가 되어야 한다. 특히 노인들은 추가적으로 더 많은 도움을 필요로 할 것이다. 둘째, 네트워크 기기가 점점 더 많이 활용됨에 따라 기술 경쟁이 야기된다. 이것은 개인적, 기술적인 충돌을 일으킬 수 있다. 중요한 것은 복잡한 테크놀로지 설계가 아닌 학습자에게 의미있는 그리고 질 높은 학습경험을 제공하는 것이어야 한다.

PART 4

평생교육의 실천과 연구

Chapter 14

평생교육 프로그램 개발[9)]

평생교육 프로그램 개발은 평생교육사 등 평생교육 전문가의 중요한 역할 가운데 하나이다. 평생교육 프로그램을 개발하기 위해 평생교육 담당자는 프로그램 개발자로서의 역량을 함양해야 한다. 따라서 본 장은 평생교육 프로그램 개념과 유형, 성인을 대상으로 학습프로그램 개발 이론을 소개하고 특히 체제적 접근을 통해 평생교육 프로그램 개발 프로세스를 설명하고자 한다.

1 평생교육 프로그램 정의와 유형

다양한 성격을 갖는 평생교육 프로그램을 한 마디로 정의내리기 어렵지만, 권대봉 등(2017)은 여러 정의들을 종합하여 다음과 같이 평생교육 프로그램을 정의하였다: 개인, 조직, 사회 각 단위에서 변화를 위한 매개체로써 학습자와 교수자가 참여하여 적극적인 상호작용을 통해 교육목표, 교육내용 및 방법이 결정되고 이에 따라 교수-학습활동 및 평가 등이 이루어지는 변화 가능한 동태적 성격을 가진 하나의 시스템.

---

9) 권대봉, 조대연(2019). HRD Essence: 시스템적 접근 기반(수정판)의 5장의 내용을 수정 보완함.

일반적으로 평생교육 프로그램은 광의의 평생교육 프로그램과 협의의 평생교육 프로그램으로 구분 지을 수 있다. 광의의 차원에서 평생교육 프로그램은 평생교육영역에서 학습자와 공급자를 연결 짓는 매개체로써 개인과 지역사회의 학습관련 요구를 충족시킬 수 있는 솔루션이면서 전략이다. 협의의 차원에서는 특정 교육목표를 달성하기 위해 계획된 연속적 교육내용인 학습경험을 체계적으로 제공하고 성취 정도를 평가하는 교육적 실체라고 볼 수 있다.

프로그램 유형은 연구의 목적이나 사례에 따라 매우 다양하다. 그러나 우리나라에서는 2008년 전부 개정된 평생교육법에서 학력보완교육, 성인기초 · 문자해득교육, 직업능력향상교육, 인문교양교육, 문화예술교육, 시민참여교육으로 유형화하고 있다. 김진화 등(2010)은 평생교육법의 프로그램 유형을 근간으로 6개 대분류, 18개 중분류와 각 중분류와 그 정의를 아래 <표 14.1>과 같이 제안하였다.

<표 14.1> 한국 평생교육 프로그램 분류체제

대분류		중분류		예시10)
6대 영역	핵심	하위영역	정의	
기초 문해 교육	언어적 기초와 활용	문자해득 프로그램	비문해자가 한글을 읽고 쓸 수 있는 문자해득능력을 갖도록 체계적으로 지도하는 프로그램	**문해교육**(저학력 · 비문해대상 한글교실, 한문교실, 어르신컴퓨터, 산수교실 등)
		기초생활기술프로그램	문자해득 후 한글을 응용하여 직면한 문제를 해결하고 주어진 과업을 수행할 수 있는 문해활용능력을 개발하도록 지원하는 프로그램	
		문해학습계	초등학력인증　문해교	

		좌프로그램	육기관에서 문해학습자가 초등학력을 인정받기 위해 이수해야 할 소정의 교육과정 및 프로그램	
학력 보완 교육	학력 조건과 인증	초등학력보 완프로그램	초등학력의 보완 및 인증 규정에 의해 평생교육시설 및 기관에서 운영되는 소정의 프로그램	고등학력보안교육(독학 사, 학점은행제 강좌) 검정고시강좌(초중고 대입 검정고시 대비 강좌) 진학준비과정(편입학, 대학원준비)
		증등학력보 완프로그램	중고등학교 학력의 보완 및 인증 규정에 의해 평생교육시설 및 기관에서 운영되는 소정의 프로그램	
		고등학력보 완프로그램	전문학사 및 학사학력의 인증규정에 의해 평생교육시설 및 기관에서 운영되는 소정의 프로그램	
직업 능력 교육	직업 준비와 직무 역량 개발	직업준비 프로그램	특정직업에 새롭게 취직하기를 희망하며 성공적인 창업에 필요한 지식, 정보, 기술, 기능을 획득하고 관련 조건을 체계적으로 준비할 수 있도록 지원하는 프로그램	**외국어 자격증강좌**(토익, 토플 등) **컴퓨터 자격증강좌**(컴퓨터 활용능력, 워드프로세서 등) **자격증인증과정**(공인중개사, 각종 지도사, 요리기능사, 요양보호사, 평생교육사, 피부관리사 등) **취업 및 창업 준비과정**(공무원 시험 대비반 등) **직무능력 향상교육과정**(직무연수, 경력개발, 워크숍, 세미나 등)
		자격인증 프로그램	특정 직업의 직무수행에 필요한 전문적인 지식, 기술, 기능이 일정한 수준에 도달하여 소정의 자격을 제도적으로 인증받을 수 있도록 지원하는 프로그램	
		현직직무	현직 종사자에게 보다	

		역량 프로그램	발전적인 직무수행에 필요한 관련 지식과 정 보를 획득하게 하며 관 련 기술과 기능을 습득 하고 익힐 수 있도록 지원하는 프로그램	
문화 예술 교육	문화 예술 향유와 활용	레저생활 스포츠 프로그램	체력증진 및 여가선용 을 위하여 일상생활 속 에서 지속적으로 행하 는 체육활동 및 전문적 스포츠 관련 프로그램	**경제·경영강좌**(펀드, 재 무설계, 부동산 등) **외국어강좌**(생활 외국어 등)
		생활문화예 술프로그램	문화예술을 일상생활 에 접목하여 생활문화 의 질을 향상시키고, 삶의 문화를 보다 풍성 하게 향유할 수 있도록 지원하고 인증하는 프 로그램	**컴퓨터강좌**(정보 인터넷 소양 교육 등) **종교교육강좌**(성경/불 경 모임 등) **인문교양강좌**(역사강좌, 철학강좌, 미술사강 좌, 문학강좌 등)
		문화예술 향상 프로그램	문화예술작품 및 행위 를 의미있게 체험하며 문화예술적 가치가 높 은 작품을 완성할 수 있도록 체계적으로 지 도하고 인증하는 프로 그램	**가정생활강좌**(요리, 유아 ·아동·청소년교육, 꽃 꽂이, 예절교육 등) **건강 및 의료강좌**(보건 교육, 금연교육, 생활 의료교육 등)
인문 교양 교육	교양 확장 및 소양 개발	건강심성 프로그램	현대사회에서 건강한 삶과 생활을 위한 심리 적 안정을 촉진하며 신 체 건강에 필요한 활동 과 체험을 체계적으로 지원하고 인증하는 프 로그램	**경제·경영강좌**(펀드, 재 무설계, 부동산 등) **외국어강좌**(생활 외국어 등) **컴퓨터강좌**(정보 인터 넷 소양 교육 등) **종교교육강좌**(성경/불
		기능적 소양 프로그램	일상생활의 적절한 역 할수행과 현대인이 갖 추어야 할 다양한 소양 과 관련된 기능적 자질	경 모임 등) **인문교양강좌**(역사강좌, 철학강좌, 미술강좌, 문학강좌 등)

			과 능력을 개발하며 신철하도록 지원하고 인증하는 프로그램	**가정생활강좌**(요리, 유아·아동·청소년교육, 꽃꽂이, 예절교육 등) **건강 및 의료강좌**(보건교육, 금연교육, 생활의료교육 등)
		인문학적 교양 프로그램	전인적 품성과 지혜를 갖춘 현대인으로서 인문학적 교양과 상식을 확장하며 문학, 역사, 철학과 관련된 체험과 활동을 체계적으로 지원하고 인증하는 프로그램	
시민 참여 교육	사회적 책무성과 공익적 활용	시민책무성 프로그램	현대시민으로서 갖추어야 할 사회적 책무성을 개발하며 사회통합 및 공동체 형성을 촉진 및 지원하고 인증하는 프로그램	**지도자과정**(마을리더, 주민자치위원 교육 등) **시민참여교육강좌**(시민교육, 인권교육, 평화교육 등) **환경생태강좌**(자연과학, 환경, 생태강좌 등)
		시민리더역량프로그램	국가 및 지역사회의 공익적 사업을 효과적으로 추진할 수 있는 시민을 발굴·육성하며 그들의 자질과 역량을 개발하고 인증하는 프로그램	
		시민참여활동프로그램	현대사회의 구성원으로서 지역사회조직 및 공익적 사업에 대한 개인적 집단적 참여를 촉진하며 평생학습 참여 기회를 지원하고 인증하는 프로그램	

출처: 김진화, 고영화, 권재현, 정민주(2010). 한국 평생교육 프로그램 분류체제 개발 연구. 평생교육학연구, 16(3), p. 224.

---

10) 예시는 2019년 평생학습개인실태조사 설문 문항임. 그러나 2019년부터 학력보완교육에 대한 문항이 삭제되어 이전 예시를 제시하였음.

2 평생교육 프로그램 개발 이론

프로그램 개발은 무엇을 어떻게 학습하고 가르칠 것인가의 문제에 답을 제공하는 것이므로 평생교육 분야에서 가장 핵심적 활동 중 하나이다. 1949년 Tyler의 연구 이래로 지금까지 기술-합리적(technical-rational) 모델로 대표되는 전통적 모형이 평생교육 영역에 큰 영향력을 발휘해 왔다. 기술-합리적 모델이란 프로그램개발에 있어서 몇 가지 핵심적 기술들이 존재하며 각 단계들에서 이 기술들을 발휘하는 개발 모형을 의미한다.

그러나 90년대 중반 이후 프로그램 개발 상황에서 발생하는 실제를 보다 잘 이해하기 위하여 새로운 모형이 소개되었다. Cervero와 Wilson (1994)은 전통적 모형이 지나치게 선형적·단계적 측면을 강조하여 프로그램 개발 현장의 사실적 측면을 간과하고 있다고 비판하였다. 프로그램개발은 프로그램 설계, 교육과정설계, 교수설계, 교수체제설계 등 다양한 이름으로 명명되고 있지만 그 핵심은 학습내용, 학습방법, 학습목표, 학습자와 교육자의 역할 등을 결정하는 활동이다(Wilson & Cervero, 2011). 또한 프로그램 개발은 과학이면서 동시에 예술(art)이다. 여기서 과학이란 프로그램 개발이 아래에서 설명할 이론적 기초 위에 있으며 데이터를 갖고 분석적 활동을 하기 때문에 과학이라고 볼 수 있다. 또한 예술 행위란 프로그램 개발이 과학적인 활동만으로 완수될 수 없는 개발자의 풍부한 경험에 기초한 상황적 & 직관적 판단으로 해결될 수 있는 부분이 있다. 예를 들면, 과업분석을 통해 도출된 지식, 기술, 태도를 모듈별로 배치하거나 학습목표 또는 평가지표를 개발할 때도 원칙이 제공되지만 현장 상황에 맞게 개발자의 풍부한 경험에 기초한 전문가로서의 판단이 행해질 수 있다. 요구분석에서도 과학적 방법들을 통해 다양한 대안을 제시할 수 있으나 결국 의사결정은 개발자의 전문적 행위에 의해 이루어질 수도 있다. 본 장에서는 성인 대상 교육프로그램 개발 이론의 대표적인 세 가지를 소개하고자 한다. 또한 프로그램 개발의 전반적인 과정에 대해 설명하고자 한다.

1) 전통적 모형

전통적 모형은 프로그램 개발자의 'what to do'에 초점을 둔 합리적 · 기술적 측면을 강조한다(Mabry & Wilson, 2001). 합리적이란 개발자가 프로그램 개발 단계별로 반드시 해야 할 과업들이 있으며 이 과업들이 완수되었을 때 다음 단계로 진행할 수 있음을 의미한다. 기술적이란 의미는 각 단계별로 개발자가 무엇을 고려해야 하고 무엇을 해야 하는가를 설명한다. 전통적 모형은 일반적으로 요구분석 및 결정, 목표 진술, 교수 설계, 교수-학습, 그리고 평가의 순서적 단계들로 구성된다.

Sork(1990)은 전통적 모형의 특징들을 다음과 같이 설명하였다. 첫째, 일련의 단계들, 과업들, 그리고 의사결정을 위한 사항들로 구성된다. 특히 의사결정을 위한 사항들이란 단계마다 프로그램 개발 관련 과업을 수행하면서 개발자가 의사결정을 해야 하는 포인트를 포함한다는 의미이다. 예를 들어, 요구분석의 경우 현재 상태와 바람직한 미래상태의 차이를 규명하고 그 우선순위를 개발자가 결정해야 한다. 둘째, 단계들끼리 논리적으로 연결이 된다. 첫 단계를 완료해야 두 번째 단계로 이동이 가능한 것이지 첫 단계를 무시하고 그 다음 단계로 진행할 수는 없다. 전통적 모형에 속한 몇몇 연구자들은 프로그램 개발의 비선형성(non-linear)과 단계들끼리 상호작용을 강조하기도 하지만, 대부분의 연구자들은 프로그램 개발의 선형성에 기초한 단계들을 나열하고 있다. 따라서 한 단계가 다음 단계와 어떻게 연결되는가를 보이기 위하여 다이어그램들을 많이 사용한다. 셋째, 적어도 목적설정, 내용결정, 교수방법 구상, 그리고 평가의 네 가지 기본적인 단계들을 포함한다.

Tyler 이후 Knowles의 안드라고지 모델, Houle과 Walker의 자연주의 모델, 그리고 Nadler와 Freire의 비판적 모델이 전통적 모형에 포함된다. 이들을 간략히 소개하면 다음과 같다.

첫째, 교육목적→학습내용→학습내용의 구조화→평가의 네 가지 구성요소를 언급한 1949년 Tyler의 연구는 전통적 프로그램 개발 모형들의 기본적 토대를 제공해 왔다(Sork, 2000).

둘째, Knowles의 안드라고지 모델은 총 7단계로 구성되며 각 단계별로 개발자가 무엇을 해야 하는가에 대하여 순서적으로 설명을 제공하였다. 또한 이 모델은 프로그램 개발의 의사결정과정에 성인학습자의 직접적 참여를 강조하였으며 학습자가 지식과 기술을 습득하도록 돕기 위한 절차와 자원을 제공하였다. Knowles의 모형은 안드라고지 개념을 적용하여 프로그램 개발 과정에 성인학습자의 특성과 상황을 반영하였다는 점에서 프로그램 개발 모형의 큰 전환점이 되었다.

셋째, 자연주의 모델은 개발자의 상황기반 의사결정을 강조하였다. 즉, 개발자는 상황을 파악하고 그 상황을 기반으로 무엇을 할 것인가에 대해 결정하고 실행해야 한다. 따라서 자연주의 모델은 여러 가지 범주들과 각 범주에 속한 개발자가 수행해야 할 과업들을 나열하는 것이 보통이다. 그러나 여전히 범주들은 순서적 또는 단계적이며 주로 다이어그램으로 순서 또는 단계를 표현한다(Sork, 2000).

넷째, 비판적 모델은 아래에서 설명할 정치협상모형의 기초를 제공한다(Sork, 2000). 프로그램 개발에 있어 다양한 이해관계자 집단의 파워와 정치적 요소를 고려한다. 즉, 프로그램 개발 과정에서 개발자는 중립적이거나 탈 가치적일 수 없다. 교수자와 학습자 간 대화와 협상을 통해 과정개발이 이루어진다. 그러나 정치협상모형과는 달리 프로그램 개발의 실제 상황을 고려하였다기 보다 여전히 개발자가 무엇을 해야 하는가를 강조하고 있기 때문에 전통적 모형의 하나로 볼 수 있다(조대연, 2004; Maclean, 1994).

전통적 모형들은 프로그램 개발의 각 단계별 과업들을 체계적·순서적인 논리에 기초하여 제공함으로써 프로그램 개발에 도움을 주려고 했다. 그러나 'what to do'에 대한 설명은 충분하였으나 'how to do'에 대한 설명이 부족하였다. 특히 프로그램 개발 상황이 다름에도 불구하고 지나치게 'what to do'를 기반으로 프로그램 개발자들이 수행해야 하는 과업들에 대한 규범적 설명을 제공했다는 비판을 받았다. 아래 [그림 14.1]은 전통적 모형의 선형성을 보여주기 위한 예시이며 Houle의 자연주의 모델이다.

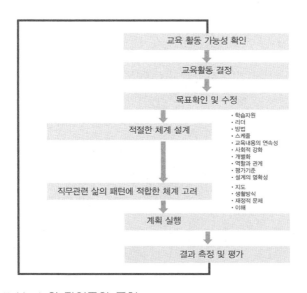

[그림 14.1] Houle의 자연주의 모형
출처: Houle, C. O. (1972). The design of education. San Francisco: Jossey-Bass, p. 47.

2) 정치협상 모형

전통적 모형은 1940년대 후반부터 90년대 초반까지 프로그램개발 모형의 근간이었다. 그러나 1994년 Cervero와 Wilson은 실제 프로그램 개발자의 개발하는 일(work)에 기초하여 정치협상모형을 제안하였다. 프로그램 개발이란 일련의 단계들을 따르거나 각 단계별 과업을 완수하는 것 그 이상이다(Hansman & Mott, 2000). 전통적 모형의 단계별 과업 및 기술들이 개발자들에게 필요한 것은 맞지만, 동시에 이해 당사자 간의 정치적 파워 관계 및 예산 편성 등의 협상을 어떻게 진행시켜야 할지에 대한 안내 및 지침도 제공되어야 한다(Maclean, 1994). 전통적 모형은 다양한 이해관계자 집단의 서로 다른 요구가 존재할 때 어떻게 이 요구들을 중재할 것인가에 대한 도움을 제공해주지 못한다. 프로그램 개발이 개발자의 사회적 행위라는 정의를 바탕으로, Cervero와 Wilson(1994), Wilson과 Cervero(1997)는 전통적 모형이 프로그램 개발의 실제에서 협상 과정이나 정치－상황적인 현실성을 간과해 왔다고 지적하였다. 동시에 프로그램 개발자들의 '일상적인 일'에 좀 더 관심을 갖는 정치협상 모형을 제안하였다.

Cervero와 Wilson(1994)은 프로그램 개발과정에서 개발자, 다른 이해관계자들, 그리고 기관의 복잡한 이해관계와 파워 간 협상이 프로그램 개발자의 가장 핵심적 과업임을 발견하였다. 개발자는 기관 내부의 복잡한 파워와 정치관계 속에서 프로그램을 개발한다. 프로그램 개발자의 일은 항상 프로그램 관련해서 복잡한 파워나 이해관계 등의 정치적 측면들과 분리될 수 없기 때문이다. 따라서 프로그램 개발자의 의도와 관계없이 전통적 모형에서 제안한 일련의 단계들과 과업들을 따를 수 없는 경우가 빈번히 발생한다. 프로그램 개발자는 복잡한 상황의 한가운데 서 있고 결국 다양한 이해와 파워관계의 협상능력이 프로그램 개발에 있어서 중요한 부분을 차지한다.

또한 Wilson과 Cervero(1996)는 복잡한 이해관계와 파워관계의 협상과 중재 노력을 윤리적 그리고 정치적 측면에서 방법적 해결책을 제시하고자 했다. 먼저 윤리적 측면에서 개발자는 민주적으로 프로그램 개발과정을 유지 및 발전시켜야 하고 프로그램에 의해 영향을 받는 모든 그룹들이 프로그램 개발과정에 직·간접적으로 참여할 수 있는 기회가 주어져야 한다. 정치적 측면에서 개발자는 프로그램 개발 상황에서 다양한 파워와 이해관계를 이해하고 하나의 합일점을 찾을 수 있는 정치적 전략을 결정해야 한다. 결국 윤리적이며 정치적 차원에서 개발자의 책무성은 개발자가 갖추어야 할 가장 기본적인 덕목이다.

정치협상 모형이 등장한 이후 많은 연구들은 성인교육 프로그램 개발에서 복잡한 파워 및 이해관계와 개발자의 협상 및 중재 능력의 관련성에 대하여 검증해 왔다(조대연, 2004). 이러한 노력들은 정치협상모형을 재검증하고 발전시키는 역할을 해왔다. 그럼에도 불구하고 정치협상모형은 개발자들에게 구체적인 답을 제공해 주는 데 한계가 있다. Cervero와 Wilson 역시 윤리적, 민주적, 정치적 전략, 책무성 등을 강조하였으나 이는 구체적인 과업을 제공하는 전통적 모형과 비교할 때 상대적으로 매우 추상적일 수밖에 없다.

3) 통합모형

90년대 이후 정치협상 모형의 중요성이 강조되었지만, 전통적 모형의 긍정적 측면들을 포기할 수는 없었다. 따라서 통합모형은 전통적 모형과 정치협상모형의 긍정적인 특성을 반영한 절충적 모형이라고 할 수 있다. 통합모형에 속한 대표적 학자들을 소개하면 다음과 같다.

Sork(2000)은 프로그램 개발과정 동안 개발자가 다루어야 할 핵심적 질문들로 구성된 모델을 제안하였다. 즉, 제안한 질문들에 답하는 과정을 통해서 개발자는 프로그램 개발 과정 동안 보다 효과적인 의사결정을 할 수 있다. 특히 개발과정을 개발자에게 안내하기 위해 제안된 질문에 답을 함으로써 개발과정 동안 개발자가 어떤 과업과 어떤 전략이 수행되어야 하는지를 생각할 수 있게 한다. 이는 전통적 모형의 단계별 과업 수행을 강조한 것이다. 동시에 Sork의 질문들 가운데는 개발자의 상황을 분석하고 그 상황에 맞는 적절한 해법을 찾기 위한 노력도 있다. 이는 정치협상 모형의 특징을 반영한 것이다. 이렇듯 Sork은 전통적 모형에서 사용된 선형적 논리를 피하고 정치협상모형에서 강조한 프로그램 개발자의 사회적 일(work)의 특성을 반영하였다.

Caffarella(1998-9; 2002)는 12개의 구성요소로 이루어진 상호작용적 모델을 제안하였다(아래 [그림 14.2] 참조). 이 모델은 각 구성요소별로 개발자가 실행해야 할 대표적 과업들을 포함하고 있다. Caffarella는 개발자가 어떤 의사결정을 해야 하며 무엇을 해야 하는가에 대한 정보제공에 초점을 두었다. 이는 전통적 모형의 특성을 반영한 것이다. 또한 프로그램 개발은 조직 내 이해관계의 충돌로부터 발생한 복잡한 상황 속에서의 협상 및 중재 과정이라고 보았고 개발자의 윤리성을 강조하였다. 개발자는 프로그램 개발 상황을 분석한 후 그 상황에 맞는 12개 구성요소를 선택하여 사용할 수 있다. Caffarella는 전통적 모형의 선형성을 피하고 개발자가 해야 할 과업의 중요성을 강조하면서 동시에 정치협상모형의 특성을 반영하였다. 아래 그림에서도 알 수 있듯이 전통적 모형의 구성요소는 포함하되 다이어그램식의 선형성을 강조하지는 않는다.

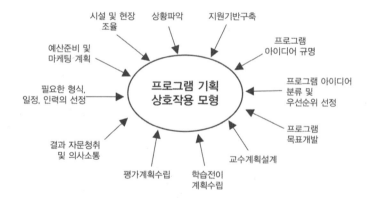

[그림 14.2] Caffarella(2002)의 상호작용모형
출처: Caffarella, R, S. (2002). Planning programs for adult learners: A practical guide for educators, trainers, and staff developers(2nd ed). San Francisco. CA: Jossey-Bass.

Lawler와 King(2000)은 성인교육 프로그램 개발이론에 기초하여 대학 교수 연수프로그램을 위한 모델을 제안하였다. 그들은 프로그램 개발이 지속적이면서도 비선형적 과정임을 강조하면서 동시에 프로그램 개발이 사회적, 정치적, 그리고 조직적 상황에서 행해지기 때문에 개발자의 윤리적 책무성을 강조하였다. 그러나 그들의 모델은 전통적 모형에서 일반적으로 볼 수 있는 네 가지 단계로 구성되어 있고, 각 단계별로 개발자가 해결해야 할 질문과 과업들이 열거되어 있다. 이런 점에서 Lawler와 King의 모델은 통합모형의 한 예라고 볼 수 있다.

통합 모형에 속한 연구들은 다음과 같은 공통점을 갖는다. 첫째, 전통적 모형과 마찬가지로 단계들과 각 단계마다의 구성요소인 과업들로 이루어져 있다. 둘째, 정치협상 모형에서 강조한 사회적 그리고 정치적 상황을 프로그램 개발자가 고려할 필요가 있다. 셋째, 프로그램 개발자는 분석된 상황과 자신의 스타일에 맞게 단계들 중 일부를 선택할 수 있고 선택된 단계에서도 필요에 따라 과업들을 선택할 수 있는 유연성이 특징이다. 이는 전통적 모형의 선형성과 차별화된 부분이다.

3 평생교육 프로그램 개발 과정

성인교육영역에서 대표적인 교육 프로그램 개발 모형은 교수체제설계(ISD: instructional system design)이다. 교수체제설계는 체제적인 접근을 중시하면서 지금까지 가장 널리 활용되고 있다. 교수체제설계의 대표적인 모형은 분석(Analysis)→설계(Design)→개발(Development)→실행(Implementation)→평가(Evaluation)의 선형적 단계를 강조한 ADDIE모형이다(DeSimon, Werner, & Harris, 2002). 그러나 보다 많은 과업들을 각 단계에 포함하여 세분화된 과정을 중시함으로써 시간 투입이 많은 한계가 있고 특히 단위수업 이상의 교육프로그램 개발이나 교육체계 수립에는 부적합하다(노경란 & 변정현, 2010)는 의견도 있다.

Gustafson과 Branch(1997)는 ISD 모형을 표방한 연구들에서 제안한 모델들만 무려 18개에 이른다고 하였다. ISD 기반 모델 가운데 [그림

14.3]의 Dick & Carey 모형은 가장 잘 알려진 프로그램 개발 과정이다. 이 모형의 가장 큰 특징은 첫째, 교수(instruction)를 설계하고 개발하기 전에 학습목표를 평가하는 단계를 제안하였으며 둘째, 형성평가의 중요성을 강조하였다. 그러나 Dick & Carey 모형은 거쳐야 할 단계의 증가로 투입되는 시간과 비용이 증가한다는 단점이 있다(조대연, 이성순, 이경호, 박용호, 2010).

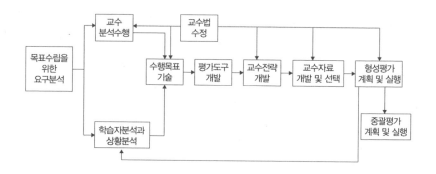

[그림 14.3] Dick & Carey의 체계적 교수설계모형
출처: Dick, W., Carey, L., & Carey, J. O. (2005). The systematic design of instruction. Boston: Allyn & Bacon. p. 1.

위에서 설명한 ISD 모형은 단위수업중심의 교육프로그램 개발전략으로 활용성이 매우 높다. 그러나 성인 대상 교육프로그램의 개발 전략이 필요하다. 본 절에서는 투입-과정-산출 프로세스에 기반을 두어 성인대상 프로그램 개발 과정을 설명하고자 한다. 이 과정 역시 절차적 선형성을 강조하고 있기 때문에 위에서 설명한 성인 대상 교육프로그램 개발 이론들 가운데 전통적 모형에 기초한다. 그러나 [그림 14.4]에 '사정/분석' 단계의 모든 과정을 거칠 필요가 없으며 개발자의 상황에 맞게 1-2개의 분석을 선택적으로 실시할 수 있으므로(조대연, 김명랑, 정은정, 2010) 통합모형이라고 볼 수도 있다.

조대연, 김명랑, 정은정(2010)은 교사 대상 프로그램 개발 모형으로

Input, Process, Output의 앞 글자를 따서 IPO 모형을 제안하였다. 여기서는 그들의 IPO 모형을 수정·보완하여 [그림 14.4]와 같이 제안하고자 한다.

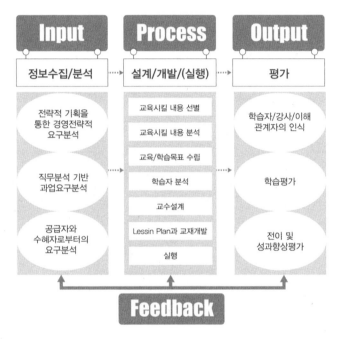

[그림 14.4] 평생교육 프로그램 개발 IPO 모형

첫째, 투입단계는 정보를 수집 및 분석하는 단계를 의미한다. 이 단계는 대표적으로 평생교육기관 차원에서 추구하는 몇 가지 요구분석을 포함한다. 즉, 현재상태와 바람직한 상태의 차이(gap)를 분석하기 위한 자료수집과 분석 과정들이다. 전략적 기획을 통한 경영전략적 요구분석의 경우 기관 차원에서 추구하고자 하는 방향과 현재 상태의 차이(요구)를 파악한다. 또한 공급자와 수혜자로부터의 교육요구분석이 이루어진다. 조대연(2006a)은 요구분석에서 적어도 둘 이상의 이해관계집단을 대상으로 요구분석 실시를 권장하였다. 공급자는 지자체 등 상부 기관, 평생교육기관, 평생교육 담당자 등이 될 수 있고 수혜자는 (잠재적) 교육대상자를 의미한다. 요구분석의 경우 개인 및 지역사회의 요구를 파악하여 중요도, 긴급도, 치명도 등의 기준에 의해 우선순위를 결정하고 최우선순위 요구들이 발생하게 된 원인을 분석하여 교육프로그램을 결정하는 단계이다. 재직자들을 대상으로 직무역량 향상 교육과정을 기획할 때 직무분석을 통해 도출된 과업들을 기반으로 요구분석을 실시할 수 있다. 이를 직무분석기반 과업요구분석이라 한다.

평생교육 담당자는 투입단계에서 제시한 분석과정을 순차적으로 진행할 필요는 없다. 예를 들면, 전략적 기획을 통한 경영전략적 요구분석에 의해서만 분석과정이 진행되기도 하고 학습자와 공급자의 요구분석만으로 이루어지는 경우도 많다. 평생교육 담당자는 자신과 기관의 상황에 따라서 적절한 분석전략을 선택하여 계획·실행해야 한다. 또한 경영전략적 요구, 수혜자의 요구 및 공급자의 요구가 서로 다른 경우에 어떻게 이를 중재할 것인가에 대한 Tip은 앞에서 언급한 프로그램 개발이론 중 정치협상 모형에서 얻을 수 있다.

둘째는 과정(process) 단계로 첫 단계인 투입단계에서 도출된 분석결과를 갖고 설계와 개발 및 실행의 단계로 들어간다. 설계와 개발 및 실행의 단계는 비교적 선형성을 갖는다. 아래 내용들이 순서적 절차들이다.

첫째, 교육 프로그램 설계를 위하여 교육시킬 내용을 선별 및 분석한다. 일반적으로 교육요구분석에서는 교과목 그리고 대주제 또는 중주제 수준에서 요구가 결정된다. 이때 요구분석결과를 갖고 최우선순위 교과목이나 주제들을 반영하지만 구체적인 교육내용은 주제전문가나 강사들의 도움을 받는다. 평생교육 담당자가 모든 내용에 전문가일 수는 없기 때문이다.

특히 교육시킬 내용분석은 위에서 도출된 교육시킬 내용을 더 작은 가르칠 수 있는 단위들로 나누는 과정을 의미한다. 주로 지식이나 정보의 검증과정이다. 내용분석은 평생교육 담당자와 내용 또는 주제전문가들의 협력 작업으로 행해진다. 선별된 교육시킬 내용들을 지식, 기술, 태도로 구분하거나 또는 사실(facts), 개념(concepts), 절차(procedures),

원리(principles)그리고 태도로 구분한다. Dick, Carey 그리고 Carey(2005)는 언어적 정보(verbal information), 지적 기능(intellectual skill), 심동기능(psychomotor skill), 태도(attitude)로 구분하기도 하였다. 이처럼 교육시킬 내용의 구분 기준은 학자마다 다양하다(조대연, 정은정, 홍순현, 강윤석, 2011).

최근에는 지식과 기술 간의 구분이 어렵기 때문에 지식, 기술, 태도로의 구분은 현실성이 떨어진다. 이와 같은 내용분석 결과는 교수목표와 가르칠 내용의 계열화를 완성하는 데 도움을 준다. 예를 들면, 사실보다는 개념이, 개념보다는 절차가, 절차보다는 원리가 교육생이 학습하기 어렵다. 그렇다면 어떤 것들을 1차시 모듈에 배치해야 하는가의 결정에 내용분석결과는 매우 큰 도움을 준다. 또한 학습목표를 결정하는데도 내용분석의 결과가 활용된다. 또한 평가방법에도 영향을 미친다. 예를 들면, 지식에 분류된 내용을 평가하는 방법은 지필평가가 될 수 있고, 절차에 분류된 내용을 평가하는 방법은 체크리스트가 적합하다.

둘째, TO(target objective)와 EO(enabling objective)를 수립한다. TO는 교육이 종료되었을 때 학습자들이 알고 실천할 수 있어야 하는 것들을 의미한다. 반면 EO는 TO 도달에 기여하기 위해 교육이 진행되는 동안 학습자들이 알고 실천할 수 있어야 하는 것들을 의미한다. TO는 EO보다 큰 개념이며 하나의 TO에는 여러 개의 EO가 있을 수 있다. EO들을 하나씩 학습자가 성취하게 되면 결국 TO에 도달하게 된다. TO와 EO는 크게 행동, 조건, 그리고 성취기준의 세 가지 요소로 진술할 수 있다. 또한 학습목표 도달을 확인하기 위한 평가 계획도 여기서 수립한다.

셋째, 학습자 분석이 이루어진다. 평생교육 담당자가 설계하고 있는 프로그램과 관련한 학습자의 역량을 파악한다. 즉, 교육내용에 대한 학습자의 현재 지식과 기술 보유 정도는 어떠해야 하는지, 과거 경험, 교육 참여시점에서 학습자들에게 기대되는 역량, 언어, 읽기, 말하기 등 표현 역량 정도는 어느 정도이어야 하는지, 학습에 대한 참여자의 태도, 선호하는 교육방법이나 교육매체는 무엇인지에 대한 분석이 이루어진다. 그러나 현실적으로 교육 참여자의 성별, 연령, 경력 등 개인적 차원의 피상적 정보를 갖는 것이 일반적이다.

넷째, 교수설계가 이루어진다. 교수설계는 교과목별 교육내용의 모듈화 작업과 함께 교수방법 및 매체를 구상하는 단계를 의미한다. 앞에서 설명한 교과목에 대한 내용분석 결과에 기초해서 교육내용을 전달하기 위해 주어진 일정 동안 어떻게 교육내용을 구성할 것인가에 대한 결정과정이라 할 수 있다. 교육내용 계열화는 W(Whole) − P(Parts) − W(Whole) 원칙이 적용된다([그림 14.5] 참조). 이 원칙은 전체 교육일정을 구성할 때도 적용될 수 있고 단위 수업 1 − 2시간의 학습 이벤트를 구성할 때도 적용될 수 있다. 예를 들면, 5박 6일 교육일정을 수립할 때 교육과정의 초반은 교과목 전체를 아우를 수 있는 큰 주제를 배치한다. 그리고 세부적인 부분들을 다룰 수 있는 교과목들을 배치한다. 그리고 마지막으로 다시 한 번 교육과정 전체를 종합할 수 있는 큰 주제를 배치한다.

일반적으로 평생교육 담당자는 교육과정 설계 속에서 교과목 그리고 교과목별 강사확보까지를 담당하게 된다. 그러나 강사를 확보할 때 강사에게 어떤 내용이 강의에서 다루어져야 할지에 대한 정보를 강사와 협의해야 한다. 따라서 교수설계는 ISD에서처럼 자세히 구성될 필요는 없다. 다만 평생교육 담당자는 각 과목마다 핵심적인 교수요목 정도를 결정해야 한다. 즉, 1차시에는 어떤 내용들이 그리고 2차시에는 어떤 내용들이 학습자에게 전달되어야 하는지를 강사와 협의를 해야 한다. 이때 차시별 교육내용의 결정은 내용분석 결과에 기초한다. [그림 14.5]를 보면 부분(part)에서 단순→복잡, 아는 것→모르는 것, 구체적→추상적인 것으로 교육내용을 배치할 것을 권한다. 물론 복잡→단순 등의 반대 원리를 취할 수도 있다. 그러나 안드라고지 등 성인학습원리에 기반을 둔다면 [그림 14.5]가 유용하다. 이는 차시별 교육내용의 배치에도 적용되지만 전체적인 교육과정에서도 같은 원리가 적용된다.

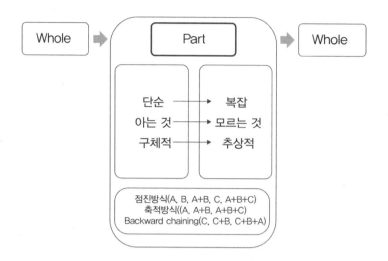

[그림 14.5] 교육내용의 계열화

　교육내용이 계열화되면 평생교육 담당자는 교육방법을 강사와 함께 결정한다. 교육방법의 결정은 주로 교육목표 또는 학습목표에 의해서 결정된다. 그러나 교수자의 교수철학, 학습자 특성, 교육내용, 시간과 비용 등에 의해 영향을 받는다. 예를 들면, 위에서 설명한 내용분석(content analysis)에서 개념을 이해하는 인지스킬유형의 내용이 도출되었다면 학습목표는 '평생교육의 개념적 구성요소 2가지 이상을 말할 수 있고 잘못된 개념 예를 선택할 수 있다'라고 하자. 이 경우 비용 및 시간대비 효과 측면에서 적절한 교육방법은 프레젠테이션이 될 수 있다. 또한 교수설계과정에서 교육방법에 따른 교육매체를 선택하는 것을 대부분의 문헌들에서 포함하고 있지만, 현실적으로 평생교육 담당자의 몫이라기보다 강사의 몫이므로 여기서는 논외로 한다.
　마지막은 산출(output) 단계로 과정(process) 단계에서 진행된 학습의 결과를 평가하는 단계이다. 둘째 단계인 과정 단계가 순서를 반영한 선형성을 갖는 반면 산출 단계는 상황에 기반하여 평생교육 담당자가 학습자의 인식 정도, 학습정도 및 성과향상 정도를 선택하여 평가할 수 있다.
　첫째, 학습자의 인식에 대한 평가는 교육에 대한 전반적인 반응을 살펴보기 위해 만족도 평가를 의미한다. 강사, 교육내용, 교육방법, 교육시설에 대한 학습자의 만족도 인식을 평가한다. 또한 강사의 만족도 평가도 고려해 볼 수 있다. 강사의 만족도는 학습자 태도, 평생교육 담당자의 역할, 교육시설 등에 대한 강사의 만족도 인식 정도를 평가할 수 있다. 강사로부터의 인식평가는 평생교육 담당자에게 의미 있는 피드백을 제공해 줄 수 있다.

둘째, 학습자의 학습정도에 대한 평가는 수립된 학습목표에 따라서 학습평가의 방법이 달라진다. 예를 들면, 내용분석결과 학습내용이 인지 스킬유형에 속한다면 지필평가, 구술시험 등이 활용될 수 있다. 다른 예를 들어보자. 학습내용이 심동기능(예를 들면, 스마트 뱅킹을 단계별로 실행할 수 있다)에 속한다면 각 단계별로 학습자가 적절히 수행하는지 여부를 체크리스트를 통해 평가할 수 있다. 학습결과의 평가방법에는 행동관찰, 질문지, 구술, 지필평가, 암기, 체크리스트 등이 활용될 수 있다. 특히 행동관찰과 질문지는 각각 학습자의 학습 과정 동안과 학습 종료 시 태도를 평가하는데 유용하다.

셋째, 성과평가는 학습자가 학습결과의 현업적용 정도와 이를 통한 성과향상 정도에 대한 평가를 말한다. 일반적으로 평생교육보다 HRD현장에서 성과평가에 대해 많은 관심을 갖는다. 현업 복귀 후 일정 기간이 지난 시점에서 설문과 전화인터뷰 또는 초점집단면접회의 등을 통해 현업적용 정도의 자료를 수집한다. 또한 성과향상 정도는 학습자의 상사를 통해서 자료를 수집할 수 있다. 성과평가는 교육 종료 후 일정 시간이 지난 시점에서 진행되므로 평생교육 담당자에게 현실적으로 자료수집에 어려움이 있다.

Chapter 15

국내 평생교육 연구와
실제의 관계[11]

　국·내외 많은 연구자들에 의해 평생교육학은 꾸준히 성장하였고 그 성과 역시 학계와 현장에 많은 영향을 미쳤다. 개인과 지역사회를 중심으로 한 평생교육 연구 영역은 4차 산업혁명과 인공지능 등의 환경 변화에 따라 평생교육의 중요성이 점점 커지고 있으며 그 영역은 더욱 넓어질 것이다.

　하나의 학문영역으로 정체성을 갖는 세 가지 조건이 있다. 첫째는 연구할 대상인 현장(field)이 있어야 하고 그 현장에서 발생하는 현상을 설명하고 체계화한 이론이 있어야 하며 현상과 이론에 관심을 갖고 연구하는 사람들의 모임, 즉 학회가 있어야 한다. 학회의 주요 구성원은 대학이나 연구소 등에서 연구를 주로 하는 연구자들과 현장에 기반을 둔 실천가들이 함께 한다. 연구자와 실천가는 학회의 다양한 활동들을 통해 정보를 교류한다. 이들이 한 장소에서 서로 대화가 가능하려면 공통의 관심사들이 형성되어야 한다. 물론 평생교육이라는 큰 울타리에서 서로 바라보는 측면이 다를 수 있기 때문에 항상 대화가 잘 소통하는 것은 아닐 수 있다.

---

11) 본 장은 조대연(2020). 국내평생교육 연구논문의 핵심어에 대한 평생교육 담당자의 관심도 분석. 청촌논총, 21, 39-70.을 수정보완하였음.

특히 우리나라 평생교육학은 2000년대부터 실천 현장을 강조하는 특징이 두드러졌다(김은경, 2014). 김진화, 고영화, 성수현(2007)에 따르면, 2000년 이후 많은 평생교육학자들은 적극적으로 평생교육 실천현장의 확장과 활성화 과정에 참여하고 있다. 즉, 어떤 응용학문 분야보다 연구자와 실천가들의 교류가 많은 것이 특징이다. 연구자는 개념, 담론, 그리고 이론 형성을 주로 담당하고 현장은 실천을 담당하는 이분법적 구조는 이제 맞지 않을 수 있다.

그러나 연구자와 실천가들은 각 영역에서 고유한 역할들이 존재한다. 실천가는 평생교육과 평생학습이 현장에서 공허한 메아리가 되지 않도록 보다 평생교육 현장의 모습을 고민하고 발전적인 실천 전략을 도모해야 한다. 또한 연구자들은 이론과 실제를 연계한 평생교육의 이론적 토대를 구축·발전시킴으로써 학문적 정체성을 확립하고(김진화, 고영화, 성수현, 2007), 연구를 통해 이를 다시 현장에 환류시켜 현장의 고민을 함께 나누고 개선방향을 제안해야 한다. 이를 위해 오늘날 평생교육분야에서 연구자와 실천가들은 이슈들을 공감할 필요가 있다. 이를 위해 학계에서 논의되는 주요 이슈들이 얼마나 현장의 실천가들에게 공감을 얻고 있는지 또한 학계와 실천의 영역 간 간격(gap)이 얼마나 존재하는지를 살펴볼 필요가 있다.

따라서 본 장은 2015-2019년간 평생교육학 대표 학술지(평생교육학연구, 안드라고지 투데이, 평생학습사회)들에 투고된 논문들의 주제어를 확인하고 얼마나 평생교육 현장의 실천가들이 이들 주제어에 대해 현재 관심 정도와 미래 중요 정도를 인식하고 있는지 확인하였다.

1 학문으로서 평생교육: 연구동향 분석

학문은 변화하는 사회현상에 대한 개념화와 문제제기 및 해결을 통해 형성하고 발전한다. 학문의 속성은 현상과 관련된 자료들의 객관적이고 체계적인 관찰과 분석 그리고 논의 등을 통해 새로운 사실을 발견하고 현상을 올바르게 이해하며 나아가 새롭게 발견한 사실을 기초로 이론이나 법칙을 형성하도록 한다(곽삼근, 최윤정, 2005). 학문은 독립적인 대상과 현상이 필요하고 그 영역에 대한 개념, 원리, 이론들의 생성이 중요하다(김진화, 고영화, 성수현, 2007). 그러나 연구자가 바라보는 대상과 현상은 평생교육 영역 내에서도 부분적일 수밖에 없으며 이런 한계는 평생교육에서 고유한 이론과 원리를 생성하는 데 한계로 작용한다. 그럼에도 불구하고 각 연구의 통합적 조화와 조율을 통해 추상적 개념이 만들어지고 이를 정당화 할 수 있는 원리와 이론이 형성되며 이를 통해 새로운 현상을 예측할 수 있게 된다.

학자들마다 독립된 학문으로 인정받는 기준들을 제안하고 있다. 김진화, 고영화, 성수현(2007)은 하나의 학문이 정립되기 위해서는 세 가지의 기본 조건을 갖추어야 하는데 첫째는 다른 학문분야와 겹치지 않은 명확하고 독자적인 대상과 과제, 즉 영역이 있어야 하고, 둘째는 독자적이고 체계적인 연구의 방법을 가지고 있어야 하며 셋째는 연구자와 실천가의 모임이 있어야 한다고 강조하였다. 특히 연구방법을 통해 원리와 이론이 생성된다고 볼 때, 김진화, 고영화, 성수현(2007)이 제시한 기준은 앞의 서론에서 언급한 기준과 동일하다. 이들 기준들에 따르면 평생교육은 하나의 독립된 학문영역으로 볼 수 있다. 물론 평생교육학에서 연구방법을 통한 독자적인 이론들과 원리들이 존재하는가에 대해서는 많은 논쟁의 여지가 있을 수 있으나 평생교육학이 간학문적이면서 응용학문적 성격을 갖고 있고 다른 인접 학문들로부터 이론과 원리를 차용하여 평생교육현상을 설명할 수 있기 때문에 이론이나 원리가 없다고 말할 수는 없다.

학문으로서의 평생교육학은 수많은 연구를 통한 새로운 지식, 원리, 이론 등이 생성되고 성장한다. 지난 10년간 평생교육학의 연구동향 관련 논문들은 평생교육학의 연구영역이 어떠하며 연구자들의 주요 관심사 등을 가늠할 수 있는 정보를 제공해 준다. 2000년대 초반 평생교육

연구동향에 대한 연구들은 평생교육에 대한 의미나 개념, 범위설정, 국제동향에 초점을 두고 학문적으로 성장하기 위하여 이론과 실천의 구분, 그리고 두 영역 간의 불일치성 문제에 초점을 두었다(현영섭, 박혜영, 이성엽, 2012). 2000년대 학술지 논문을 통해 평생교육학의 연구동향을 최초로 분석한 곽삼근과 최윤정(2005)은 평생교육제도 및 정책, 기관 및 현장, 그리고 평생교육과정 및 프로그램에 대해 많이 연구되고 있고, 반면 평생교육학 학문연구와 방법연구가 가장 취약했다고 하였다. 이는 평생교육학의 연구동향이 평생교육현장에 초점을 둔 실천지향적이긴 하지만 학문적 정체성과 평생교육학에 대한 연구는 부족함을 지적한 것이다. 이와 같은 연구결과는 2013년 이지연의 연구 결과와도 유사했다. 이지연(2013)은 2005－2012년까지 발표된 총 489편의 논문을 분석한 결과 평생교육 현장에서 실천에 초점을 둔 평생학습자 및 학습자 집단(24.5%), 평생교육과정 및 프로그램(16.6%)이 가장 많이 연구되었다고 하였다. 반면 평생교육학에 관한 연구(4.3%), 평생교육역사 및 철학(5.9%)은 매우 낮았다.

현영섭, 박혜영, 이성엽(2012)은 국내 평생교육학 전문학술지 8종에 대한 저자동시인용 자료의 사회적 연결망 분석을 통해 성인교육 연구동향을 분석한 결과 성인교육담당자의 역량, 전문성, 역할에 대한 연구, 학습사회, 성인학습정책, 프로그램 분석, 성인문해 등의 주제가 활발하게 연구되는 것으로 확인하였다. 또한 네트워크, 학습소외계층, 성인교육역할론, 프로그램 평가와 학습전이 등의 주제가 새롭게 등장하고 있었다. 즉, 성인교육담당자, 정책, 프로그램, 성인문해 등 평생교육 현장과 매우 밀접한 주제들이 연구되었음을 알 수 있다.

김은경(2014)은 저자동시인용분석을 이용해 국내 평생교육학의 지적 구조를 분석한 결과 (1) 평생교육자론, (2) HRD중심 평생교육론, (3) 지역사회교육실천론, (4) 평생교육정책론, (5) 원론 범주의 평생교육론, (6) 원격교육중심 평생교육론, (7) 계층별 평생교육론(노인, 여성 등)으로 구분할 수 있다고 하였다. 특히 융합적 성격의 세부 주제 영역이 형성되고 있고, 실천보다는 정책 중심의 연구 경향, 방법범주의 연구 취약성, 학문공동체 내 소통이 보이지 않음 등을 확인하였다. 그럼에도 불구하고 평생교육 정책이 평생교육현장과 매우 밀접한 관계가 있다(김진화, 고영화, 성수현, 2007)는 전제하에 평생교육정책, 지역사회교육실천, 평생교육자, HRD와 원격교육 등의 평생교육 영역 연구들이 평생교육학의 지적 구조를 형성한다는 점은 이들 연구들이 현장과 매우 밀접한 주제들을 다루고 있다고 볼 수 있다.

이지연(2015)은 국내외 성인교육학의 최근 연구동향(2005 – 2014년) 고찰에서 국내의 경우 성인학습자에 대한 연구(20.8%0가 가장 활발하였고, 기관/제도/정책/고등교육(14.8%), 철학/역사/이론/개념(13.5%), 교수학습(12.3%)순이었다. 즉, 성인학습자, 기관/제도/정책은 실천지향적 성격이 강한 주제라고 볼 수 있고, 전체 연구주제의 약 1/3 이상을 차지하고 있다. 또한 이 연구에서는 평생교육학의 연구방법과 학문적 정체성에 대한 연구가 '평생교육학연구' 학회지에서 활발히 진행되고 있음을 강조하였다.

김영환 등(2015)은 2005 – 2014년 학술지 '평생학습사회'의 연구주제 동향을 네트워크 텍스트 분석방법을 활용하여 제시하였다. 그러나 연결 중심성이 높은 핵심어는 분석, 학습, 학습자, 평생교육, 교육, 사회, 대학순이었다. 그러나 이들 핵심어들이 일반적인 용어들이라 구체적인 연구주제 동향을 파악하기에는 한계가 있다.

김태연과 강버들(2017)은 2006년부터 2015년까지 평생교육분야 학술지 논문을 기반으로 연구논문 수가 가장 많은 순으로 14종의 학술지를 선정하고 271편 연구논문의 핵심 키워드에 대한 사회연결망 분석을 실시하였다. 그러나 이 연구는 10년간 14종의 학술지에서 추출한 평생교육관련 연구논문의 편수가 217편에 그친다는 점에서 구체적인 연구대상 추출 방법을 확인할 수 없는 한계를 갖는다. 그럼에도 불구하고 핵심 키워드의 사회연결망 분석 결과 높은 빈도수를 보인 것은 평생교육, 대학평생교육, 평생교육사, 평생교육기관, 다문화 사회, 평생교육프로그램 개발로 확인되었다. 또한 평생교육, 평생교육사, 대학평생교육순으로 연결중심성이 높아 다른 핵심 키워드들 사이에서 중심적인 키워드임을 알 수 있었다. 이들 연구결과 연구자들이 주요 관심을 갖는 핵심어는 다분히 평생교육 현장 및 실천과 관련 있는 핵심어들로 보인다.

이처럼 연구동향에 대한 선행연구들은 평생교육 연구자들이 주로 평생교육 현장과 실천에 많은 연구가 집중되어왔다고 강조하였다. 그러나 아래 두 연구에서는 기존 연구들과 다른 분석결과를 제시하였다. 윤옥한(2015)은 1995－2014년 '평생교육학연구' 학술지의 논문을 대상으로 연구동향을 분석하였다. 그 결과 평생교육의 이론적 탐색 논문(38.4%)이 가장 많았다. 최은수 등(2009)의 연구는 1998－2008년까지 'Andragogy today'에 게재된 270편의 논문을 분석한 결과 가장 많이 연구된 주제가 성인교육철학 및 패러다임의 변화(30.7%)였다. 이는 평생교육 현장 및 실천과는 거리가 있는 연구주제들이였다. 그러나 이 두 연구는 특정 하나의 학술지만을 분석하였다. 각 학회지마다 성격이 다르고 선호하는 주제영역이 다를 수 있다. 따라서 하나의 특정 학술지를 대상으로 평생교육 영역 전체의 연구동향을 파악하는 것은 한계가 있다. 이 두 연구를 제외하고 다른 동향 연구들에서는 일치된 결과를 보인다. 주로 2000년 이후 우리나라 평생교육 영역에서 연구들은 주로 평생교육현장을 중심으로 한 실천지향적인 연구주제들을 다루어 왔다. 이와 같은 현상은 연구와 현장 또는 이론과 실천 간 강한 연결고리가 있으며 그 간격 역시 매우 작을 것임을 예상해 볼 수 있다.

오히려 김진화, 고영화, 성수현(2007)은 그동안 동향 분석을 포함한 많은 평생교육 연구의 성과에도 불구하고 우리가 풀어야 할 평생교육학의 학문적 과제 가운데 보다 이론적 담론을 생성하고 활성화시켜 나가야 하며, 평생교육 현상을 설명할 수 있는 고유한 개념을 생성하고 이론과 법칙을 형성해나가야 한다고 하였다. 이는 연구자들에게 보다 연구를 통한 담론 형성, 개념과 이론의 확립을 주문한 것으로 평생교육 연구의 나아가야 할 방향을 제안한 것이다.

그러나 이와 같은 생각은 연구자들만의 생각과 결론이 아닐까? 연구자들은 평생교육 현장을 바라보며 그리고 효과적인 평생교육 실천을 발전시키고자 노력한다. 그러나 많은 연구자들의 연구주제는 그 범위가 매우 넓고 추상적이어서 과연 평생교육 현장의 고민을 얼마나 반영하고 있을까?

Swaonson(2005)은 연구를 새로운 지식을 생성하기 위한 정돈된 탐구 과정이라 하였다. 그의 정의에서 연구는 새로운 지식이라는 특정한 결과와 함께 정형화된 탐구 과정을 강조하였다. 보다 객관적인 연구결과를 위해 탐구 과정은 정형화된 과학적 과정이어야 한다. 현장 실천가들이 이 과정에 매우 익숙할 필요는 없다. 그러나 연구결과인 새로운 지식은 연구의 세계에 매우 유용한 결과이고 연구자들—모든 연구자들은 아닐 지라도—이 관심을 갖는 결과이나, 실천가들에게 흥미로운 지식인지는 확인할 필요가 있다. 연구자는 자신이 관심 있는 현상의 단면에만 초점을 두어 담론과 이론을 형성하기 때문에 전체를 뚜렷이 보기보다 한 측면만을 강조할 수도 있다(한숭희, 2005). 즉, 평생교육을 연구하는 연구자들은 평생교육 현상이 발생하는 현장을 숲이라고 할 때 자기가 볼 수 있는 방향의 몇몇 나무들만 연구에서 강조한 것은 아닐까?

2 평생교육 현장: 연구와 실천의 공존?

평생교육 영역에서 실천이란 평생교육과 평생학습의 실제가 정책의 힘을 받아 나타나는 현상과 행위의 복합체이다(김진화, 고영화, 성수현, 2007). 따라서 평생교육은 실천 현장의 고민과 이를 해결하고 이끌 수 있는 정책의 결합으로 볼 수 있다. 1999년 평생교육법이 새롭게 개정되고 국가적 차원에서 평생학습 종합진흥계획이 수립되면서 정책적 차원에서 평생교육 현장의 활성화를 위한 토대를 마련했고 이후 다양한 정책 사업으로 지금까지 평생교육 현장은 양적으로 매우 성장하였다. 이를 위해 평생교육학자들의 적극적인 관심과 참여 등은 큰 역할을 담당했고 동시에 평생교육학자들은 현장 사례를 접하면서 실천현장에 근거한 평생교육학의 학문적 토대를 구축하는 계기가 되었다(김진화, 고영화, 성수현, 2007).

그리고 2000년대 우리나라 평생교육 현장의 실천가들은 평생교육의 공공성이 강조되면서 역량향상을 위한 연수기회 확대, 대학원 진학 등 실천가로서 전문성을 확보하기 위해 노력해왔고 결국 평생교육 현장에서 연구자와 실천가가 여러 현장의 이슈에 대해 공감대가 형성되고 지속적인 대화가 성숙되었다. 연구란 평생교육의 현상을 과학적으로 탐구하여 하나의 독특한 이론으로 형성하는 전문적인 실천 행위이다(김진화, 고영화, 성수현, 2007:94). 학문세계에서 평생교육학은 대상과 현상으로 구성된 독립된 영역에 대해 실제 현장에서 적용될 수 있는 원리와 이론들을 제공해야 한다. 동시에 현장의 실천가들은 연구자가 제안한 개념과 원리 그리고 이론들을 이해하며 현장의 발전을 위해 기여해야 한다. 실천에 기초하여 평생교육 이론이 생성됨에 따라 이론과 실천은 평생교육에서 분리될 수 없다(현영섭, 박혜영, 이성엽, 2012).

그럼에도 불구하고 연구와 실천은 고유한 역할이 존재한다. 연구자는 평생교육 현장에 적극 참여함으로써 실천의 확장과 안정을 위해 노력해야 한다. 그리고 동시에 이론적 담론을 생성하고 독자적인 연구방법의 개발과 적용을 활성화시켜야 하며 평생교육 실천 현장에서 확산되고 있는 현상을 다시 독립된 개념으로 생성하고 법칙과 이론을 형성하는 데 공헌해야 한다(김진화, 고영화, 성수현(2007). 연구자들은 현장 실천가들이 연구자를 앞설 수 있다는 점에서 이론이 건전한 실제를 따라잡아야한다는 사실을 생각해야 한다. 연구는 실천 현장 개선을 위해 직접적으로 활용될 수 있는 지식을 제공하며 이는 다시 핵심 이론의 발전에 사용된다(Swanson, 2005).

학문의 성장과 발달과정에서 연구자의 실천현장 참여는 매우 중요하다. 즉, 평생교육 연구자로서 현장 참여는 보다 학문적 성장에 기여할 수 있다. 평생교육 현장에서 실천가와 연구자의 상호작용은 평생교육 현장의 발전뿐만 아니라 평생교육학의 학문적 성장을 촉진시킨다.

이와 같은 차원에서 Jacobs(1997)는 연구자와 실천가의 파트너십 구축은 이론과 현장을 통합하는 중요한 열쇠라고 하였다. 평생교육영역에서 연구자와 실천가의 파트너십 구축은 결국 현장의 발전과 함께 학계의 성장에 큰 도움이 된다. 특히 Jacobs(1997)는 연구개발 프로젝트의 경우 용역 계약서의 관계보다는 전문가 간 파트너십으로 협력관계를 보아야 한다고 강조하였다. 용역 계약서의 관계는 현장의 목적에 연구자가 충족하는 연구결과를 제공해야 하는 일방향적인 관계이다. 그리고 그 결과에 대해 현장과 연구자 간 만족도는 차이가 있을 수 있다. 그러나 파트너십으로서 연구개발 프로젝트를 진행할 경우, 연구자와 실천가의 서로 다른 목적을 명확히 하고 공유하며 각각의 목적을 달성하기 위해 서로 협력한다. 이는 혼자만의 힘으로는 달성될 수 없는 목적일 때 더욱 가능하다. 파트너십 관계를 통해 연구자는 평생교육 영역의 발전에 기여해야 하고 동시에 실천가는 현장의 발전에 활용해야 한다.

예를 들면, 파트너십의 형태는 공동 연구개발 프로젝트, 학생인턴십, 연수 프로그램, 학술회의 등이 있을 수 있다. 현재 연구개발 프로젝트의 경우 많은 부분 위탁과제 형식에 현장 실천가보다는 대학 등의 연구기관 소속 연구자들이 중심이 되어 주도한다. 이를 학계와 현장이 함께 참여하여 진행하는 공동 연구개발 프로젝트의 활성화가 필요하다. 학생인턴십의 경우 학부수준에서는 평생교육실습을 통해 활발히 이루어지고 있으나 대학원 수준에서 현장과 대학 간 학생인턴십의 기회를 확대할 필요가 있다. 현재 평생교육 담당자를 대상으로 한 다양한 연수 프로그램들이 제공되고 있다. 이 연수프로그램들을 학계와 현장 실천가들이 함께 기획, 운영, 평가하는 노력이 필요하다. 또한 우리나라는 평생교육 관련 단체, 공공기관 및 학회들에서 많은 학술회의를 개최한다. 특히 학회의 학술대회는 현장 전문가들의 참여를 촉진하기 위해 현장과 연계된 연구성과를 공유할 수 있는 특별 섹션 등이 마련될 필요가 있다. 이론가들만이 모여 외치는 함성은 공허할 수 있고 현장 실천가들만이 모여 외치는 함성은 그 소리가 작을 수밖에 없다. 따라서 평생교육 영역의 실천과 학문 모두 파트너십을 통한 평생교육 연구가 활성화되지 않으면 그 미래는 없다.

3 평생교육 연구와 실제의 관심도 차이

본 장은 평생교육의 학문 주제에 대한 현장 실천가의 현재 관심도와 미래 중요도의 간격을 살펴보고자 지난 5년간 평생교육학 연구지에 투고된 논문들의 주제어를 확인하고 얼마나 평생교육 현장의 실천가들이 이들 주제어에 대해 현재 관심 정도와 미래 중요 정도를 인식하고 있는지에 대해 요구분석을 실시하였다. 이를 위하여 주요 평생교육 관련 학술지로 '평생교육학연구', '평생학습사회', 그리고 'Andragogy Today' 3개의 학술지를 선정하였고, 한국학술지인용색인(www.kci.go.kr)에서 각 학술지별로 2014년부터 2018년까지 최근 5년간의 연도별 주요 키워드들을 검색하여 추출하였다. 3개 학술지에서 총 1432개의 핵심어가 추출되었고, 유의미한 분석을 위하여 핵심어에 대한 데이터 클리닝 작업을 실시하였다. 총 4차에 걸친 클리닝 작업이 이루어졌으며 최종 444개의 핵심어가 도출되었다. 구체적인 내용은 <표 15.1>과 같다.

<표 15.1> 데이터 클리닝 작업내용

단계	방법	예시	핵심어 개수 변화
1차	영문 핵심어 번안	lifelong learning → 평생학습	1432개 → 1072개 (360개 제거)
	띄어쓰기 제거	건강한 노화 → 건강한노화	
	불필요한 수식어 삭제	학습공간의 조건 → 학습공간조건	
2차	일반명사 제거	교육, 학습, 평생교육, 평생학습 등	1072개 → 1051개 (21개 제거)
	연구방법 관련 핵심어 제거	AHP, 구조방정식, 요인분석 등	
	특정 지역, 인물, 기관 제거	유럽, 안재홍, 유네스코 등	
	모호한 표현 제거	교육적 체험, 교육관점 등	
3차	유사개념 통합	노인학습자 / 초고령학습자 → 노인학습자	1051개 → 539개 (512개 제거)
	동일개념 통일	m-learning / mobile learning → 모바일러닝	
4차	유사개념군 군집화	마을공동체 / 마을만들기 / 마을학교 / 학습마을 → 마을공동체	539개 → 444개 (95개 제거)

　　다음으로 최종 도출된 444개의 핵심어에 대하여 출현 빈도를 분석한 결과 각 핵심어별로 가장 많게는 16번에서 가장 적게는 1번의 빈도수를 나타냈다. 빈도수가 많은 핵심어일수록 여러 논문에서 연구된 주제어이기 때문에 학문영역에서 중요한 위치를 나타낸다고 볼 수 있다. 본 연구에서는 최소 4회 이상 연구에서 나타난 핵심어를 바탕으로 현장의 평생교육 담당자에게 현재 관심도와 미래 중요도를 파악하고자 하였다. 핵심어 빈도분석 결과는 <표 15.2>와 같다.

<표 15.2> 핵심어 빈도분석 결과(빈도 4회 이상)

구분	핵심어	빈도
1	마을공동체(마을만들기, 마을학교, 학습마을)	16
2	지역평생교육(지역교육, 지역이해, 지역자원 포함)	16
3	대학평생교육(대학평생교육원 포함)	15
4	문해교육(문해개념, 문해교육기관, 문해교육과정 포함)	15
5	원격교육(이러닝, 이러닝 콘텐츠, 모바일 러닝 포함)	15
6	학습참여동기	15
7	노인학습(노인학습자, 노인학습동기 포함)	14
8	성인학습자	13
9	자기주도학습(준비도, 능력, 자기주도성 포함)	13
10	평생교육자	12
11	학습만족도	12
12	학습성과	12
13	다문화교육(멘토링, 대안교육포함)	11
14	여성평생교육(대졸, 과학기술인, 노인 포함)	11
15	역량	11
16	(교육)요구분석(우선순위결정 포함)	10
17	대학교육	10
18	성과평가(도구, 모형, BSC, 평가지표, 교육서비스 질 포함)	10
19	원격대학(교육과정, 학점은행제, 성인학습자 포함)	10
20	자기효능감	10
21	진로교육활동(진로교육법, 진로발달, 진로성숙도, 진로장벽, 진로준비 포함)	10
이하 생략		
72	학습전이(풍토 포함)	4

　　마지막으로 도출된 핵심어에 대한 요구분석을 실시하기 위하여 설문조사를 실시하였다. 설문조사는 수도권에서 평생교육 업무를 수행하고 있는 담당자를 대상으로 하였으며, 10일간 온라인으로 실시하여 총 93부의 설문이 회수되었다. 표집방법은 스노우볼 sampling 방법을 활용하였다. 분석은 조대연(2009)의 요구분석 절차를 수정하여 실시하였다.

　　첫째, Borich의 요구도 공식에 따라 핵심어별로 요구의 우선순위를 도출하였다. Borich의 요구도는 현재 수준과 미래 수준 간 차이의 합과 미래 수준의 평균을 곱한 뒤 응답자의 수만큼 나누어 산출한다. 둘째, Hershkowits의 임계함수를 분석하였다. 본 연구는 핵심어에 대한 현재 관심도와 미래 중요도는 학문 영역과 실천현장의 차이를 파악하고자 하므로 현재 관심도와 미래 중요도가 모두 높거나 낮은 핵심어가 도출될 수 있다. 이런 경우 대응표본 t점정 결과가 통계적으로 유의하지 않거나 Borich의 요구도 값이 큰 경우 현재관심도도 높고 미래 중요도 역시 높은 경우 우선순위 요구로 도출되지 못할 수 있어 해석의 오류를 줄이기 위하여 임계함수를 활용하였다. 임계함수는 현재 수준의 평균값을 X축으로, 미래 수준의 평균값을 Y축으로 하여 현재 수준과 미래 수준의 평균값이 모두 높은 제1사분면, 현재 수준의 평균값은 낮지만 미래 수준의 평균값은 높은 제2사분면, 현재 수준과 미래수준의 평균값이 모두 낮은 제3사분면, 현재 수준의 평균값은 높지만 미래 수준의 평균값은 낮은 제4사분면으로 구성되어 있다.

본 연구의 설문에 참여한 조사대상자의 인구통계학적 특성은 다음과 같다. 먼저 성별은 남성이 23명(24.7%), 평균 연령은 41.84세였다. 조사대상자의 최종학력은 대학졸업이 28명(30.1%), 대학원 석사 졸업이 53명(57.0%) 등이었고, 소속기관이 위치한 지역은 서울 36명(37.6%), 인천 2명(2.2%), 경기 56명(60.2%)이었다. 조사대상자가 근무하는 소속기관의 유형은 시군구 평생학습관이 22명(23.7%), 지자체 및 교육청 28명(30.1%), 국가 및 시도진흥원 22명(23.7%) 등의 순이었다. 조사대상자의 평생교육분야 경력은 평균 8.9년이었으며, 고용형태는 정규직 53명(57.0%), 비정규직 40명(43.0%)이었다. 마지막으로 평생교육사 자격여부를 살펴보면 평생교육사 2급 자격을 소지한 사람은 50명(53.8%), 평생교육사 1급을 소지한 사람은 29명(31.2%) 등이었다.

평생교육 학문영역의 주요 핵심어에 대한 평생교육 담당자의 요구를 분석하기 위하여 현재 관심도와 미래 중요도 간의 Borich 요구도 분석을 실시하였다. 분석결과, 우선순위가 가장 높은 상위 5개의 핵심어를 살펴보면, 1순위 결혼이주여성, 2순위 다문화교육(다문화멘토링, 대안교육 포함), 3순위 원격교육(이러닝, 이러닝 콘텐츠, 모바일러닝 포함), 4순위 장애인평생교육, 5순위 원격대학(교육과정, 학점은행제, 학습자 포함)으로 나타났다. 그러나 Borich의 요구도는 현재와 미래의 불일치 수준에 미래의 평균값에 가중치를 부여함에 따라 우선순위가 도출되기 때문에 본 연구에서는 우선순위가 높다고 하여 그 요구가 반드시 중요하다고 볼 수 없다. 예를 들어, 상위 5개 핵심어 중 결혼이주여성은 우선순위가 가장 높은 핵심어이지만, 현재 관심도와 미래 중요도 각각의 평균에 따른 순위는 66위와 55위로 매우 낮게 나타났기 때문이다. 각 핵심어에 대한 구체적인 분석결과는 <표 15.3>과 같다.

<표 15.3> 핵심어에 대한 우선순위 분석

핵심어	현재 관심도		미래 중요도		Borich 요구도	우선 순위
	M	SD	M	SD		
1. 마을공동체(마을만들기, 마을학교, 학습마을 포함)	4.12	1.10	4.42	0.85	1.331	13
2. 지역평생교육(지역교육, 지역이해, 지역자원 포함)	4.15	1.01	4.41	0.84	1.138	21
3. 대학평생교육(대학평생교육원 포함)	3.02	1.16	3.38	1.20	1.198	16
4. 문해교육(문해개념, 문해교육기관, 문해교육과정 포함)	3.59	1.17	3.78	1.01	0.733	42
5. 원격교육(이러닝, 이러닝 콘텐츠, 모바일러닝 포함)	3.18	1.09	3.78	1.14	2.279	3
6. 학습참여동기	4.06	0.92	3.91	0.95	-0.589	72
7. 노인학습(노인학습자, 노인학습동기 포함)	3.76	0.99	4.20	0.83	1.854	6
8. 성인학습자	4.25	0.82	4.25	0.80	0.000	63
9. 자기주도학습(준비도, 능력, 자기주도성 포함)	3.71	1.10	3.90	0.97	0.755	40
10. 평생교육자	3.85	1.11	4.03	0.96	0.737	41
11. 학습만족도	3.90	0.89	3.91	0.93	0.042	62
12. 학습성과	3.99	0.93	3.91	0.86	-0.295	67
13. 다문화교육(다문화멘토링, 대안교육 포함)	3.25	1.02	3.87	0.84	2.414	2

14. 여성평생교육(대졸, 과학기술인, 여성노인 포함)	3.34	1.10	3.59	1.08	0.888	37
15. 역량	4.00	0.96	3.84	0.95	-0.330	69
16. (교육)요구분석(우선순위결정 포함)	3.89	0.97	3.80	1.06	-0.367	70
이하 생략						
72. 학습전이(풍토)	3.43	1.07	3.74	1.11	1.167	20

이번에는 Herschkowits의 임계함수를 분석하였다. 본 연구에서 핵심어들은 이미 학문영역에서 중요하게 여겨지는 것들이기 때문에 핵심어들 중 현장에서 현재 관심도와 미래 중요도를 높게 인식하고 있는 핵심어가 무엇인지를 고려할 필요가 있다. 이를 위해 평생교육 담당자들이 인식하는 핵심어에 대한 현재 관심도의 평균을 X축, 미래 중요도의 평균을 Y축으로 하여 현재 관심도와 미래 중요도가 모두 높은 제1사분면의 영역에 속하는 핵심어를 도출하였다. Herschkowits 임계함수에 따른 핵심어의 사분면 위치는 [그림 15.1]과 같다.

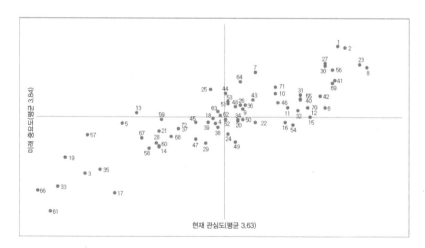

[그림 15.1] Herschkowits의 임계함수에 따른 우선순위

제1사분면에 속하는 핵심어는 현재 관심도와 미래 중요도가 모두 높은 핵심어로 총 32개가 포함되었다(<표 15.4> 참조).

<표 15.4> Herschkowits의 임계함수에서 1사분면에 포함된 핵심어

사분면	핵심어[우선순위]
제1사분면 (32개)	1. 마을공동체(마을만들기, 마을학교, 학습마을 포함) [13] 2. 지역평생교육(지역교육, 지역이해, 지역자원 포함) [21] 6. 학습참여동기 [72] 7. 노인학습(노인학습자, 노인학습동기 포함) [6] 8. 성인학습자 [63] 9. 자기주도학습(준비도, 능력, 자기주도성 포함) [40] 11. 학습만족도 [62] 12. 학습성과 [67] 15. 역량 [69] 23. 학습공동체(활동, 학습동아리 포함) [54] 26. 창의성 활동(집단창의성, 창의적 문제해결 포함) [31] 27. 평생교육제도화(법, 사업, 정책 포함) [33] 30. 시민교육(시민성 포함) [39] 31. 전문성 발달 [53] 32. 평생교육 참여성과(참여시간, 참여율, 참여횟수 포함) [66] 36. 무형식 학습활동 [38] 40. 평생교육사(양성과정 포함) [61] 41. 평생교육활동가(주민활동가, 마을매니저 포함) [57] 42. 학습경험 [64] 43. 학습조직 [35] 44. SNS(교사학습공동체, 접근성, 소셜미디어 포함) [9] 46. 경험학습 [51] 48. 상호작용 [28] 51. 일터학습 [18] 53. 직업능력개발 [15] 55. 평생교육기관(전담기관, 학습관, 행복학습센터 포함) [58] 56. 평생학습사회 [47] 64. 성공적 노화 [7] 69. 평생교육프로그램(개발) [60] 70. 평생학습도시 [68] 71. 학습자 특성 [29]

학문영역과 실천현장 간의 거리를 좀 더 자세히 파악하기 위하여 학문영역에서 나타나는 핵심어의 출현빈도와 현장 평생교육 담당자의 인식에 따른 우선순위 및 Herschkowits의 임계함수를 함께 고려하여 살펴보았다. 그 결과 '마을공동체(마을만들기, 마을학교, 학습마을)', '지역평생교육(지역교육, 지역이해, 지역자원)', '학습참여동기', '노인학습(노인학습자, 노인학습동기)', '성인학습자', '자기주도학습(준비도, 능력, 자기주도성)', '학습만족도', '학습성과', '역량'은 학문영역에서 나타나는 출현빈도와 현장의 평생교육 담당자가 인식하는 현재 관심도 및 미래중요도가 모두 높은 핵심어로 평생교육 분야에서 매우 중요한 핵심어로 볼 수 있다. 반대로 '성공적 노화', '평생교육프로그램(개발)', '평생학습도시', '학습자 특성'은 학문영역에서 나타나는 출현빈도가 다른 핵심어에 비해 낮았으나, 현장에서 인식하는 현재 관심도 및 미래 중요도는 높게 나타나 학문영역과 현장 간의 괴리를 보여주는 핵심어라고 할 수 있다.

또한 '대학평생교육(대학평생교육원 포함)', '문해교육(문해개념, 문해교육기관, 문해교육과정 포함)', '원격교육(이러닝, 이러닝 콘텐츠, 모바일 러닝 포함)', '평생교육자', '다문화교육(다문화 멘토링, 대안교육 포함)', '여성평생교육(대졸, 과학기술인, 여성노인 포함)'은 평생교육의 학문영역에서 상대적으로 많이 연구된 핵심어지만, 실천현장에서 인식하는 현재 관심도와 미래중요도는 높게 나타나지 않았다.

끝으로 '원격교육(이러닝, 이러닝 콘텐츠, 모바일러닝 포함)', '노인학습(노인학습자, 노인학습동기 포함)', '다문화 교육(다문화 멘토링, 대안교육 포함)', '원격대학(교육과정, 학점은행제, 성인학습자 포함)', '결혼이주여성', '다문화 사회(다문화 수용성 포함)', 'SNS(교사학습공동체, 접근성, 소셜미디어 포함)', '성공적 노화'는 평생교육 학문영역에서의 출현빈도와 상관없이 실천현장에서 현재 관심도와 미래 중요도 사이에 차이가 큰 핵심어로 확인되었다. 특히 '노인학습(노인학습자, 노인학습동기 포함)'은 평생교육 연구영역에서 출현빈도가 높으면서 동시에 실천현장에서 현재 관심도와 미래 중요도를 높게 인식함과 동시에 그 차이 역시 큰 핵심어로 확인되었다. 또한 'SNS(교사학습공동체, 접근성, 소셜미디어 포함)'와 '성공적 노화'는 평생교육 학문영역보다 실천현장에서 현재 관심도도 높으면서 미래 중요도도 큰 주제이며 동시에 그 차이 역시 큰 것으로 확인되어 실천현장에서 많은 관심을 보이는 주제임을 알수 있다.

〈표 15.5〉 평생교육 학문영역과 실천현장 간 핵심어 중요도 비교

핵심어	출현빈도	임계함수 (제1사분면)	우선순위
1. 마을공동체(마을만들기, 마을학교, 학습마을 포함)	16	○	13
2. 지역평생교육(지역교육, 지역이해, 지역자원 포함)	16	○	21
3. 대학평생교육(대학평생교육원 포함)	15		16
4. 문해교육(문해개념, 문해교육기관, 문해교육과정 포함)	15		42
5. 원격교육(이러닝, 이러닝 콘텐츠, 모바일러닝 포함)	15		3
6. 학습참여동기	15	○	72
7. 노인학습(노인학습자, 노인학습동기 포함)	14	○	6
8. 성인학습자	13	○	63
9. 자기주도학습(준비도, 능력, 자기주도성 포함)	13	○	40
10. 평생교육자	12		41
11. 학습만족도	12	○	62
12. 학습성과	12	○	67
13. 다문화교육(다문화멘토링, 대안교육 포함)	11		2
14. 여성평생교육(대졸, 과학기술인, 여성노인 포함)	11		37
15. 역량	11	○	69
16. (교육)요구분석(우선순위결정 포함)	10		
17. 대학교육	10		
18. 성과평가(도구, 모형, BSC, 평가지표, 교육서비스질 포함)	10		
19. 원격대학(교육과정, 학점은행제, 성인학습자 포함)	10		5
20. 자기효능감	10		
21. 진로교육활동(진로교육법, 진로발달, 진로성숙도, 진로장벽, 진로준비 포함)	10		

57. 결혼이주여성	4		1
58. 교사실천/학습공동체	4		27
59. 다문화 사회(다문화 수용성)	4		8
60. 리더십 개발	4		32
61. 모성경험(이데올로기, 생산성 포함)	4		44
62. 비형식 학습활동	4		34
63. 생애(과정, 단계, 능력 포함)	4		24
64. 성공적 노화	4	○	7
65. 영성리더십	4		14
66. 온적적 합리주의 리더십	4		12
67. 전직지원	4		10
68. 조직몰입	4		26
69. 평생교육프로그램(개발)	4	○	60
70. 평생학습도시	4	○	68
71. 학습자 특성	4	○	29
72. 학습전이(풍토)	4		20

4 결론

분석결과는 다음과 같다. 첫째, 평생교육의 학문영역에서 지난 5년
간 높은 관심을 갖고 연구를 해온 주제어(출현빈도 10회 이상)는 '마을
공동체', '지역평생교육', '대학평생교육', '원격교육', '학습참여동기', '노
인학습(학습자, 노인학습동기)', '성인학습자', '자기주도학습', '평생교육
자', '학습만족도', '학습성과', '다문화교육', '여성평생교육', '역량', '교육
요구분석', '대학교육', '성과평가', '원격대학', '자기효능감', '진로교육활
동'이었다. 이와 같은 연구결과는 2000년 이후 평생교육 연구동향을 분
석한 선행연구들에서 주요 연구주제로 밝혀진 주제들과 차이를 보인다.
예를 들면, 마을공동체, 학습참여동기, 자기주도학습, 학습만족도, 학습
성과, 교육요구분석, 성과평가, 원격대학, 자기효능감, 진로교육활동이
지난 5년간 많이 등장한 연구주제들이다. 그러나 이들 중 오랫동안 전

통적으로 연구되어온 학습참여동기, 자기주도학습, 학습만족도, 원격교육, 자기효능감을 제외한다면 마을공동체, 학습성과, 교육요구분석, 성과평가 정도가 새롭게 연구자들이 최근 5년간 관심을 갖는 주제라고 볼 수 있다.

둘째, 마을공동체, 지역평생교육, 학습참여동기, 노인학습, 성인학습자, 자기주도학습, 학습만족도, 학습성과, 역량은 평생교육의 학문영역과 실천영역에서 모두 관심을 갖는 연구주제이다. 즉, 이들 연구주제들은 연구자와 현장실천가들이 모두 중요하다고 인식하는 핵심어들로 학문과 실천영역 간에 교량 역할을 하는 것으로 볼 수 있다.

셋째, 평생교육의 연구영역에서는 출현 빈도가 낮으나 평생교육 현장에서 실천가들이 현재와 미래 모두 관심을 갖는 핵심어는 성공적 노화, 평생교육 프로그램개발, 평생학습도시, 학습자 특성이다. 이들 핵심어는 평생교육 연구 영역과 실천 영역의 괴리를 보여준다.

넷째, 평생교육 영역의 연구자들이 많은 관심을 갖고 있지만 실제 평생교육 현장의 실천가들이 현재도 관심이 낮고 미래 중요도 역시 낮다고 인식한 핵심어는 대학평생교육, 문해교육, 원격교육, 평생교육자, 다문화, 여성평생교육이었다. 이들 역시 평생교육의 연구 영역과 실천 영역간 간격이 존재함을 의미한다.

다섯째, 평생교육 현장 실천가들이 현재는 관심도가 낮지만 미래에 중요도가 높을 것으로 인식하는 핵심어는 원격교육, 노인학습, 다문화교육, 원격대학, 결혼이주여성, 다문화사회, 성공적 노화이다. 이와 같은 연구주제는 현장 실천가들이 입장에서 미래 중요도가 현재 관심도보다 현저히 높은 것으로 미래 평생교육의 모습을 그려볼 수 있는 핵심어들이다.

여섯째, 노인학습은 평생교육 연구영역에서 많이 관심을 갖는 주제이며, 현장실천가들이 현재 관심도 그리고 미래 중요도 모두 높으면서 그 차이 역시 큰 핵심어였다. 이는 평생교육 연구와 현장이 현재 그리고 미래에 모두 공동적으로 관심을 갖는 연구주제라고 볼 수 있다. 반면,

SNS와 성공적 노화는 평생교육 실천현장에서만 많은 관심을 보이는 주제이다. 따라서 연구자들이 좀 더 SNS와 성공적 노화에 대한 연구 성과를 가시화 할 필요가 있다.

결국 2000년 이후 평생교육 연구 동향을 분석한 연구들에서 연구자는 현장지향적인 연구를 수행해 왔다고 하였으나 본 연구결과 평생교육 연구영역과 실천영역 간에 엄연한 연구주제와 관심에 있어 온도차이가 존재한다. 즉, 연구자의 지난 5년간 관심 주제에 대한 평생교육 현장은 공감대를 형성하며 서로간 공유할 수 있는 연구주제들이 있다. 그러나 두 영역 간 높은 보이지 않는 장벽이 존재하는 연구주제도 다수를 차지한다. 따라서 평생교육 연구자들이 좀 더 현장에 다가가서 평생교육 실천가들의 고민과 의견을 나눌 수 있는 기회가 현재보다 더욱 활성화되길 기대한다.

참고문헌

강선보, 변정현(2006). 노울즈의 성인교육론에 대한 종합적 고찰: 교육사상과 실천적 교육과정을 중심으로. 교육문제연구, 26, 1 - 28.

고요한(2008). 몸과 배움의 철학. 서울: 학지사.

곽삼근, 최윤정(2005). 학술지를 통해 본 한국 평생교육학의 연구동향. 평생교육학연구, 11(1), 91 - 113.

교육과학기술부, 한국교육개발원(2008). 2008 한국 성인의 평생학습 실태. 서울: 한국교육개발원.

교육부(2013). 제3차 평생교육진흥기본계획(안): 2013~2017.

교육부(2018). 제4차 평생교육진흥 기본계획(안): 2018~2022.

구교정(2005). 성인원격교육 효과성에 영향을 미치는 요인 분석 연구: 교원 정보화 원격교육을 중심으로. 홍익대학교 박사학위논문.

구교정(2006). 교원 정보화 원격교육 효과성에 여향을 미치는 요인 분석연구. 평생교육학연구, 12(1), 1 - 22.

구혜정(2002). 사회적 자본을 형성하는 대안적 평생교육 탐색. 고려대학교 박사학위논문

국가평생교육진흥원(2008). 평생교육 용어 사전. 국가평생교육진흥원.

국가평생교육진흥원(2009). 평생학습동이라 해외 사례집: 미국, 스웨덴 사례를 중심으로. 서울: 국가평생교육진흥원.

국가평생교육진흥원(2014). 세상을 바꾸는 힘 평생학습동아리. 서울: 국가평생교육진흥원.

국가평생교육진흥원(2015). 학습도시의 국제적 확산: UNESCO의 국제 학습도시 네트워크, 글로벌평생교육동향 ISSUE. 서울: 국가평생교육진흥원.

국가평생교육진흥원(2017). 평생학습도시 운영실태 조사결과. 국가평생교육진흥원.

권대봉(2001). 평생교육의 다섯마당. 서울: 학지사.

권대봉(2002). 일과 학습 통합 시대의 평생교육 전문성 탐구. 평생교육학연구, 8(1), 1 - 20.

권대봉(2003). 인적자원개발의 개념 변천과 이론에 대한 종합적 고찰. 서울: 원미사.

권대봉, 노경란(2008). 고령인구의 고용가능성 제고를 위한 미국의 인적자원정책 사례분석. HRD연구, 10(1), 21 - 43.

권대봉, 조대연(2019). HRD Essence: 시스템 접근 기반(수정판). 서울: 박영사.

권대봉, 박지혜, 박진영, 유기웅, 현영섭(2017). 평생교육의 세가지 지평: 기반, 실천, 가치. 서울: 박영스토리.

권두승(2007). 성인교육자의 교수동기, 몰입 및 주관적 안녕감 간의 관계. 평생교육학연구, 13(1), 161 - 185.

권두승, 이경아, 윤미선, 김한별(1999). 평생교육기관 실태조사분석을 통한 성인교육

참여율 제고방안. 서울: 교육부.

권인탁(2009). 다기능 정규성인학습대학으로서 평생교육원의 재구조화. 평생교육학연
    구, 15(4), 327-356.

권재현(2013). 100세 시대 국가평생학습체제 구축을 위한 온라인 평생학습 지원체제
    구축 실행 계획. 개방, 공유, 소통, 협력을 통한 정부 3.0 실현 온라인 평생학습
    지원체제 구축을 위한 정책토론회 자료집. 국가평생교육진흥원.

김남선 (2004). 평생학습도시의 학문적 배경과 과제. 2004년 한국평생교육학회 추계
    학술대회 발표논문.

김수정(2020). 비대면 학습을 통한 시민의 학습권 지속 보장. 한국평생교육학회 2차
    포럼 자료집.

김신일(2004). 평생학습도시 조성을 위한 추진모형 연구. 평생교육학연구, 10(3),
    1-30.

김신일, 박부권(2005). 학습사회의 교육학. 서울: 학지사.

김애련(2004). 대학평생교육원 성인학습자의 학습성과 인식 연구. 단국대학교 박사학
    위논문.

김영석(2010). 노인 학습에서 영성이 미치는 영향과 영성을 고려한 노인 교수법 탐구.
    평생교육학연구, 16(2), 23-46.

김영환, 정주훈, 강두봉, 박경민, 김상미(2015). '평생학습사회'의 연구주제 변화 동향
    분석: 네트워크 텍스트 분석방법의 적용. 평생학습사회, 11(1), 291-315.

김은경(2014). 저자 동시 인용분석을 이용한 국내 평생교육학 분야의 지적 구조 분석.
    평생교육학연구, 20(3), 1-30.

김장호(2004). 인적자원개발의 새로운 패러다임: 총체적 학습사회론. 직업능력개발연
    구, 7(2), 103-129

김재웅(2005). 평생학습국가 건설을 위한 평생교육제도 활성화 방안: 원격대학, 학점
    은행, 그리고 독학학위제를 중심으로. 교육행정학연구, 23(2), 447-469.

김종서, 황종건, 김신일, 한숭희(2000). 평생교육개론. 서울: 교육과학사.

김주연(2019). 교육연극의 신체의 교육적 의미 정립 - 체화 학습(embodied learning).
    교육연극학, 11(1), 1-17.

김진화(2006). 평생교육 방법 및 실천론. 고양시: 서현사.

김진화, 고영화, 성수현(2007). 한국 평생교육학의 학문적 동향과 과제: 2000년 이후
    를 중심으로. 평생교육학연구, 13(4), 89-122.

김진화, 고영화, 권재현, 정민주(2010). 한국 평생교육 프로그램 분류체계 개발 연구.
    평생교육학연구, 16(3), 211-236.

김진화, 전화영, 강은이, 정민주(2013). 평생학습자 유형의 군집화와 특성프로파일 탐
    구. 평생교육학연구, 19(2), 271-300.

김태연, 강버들(2017). 사회연결망을 통한 평생교육 연구동향 분석. 수산해양교육연
    구, 29(1), 224-233.

김한별(2010). 평생교육론. 서울: 학지사.

김한별, 김영옥(2012). 구성원 관점에서 본 평생학습 동아리의 운영 원리－C시 학습 동아리 구성원의 경험을 중심으로. 교육문제연구, 42, 73－96.

김한별, 허효인(2017). 전환학습 연구의 동향과 과제. 평생교육·HRD연구, 13(2), 109－130.

김한별, 안아라, 허요인(2015). 종교생활의 맥락에서 살펴본 성인의 영성학습 과정: 카톨릭 신자들의 경험을 중심으로. 평생교육학연구, 21(4), 1－29.

김현진(2016). 학습전이, 참여동기, 사회적 자본 내 네트워크 유형, 반성적 사고의 구조적 관계: 교사의 계속전문교육을 중심으로. 고려대학교 박사학위논문.

노경란, 변정현(2010). 공공주도형 청년층 경력개발역량강화 프로그램 개발 연구: Caffarella의 상호작용모형 적용 사례를 중심으로. HRD연구, 14(1), 293－321.

노경란, 허선주(2012). 고학력 경력단절여성 주도적 학습동이라 성장 과정 연구: 학습 동아리에서 직업 디딤돌형 비영리민간단체로의 전환. 평생학습사회, 8(2), 187－214.

박상옥(2009). 지역사회 실천조직으로서 학습동아리에서의 학습과정: 부천 생태안내자 모임 '청미래'를 중심으로. 평생교육학연구, 15(1), 225－259.

박선경(2020). 코로나 혼돈의 시대! 평생학습의 재탄생: 경기도 사례를 중심으로. 한국평생교육학회 2차 포럼 자료집.

박성정(2001). 평생교육 관점에서 본 인적자원개발체제. 평생교육학연구, 7(2), 159－175.

박윤희(2012). 중소기업 근로자의 일터학습에 대한 인식 연구. Andragogy Today, 15(1), 87－115.

박진아(2015). 성인 여성의 몸 활동 학습 경험을 통한 자기인식과 삶의 재구성: 평생교육 그룹운동 프로그램 참여자를 중심으로. 평생학습사회, 11(1), 27－62.

박현숙(2007). 평생학습사회를 위한 학습조직 구축에 관한 연구. 한국콘텐츠학회논문지, 7(12), 114－122.

박혜영, 김정주(2012). 사회적 자본이 지역주민의 만족도와 공동체의식에 미치는 영향 분석: 지역축제 참여주민을 대상으로. 한국거버넌스학회보, 19(3), 47－66.

배을규(2006). 성인교육의 실천적 기초. 서울: 학지사.

배을규(2007). 일터학습 이론의 한계와 방향: 세 가지 실천기반 학습이론의 관점에서. 교육의 이론과 실천, 12(1), 189－208.

배현경, 조대연, 윤소겸, 이윤수. (2013). S－OJT에서 Kolb의 경험학습과정에 대한 경로탐색. 농업교육과 인적자원개발, 45(4), 125－143.

변종임, 양병찬, 채재은(2006). 외국의 학습도시 평가 사례 분석. 평생교육학연구, 12(3), 177－200.

봉현철(2007). 한국 기업 액션러닝 프로그램의 핵심성공요인 탐색: 요인의 내용과 요인간의 관계에 관한 고찰. 경상논총, 25(3), 1－34.

송정환(2011). 지역공동체 지향적 학습동아리의 성장단계별 특성과 활성화 요인. 동의대학교 일반대학원 석사학위논문.

신미식(2007). 평생교육으로서 한국노인교육의 발전방향: 노인교육담론을 중심으로. 평생교육학연구, 13(1), 1 – 24.

안상헌(2005). 한국 평생학습사회의 이념적 지향성 탐색. 평생교육학연구, 11(1), 69 – 90.

오미영(2012). 방송 실무교육으로서의 일터학습 사례 연구. 한국콘텐츠학회논문지, 12(12), 823 – 833.

오복자, 강경아(2000). 영성개념분석. 대한간호학회지, 30(5), 1145 – 1155.

오영훈, 손유미 (2001). 우편매체를 이용한 통신훈련의 문제점과 발전방안. 서울: 한국직업능력개발원.

오영훈, 이수경, 정현주 (2008). 2008년 e – Learning 지원 사업: 우편원격훈련 실태 및 제도 연구. 서울: 한국직업능력개발원.

유선미(2018). 다국적 기업 여성임원의 경력개발 과정에 나타난 전환학습 경험. 한국기술교육대학교 박사학위논문.

유재봉(2013). 교육에서의 영성회복: 학교에서의 영성교육을 위한 시론. 교육철학연구, 35(1), 97 – 117.

윤옥한(2015). 평생교육 20년(1995 – 2014) 연구동향 분석: '평생교육학연구' 학술지를 중심으로. 평생교육학연구, 21(2), 1 – 22.

이경아(2002). 기업체 성인학습자의 학습양식 형성 요인에 관한 연구. 고려대학교 박사학위논문.

이남철(2007). 지속가능한 발전을 위한 기업에서의 사회적 자본. 직업능력개발연구, 10(1), 1 – 22.

이명주(2000). 사회적 자본 개발을 위한 지도성 연구. 한국교육, 27(1), 195 – 216.

이무근, 김신일, 강부섭, 최운실(2001). 국제기구의 평생교육 정책동향 및 발전모델 비교분석. 서울: 교육인적자원부.

이영근(2012). 스마트 러닝 환경 기반 디지털 콘텐츠 개발 연구. 고려대학교 컴퓨터정보통신대학원 석사학위논문.

이재숙, 이정희(2015). 학습동아리 리더의 역량에 관한 연구: 자생적 학습동아리 리더를 중심으로. 평생학습사회, 11(1), 189 – 216.

이정표(2015). 선행경험학습인정(RPL)의 이론 및 연구 동향 탐색. 평생교육학연구, 21(3), 25 – 52.

이지연(2013). 한국 성인교육학의 연구동향 고찰: Andragogy Today와 평생교육학연구를 중심으로. Andragogy today, 16(3), 185 – 209.

이지연(2015). 학술지 분석을 통해 본 국내외 성인교육학의 최근 연구동향 고찰. Andragogy Today, 18(2), 170 – 192.

이지혜, 홍숙희, 박상옥(2001). 성인여성의 학습동아리 활동 시범 지원방안에 관한 연구. 서울: 교육인적자원부.

이혜영(2003). 학습사회 실현을 위한 영국의 교육전략과 정책. 평생교육학연구, 9(2), 99 – 120.

이희수(2003). 평생학습도시에 대한 소크라테스 변명. 평생교육학연구, 9(2), 249-275.

이희수(2012). 학습사회에 비추어 본 평생교육학의 탐구 방향. 한국평생교육학회 연차 학술대회. 59-69, 상지대학교 KT연수원.

이희수, 조순옥(2007). Learning to be와 Recurrent Education에 대한 비교. 평생교육학연구, 13(4), 203-230.

이희수, 박인종, 백은순, 서현애, 유균상, 최돈민, 홍영란(2000). 평생학습 지원체제 종합발전방안연구(I). RR2000-11. 서울: 한국교육개발원.

장선영(2014). 원격 평생교육에서 학습자 인식을 통한 원격기반 학점은행제 현황 분석. 교육정보미디어연구, 20(1), 97-116.

장윤영, 이희수(2015). 영업역량이 영업성과에 미치는 영향과 일터학습의 조절효과: IT영업 인력을 중심으로. 인적자원관리연구, 22(2), 231-249.

전국평생학습도시협의회 홈페이지. http://www.kallc.or.kr/kr/company/history.php

정경연(2017). 중년기 위기 성인학습자의 전환학습 경험. 전북대학교 박사학위논문.

정민승(2010). 성인학습의 이해. 서울: 에피스테메.

정성지, 최수정(2018). 평생학습도시 연구동향. 농업교육과 인적자원개발, 50(2), 73-104.

정연순(2005). 실행공동체 참여로서의 일터학습: 기업체 신입사원 및 초급관리자 사례를 중심으로. 직업교육연구, 24(3), 99-121.

정은정, 조대연(2011). 학습자 관점에서 우편원격교육의 성과탐색. 기업교육과인재연구, 13(2), 137-154.

정은정, 조대연, 정희정, 김벼리(2010). 우편 원격 교육이 직무성과에 미치는 영향력 분석. Andragogy Today, 13(4), 177-202.

정태영, 최운실(2009). 영업관리자의 코칭이 직무성과에 미치는 영향 분석: 평생학습 및 HRD에서의 코칭성과와 신뢰의 매개효과를 중심으로. HRD연구, 11(3), 125-153.

조대연(2004). 미국 성인교육 프로그램 개발 이론의 동향: 1990-2001. 평생교육학연구, 10(1), 27-42.

조대연(2005). 학습자의 자기주도성과 팀내 대인관계기술의 관계. 교육문제연구, 23, 223-242.

조대연(2006a). 국내 성인교육훈련의 요구분석 연구동향: 1990년-2005년 관련 문헌을 중심으로. Andragogy Today, 9(1), 85-106.

조대연(2006b). 평생교육과 인적자원개발의 관계 고찰: 북미 관련 문헌을 중심으로. 평생교육학연구, 12(4), 1-17.

조대연(2009). 설문조사를 통한 요구분석에서 우선순위결정 방안 탐색. 교육문제연구, 35, 165-187.

조대연(2014). 성인학습이론의 변화 트렌드. 권대봉(편), 일자리와 교육리더십(pp. 267-280). 서울: 박영사.

조대연(2020). 국내평생교육 연구논문의 핵심어에 대한 평생교육 담당자의 관심도 분석. 청춘논총, 21, 39-70.

조대연, 김재현(2007). 사회적 자본을 통한 국가수준의 역량개발 가능성 탐색: 국가인적자원개발을 중심으로. 인력개발연구, 9(2), 105-122.

조대연, 김희영(2009). 비즈니스 코치 프로세스와 코칭행동 탐색. 평생교육·HRD연구, 5(4), 51-71.

조대연, 박용호(2011). 관리자의 코칭행동과 부하직원이 인식한 직무성과의 관계. HRD연구, 13(4), 89-109.

조대연, 유주영(2016). 일터학습의 개관. 배을규(편), Workplace Learning(pp. 2-20), 한국인력개발학회 HRD 학술총서.

조대연, 김명랑, 정은정(2010). 교원 연수프로그램 개발 전략: 교원능력개발평가지표를 중심으로. 한국교육, 37(3), 163-182.

조대연, 김은비, 김경근, 정홍인(2018). 우리나라 고학력 청년 니트족의 유형화와 니트 탈출방안. 역량개발학습연구, 13(2), 165-190.

조대연, 김준희, 이윤수(2020). 노원구 평생교육 중장기 발전계획(2020-2024). 서울: 노원구청.

조대연, 이성순, 이경호, 박용호(2010). 미래지향적 교원핵심역량설정모델 개발연구. 정책연구보고서, 경기도 교육청.

조대연, 정은정, 홍순현, 강윤석(2011). 국내 직무분석에 관한 연구논문분석: 2000년 이후 국내학술지 발표 논문을 중심으로. 한국HRD연구, 6(4), 1-19.

조미영(2010). 청소년 활동의 경험학습 모형에 따른 경로분석. 명지대학교 박사학위논문.

조재한(2018). 기업의 HRD 관점에서 스마트러닝의 만족도와 효과에 영향을 미치는 요인에 관한 연구. 한국산학기술학회논문지, 19(3), 468-478.

차갑부(2014). 평생교육론: 모든 이를 위한 평생학습(2판). 서울: 교육과학사.

천세영(2002). 인간자원개발과 교육에 관한 음미, 평생교육학연구, 8(1), 201-219.

천세영, 한숭희(2006). 평생학습사회에서의 고등교육의 의미와 대학의 위상전환. 평생교육학연구, 12(1), 127-144.

최돈민, 이해주, 윤여각(1998). 평생학습실현을 위한 열린교육체제 연구. 서울: 한국교육개발원.

최상덕, 김미란, 이정미, 김승보, 장수명(2007). 평생학습사회 실현을 위한 고등교육체제 혁신 방안연구. 서울: 한국교육개발원.

최운실(2002). 열린 평생학습사회에서의 학교시설 복합화와 인텔리전트화. 열린교육연구, 10(2), 61-83.

최은수, 김성길, 허영숙, 박진홍(2009). 한국성인교육학의 연구동향과 과제: 'Andragogy Today'를 중심으로. Andragogy today, 12(4), 167-183.

최효선, 우영희, 정효정(2013). 스마트러닝에 대한 원격대학 학습자의 인식. 한국콘텐츠학회논문지, 13(10), 584-593.

통계청(2015). 세계와 한국의 인구현황 및 전망. 통계청보도자료.

한국교육개발원 평생교육센터(2004). 학습동아리 지도자 가이드북. 서울: 한국교육개발원.

한국교육개발원(2008). 2008 한국 성인의 평생학습실태. 서울: 한국교육개발원.

한국교육개발원(2018). 2018 한국 성인의 평생학습실태. 세종: 한국교육개발원.

한숭희(2001). 평생학습과 학습생태계: 평생교육론의 새로운 패러다임. 서울: 학지사.

한숭희(2005). 평생교육담론이 교육학 연구에 던진 세 가지 파동. 평생학습사회, 1(2), 1-14.

한숭희(2006a). 평생교육론: 평생학습사회의 교육학. 서울: 학지사.

한숭희(2006b). 미래 사회의 평생교육 및 직업교육 체제 연구. 교육인적자원부(정책연구2006-지정-48).

현영섭(2004). Kolb의 경험학습모형을 적용한 기업교육 학습전이모형. 고려대학교 박사학위논문.

현영섭, 조대연(2009). 학습동아리의 사회적 연결망과 지식공유의 관계. 평생교육학연구, 15(3), 189-212.

현영섭, 박혜영, 이성엽(2012). 저자 동시 인용 자료의 SNA를 통한 성인교육 연구동향 탐색. HRD연구, 14(4), 45-72.

홍숙희(2001). 학습동아리 활성화 방안에 관한 연구. 연세대학교 교육대학원 석사학위논문.

홍숙희(2010). 평생교육 기반으로서의 지역사회교육 논의의 역사적 변천과정 탐색. 평생교육학연구, 16(1), 25-62.

Adler, P. S., & Kwon, S. (2002). Social capital: Prospects for a new concept. *Academy of Management Review, 27*(1), 17-40.

Ahl, H. (2006). Motivation in adult education: A problem solver or euphemism for direction and control? *International Journal of Lifelong Education, 25*(4), 385-405.

Andruske, C. L. (2000). *Self-directed learning as a political act: Learning projects of women on welfare.* A paper presented at the 41st Adult Education Research Conference.

Apte, J. (2009). Facilitating transformative learning: A framework for practice. *Australian Journal of Adult Learning, 49*(1), 169-189.

Archer, W., & Garrison, D. R. (2010). Distance education in the age of the internet. In C. E. Kasworm, A. D. Rose & J. M. Ross-Gordon(Eds.), *Handbook of adult and continuing education*(pp.317-326). Thousand Oaks, CA: SAGE Publications.

Argyis, C., and Schön, D. A. (1974). *Theory in Practice: Increasing professional effectiveness.* San Francisco, CA: Jossey-Bass.

Argyis, C., and Schön, D. A. (1978). *Organizational learning: A theory of action perspective*. Reading. MA: Addison−Welsey.

Baumgartner, L., & Merriam, S. B. (2000). *Adult learning and development: Multicultural stories*. Melbourne, FL: Krieger Publishing Company.

Baumgartner, L. M., Lee, M. Y., Birden, S., & Flowers, D. (2003). *Adult education theory. A primer. Information Series No 392*. Cloumbus, OH: CETE.

Belzer. A. (2004). It's not like normal school: The role of prior learning contexts in adult learning. *Adult Education Quarterly, 55*(41), 41−59.

Bennett, E. E., & McWhoter, R. R. (2020). Digital technologies for teaching and learning. In T. S. Rocco, M. C. Smith, R, C. Mizzi, L. R. Merriweather & J. D. Hawley (Eds.), *The handbook of adult and continuing education*(pp.177−186). Sterling, Virginia: Stylus Publishing, LLC.

Billett, S. (2002). Critiquing workplace learning discourses: Participation and continuity at work. *Studies in the Education of Adults, 34*(1), 56-67.

Boshier, R. (1971). Motivational orientations of adult education participants: A factor analytic exploration of Houle's typology. *Adult Education Quarterly, 21*(2), 3−26.

Boshier, R. (1991). Psychometric properties of the alternative form of the education participation scale. *Adult Education Quarterly, 41*(3), 150−167.

Boshier, R., & Collins, J. B. (1985). The Houle typology after twenty−two years: A large−scale empirical test. *Adult Education Quarterly, 35*(3), 113−130.

Boshier, R. (2005). Lifelong learning. In L. M. English (Ed.), *International encyclopedia of adult education*(pp. 373−378). N.Y.: Palgrave Macmillan.

Boucouvalas, M, (1993). Consciousness and learning: New and renewed approaches. *New Directions for Adult and Continuing Education, 57,* 57−69.

Boud, D., & Garrick, J. (1999). Understandings of workplace learning, In D. Boud & J. Garrick (Eds.), *Understanding learning at work*(pp. 1−11). London: Routledge.

Bourdieu, P. (1986). The forms of capital. In J. G. Richardson(Ed.), *Handbook of theory and research for the sociology of education*(pp.241−258). N.Y.: Green wood.

Boyd, E. M., & Fales, A. W. (1983). Reflective learning: Key to learning from experience. *Journal of Humanistic Psychology, 23*(2), 99−117.

Braman, O. R. (1998). The cultural dimension of individualism and collectivism as a factor in adult self−directed learning readiness. Unpublished Doctorial Dissertation. University of Southern Mississippi, MS, USA.

Brockett, R. G., & Hiemstra, R. (1991). *Self−direction in adult learning: Perspectives on theory, research and practice*. N.Y.: Routledge.

Brookfield, S. (1993). Self−directed learning, political clarity, and the critical practice of adult education. *Adult Education Quarterly, 43*, 227 – 242.

Brooks, A. K. (2004). Transformational learning theory and implications for human resource development. *Advances in Developing Human Resources, 6*(2), 211 – 225.

Brown, A. H., Cevero, R. M., Johnson – Bailey, C. J. (2000). Making the invisible visible: Race, gender, and teaching in adult education. *Adult Education Quarterly, 50*(4), 273 – 288.

Bryson, L. (1936). *Adult education.* N.Y.: American Book Company.

Burgess, P. (1971). Reasons for adult participation in group educational activities. *Adult Education Quartely, 22*(1), 3 – 29.

Caffarella, R. S. (1998 – 99). Planning program for adults: An interactive process. *Adult Learning, 10*(2), 27 – 29.

Caffarella, R. S. (2002). *Planning program for adult learners: A practical guide for educators, trainers, and staff developers(2nd ed).* San francisco: Jossey – Bass.

Candy, P. C. (1991). *Self – direction for lifelong learning: A comprehensive guide to theory and practice.* San Francisco: Jossey – Bass.

Casey, C. (2006). A knowledge economy and a learning society: A comparative analysis of New Zealand and Australian experiences. *Compare, 36*(3), 343 – 357.

Cass, V. C. (1979). Homosexual identity formation: A theoretical model. *Journal of Homosexuality, 4*(3), 219 – 235.

Cervero, R. M., & Wilson, A. L. (1994). The politics of responsibility: A theory of program planning practice for adult education. *Adult Education Quarterly, 45*(1), 249 – 268.

Chibber, V. (2002). Bureaucratic rationality and the developmental state. *The American Journal of Sociology, 107*(4), 951 – 989.

Cho, D. (2002). The connection between self – directed learning and the learning organization. *Human Resource Development Quarterly, 13*, 467 – 470.

Cho, D., & Imel, S. (2003). *The future of work: Some prospects and perspectives. A Compilation.* Columbus, OH: ERIC/ACVE.

Cho, D., & Kwon, D. B. (2005). Self – directed learning readiness as an antecedent of organizational commitment: A Korean study. *International Journal of Training and Development, 9*, 140 – 142.

Cho, D. (2009). Impact of structured on – the – job training(S – OJT) on a trainer's organizational commitment. *Asia Pacific Education Review, 10*(4), 445 – 453.

Choi, W. (2009). *Influences of formal learning, personal characteristics, and work environment characteristics on informal learning among middle managers in the Korean banking sector*. Doctoral Dissertation from the Ohio State University, OH, USA.

Clair, R. (2002). *Andragogy revisited: Theory for the 21ˢᵗ Century?* Myth and Realities, no 19. Columbus, OH: ERIC/ACVE.

Clark, M. C. (2001). Off the beaten path: Some creative approaches to adult learning. *New Directions for Adult and Continuing Education, 89*, 83−92.

Clark, M. C. (2005). Embodied learning. In L. English (Ed.), *International encyclopedia of adult education*(pp. 210−213). London: Palgrave Macmillan.

Clark, M. C., & Caffarella, R. S. (Eds.), (1999a). An update on adult development theory: New ways of thinking about the life course. *New Directions for Adult and Continuing Education, 84*. San Francisco, CA: Jossey−Bass.

Clark, M. C., & Caffarella, R. (1999b). Theorizing adult development. *New Directions for Adult and Continuing Education, 84*, 3−8.

Clark, M. C., & Rossiter, M. (2008). Narrative learning in adulthood. In S. B. Merriam, *The third update on adult learning theory*(pp.61−70). New Directions for Adult and Continuing Education.

Clark, M. C., & Wilson, A. L. (1991). Context and rationality in Mezirow's theory of transformational learning. *Adult Education Quarterly, 41*(2), 75−91.

Clarke, N. (2005). Workplace learning environment and its relationship with learning outcomes in healthcare organizations. *Human Resource Development International, 8*(2), 185−205.

Coleman, J. S. (1988). Social capital in the creation of human capital. *American Journal of Sociology, 94*, 95−120.

Colley, H., Hodkinson, P., & Malcolm, J. (2002). Non−formal learning: Mapping the conceptual terrain. A consultation report, Leeds, UK: University of Leeds Lifelong Learning Institute.

Coombs, P. H. (1989). Formal and nonformal education: Future strategies. In C. J. Titmus (Ed.), *Lifelong education for adults: An international handbook*(pp. 57−60). N.Y.: Pergamon Press.

Council of Europe(1970). *Permanent education*. Strasbourg: Council of Europe.

Cranton, P. (2006). *Understanding and promoting transformative learning (2nd ed.)*. San Francisco: Jossey−Bass.

Cranton, P., & Taylor, E. W. (2012). Transformative learning theory: Seeking a more unified theory. In E. W. Taylor & P. Cranton (Eds.), *The handbook of transformative learning: Theory, research, and practice*(pp. 3−20). San Francisco: John Wiley & Sons.

Cruikshank, J. (2008). Lifelong learning and the new economy: Limitations of a market model. *International Journal of Lifelong Education, 27*(1), 51−69.

Daloz, L. A. (1999). *Mentor: Guiding the journey of adult learners.* San Francisco: John Wiley & Sons.

Dave, R. H. (1976). *Foundations of lifelong education.* N.Y.: Pergamon Press.

Dawson, T. L., & Wilson, M. (2004). The LAAS: A computerized scoring system for small−and large−scale developmental assessments. *Educational Assessment, 9*(3−4), 153−191.

Dehmel, A. (2006). Making a European area of lifelong learning a reality? Some critical reflections on the European Union's lifelong learning policies. *Comparative Education, 42*(1), 49−62.

Derrick, M. G. (2003). Creating environments conducive for lifelong learning. *New Directions for Adult and Continuing Education, 100,* 5−18.

DeSimon, R. L., Werner, J. M., & Harris, D. M. (2002). *Human resource development (3rd ed.),* Sea Harbod Drive. Orlando: Harcourt College Publishers.

Dewey, J. (1963). *Experience and education.* N.Y.: Collier Books.

Dick, W., Carey, L., & Carey, J. O. (2005). *The systematic design of instruction.* Boston: Allyn & Bacon.

Dirkx, J M. (1998). *Knowing the self through fantasy: Toward a mytho−poetic view of transformative learning.* A paper presented at the 39th Annual Adult Education Research Conference. San Antonio, TX.

Dirkx, J. M. (2001). The power of feelings: Emotion, imagination, and the construction of meaning in adult learning. *New Directions for Adult and Continuing Education, 89,* 63−72.

Elias, J. L., & Merriam, S. B. (2005). *Philosophical foundations of adult education(3rd ed).* Malabar, FL: Krieger Publishing Company.

Elkjaer, B., & Wahlgren, B. (2006). Organizational learning and workplace learning: Similarities and differences. In E. Autonacopoulou, P. Jarvis, V. Anderse, B. Elkjar & S. Hoyrup. (Eds.), *Learning, working and living: Mapping the terrain of working life learning.* N.Y.: Palgarve Macmillan.

English, L. M., & Gillen, M. (2000). Editors'notes *New Directions for Adult and Continuing Education, 85,* 1−5.

English, L. M. (2005). Historical and contemporary explorations of the social change and spiritual directions of adult education. *Teachers College Record, 107*(6), 1169−1192.

Erikson, E. H. (1950). *Childhood and society.* N.Y.: Norton.

European Commission. (2000). *A memorandum on lifelong learning.* Brussels: EC.

European Union. (1995). Retrieved from https://europa.eu/documents/comm/white_papers/pdf/com95_590_en.pdf

Falk, I., & Harrison, L. (1998). Community learning and social capital: Just having a little chat. *Journal of Vocational Education and Training, 50*(4), 609−627.

Falk, I., Golding, B., & Balatti, J. (2000). *Building communities: ACE, lifelong learning and social capital.* Melbourne, Victoria, Australia: Adult, Community and Further Education Board.

Falk, I. (2001). The future of work and the work of the future. *Journal of Adolescent and Adult Literacy, 44*(6), 566−571.

Faure, E. (1972). *Learning to be: The world of education today and tomorrow.* Paris: UNESCO.

Feldman, D. C., & Lankau, M. J. (2005). Executive coaching: A review and agenda for future research. *Journal of Management, 31*(6), 829−848.

Fenwick, T. J. (2003). *Learning through experience: Troubling orthodoxies and interesting questions.* Malabar, FL: Krieger.

Fenwick, T. J. (2008). Workplace learning: Emerging trends and new perspectives. *New Directions for Adult and Continuing Education, 119,* 17−26.

Field, J. (2011). Lifelong learning. In K. Rubenson (Ed.), *Adult learning and education (pp. 20−26).* San Francisco, CA: ELSEVIER.

Fisher, T. D. (1995). Self−directedness in adult vocational education students: Its role in learning and implications for instruction. *Journal of Vocational and Technical Education, 12,* 27−35.

Freiler, T. J. (2008). Learning through the body. *New Directions for Adult and Continuing Education, 119,* 37−47.

Fukuyama, F. (1999). *The great disruption: Human nature and the reconstitution of the social order.* N.Y.: Free Press.

Garrison, D. R. (1997). Self−directed learning: Toward a comprehensive model. *Adult Education Quarterly, 48*(1), 18−33.

Grootaert, C. (2001). *Does social capital help the poor? A synthesis of findings from the local level institutions studies in Bolivia, Burkina Faso and Indonesia.* Washington, D.C.: The World Bank.

Guglielmino, L. M. (1977). *Development of the self−directed learning readiness scale.* Doctorial Dissertation from University of Georgia, GA, USA.

Gustafson, K. L., & Branch, R. M. (1997). Revisioning models of instructional development. *Educational Technology Research and Development, 45*(3), 73−89.

Habermas J. (1971). *Knowledge and human interests.* Translated by Shapiro Jeremy J. Boston, MA: Beacon Press.

Hagel, P., & Shaw, R. N. (2006). Students' perceptions of study modes. *Distance Education, 27*(3), 283−302.

Hager, P. (2011). Theories of workplace learning. In M. Malloch, L. Cairns, K.

Evans & B. N. O'Connor (Eds.), The SAGE handbook of workplace learning(pp.17 – 31). London: SAGE Publications Ltd.

Hake, B. J. (2011). Rewriting the history of adult education: The search for narrative structures. In K. Rubenson (Ed.). *Adult learning and education*(pp.14 – 19). San Francisco: ELSEVIER.

Hansman, C. A., & Mott, V. W. (2000). Philosophy, dynamics and context: Program planning in practice. *Adult Learning, 11*(2), 14 – 16.

Hansman, C. A. (2001). Context – based adult learning. *New Directions for Adult and Continuing Education, 89*, 43 – 52.

Harris, S. (2014). *Waking up: A guide to spirituality without religion.* N.Y.: Simon & Schuster.

Hayes, E. R. (2001). A new look at women's learning. *New Directions for Adult and Continuing Education, 89*, 35 – 42.

Helms, J. E. (1995). An update on Helms' White and people of color racial identity development models. In J. G. Ponterotto, J. M. Casa, L. A. Suzuki & C. M. Alexander (Eds.), *Handbook of multicultural counseling*(pp. 188 – 198). Thousand Oaks, CA: Sage.

Henriksen, R. C. Jr., & Trusty, J. (2004). Understanding and assisting Black/White biracial women in their identity development. In A. R. Gillem & C. A. Thompson (Eds.), *Biracial women in therapy: Between the rock of gender and the hard place of race*(pp. 65 – 84). Binghamton, NY: Hawthorn Press.

Hezlett, S. A. (2005). Protégés' learning in mentoring relationships: A review of the literature and an exploratory case study. *Advances in Developing Human Resources, 7*(4), 505 – 526.

Hilaire, L. J., Benson, D. E., & Burnham, K. P. (1998). Evaluation of home – study versus teacher – taught hunter education: Expanding learning. *Wildlife Society Bulletin, 26*(1), 56 – 67.

Hill, L. H. (2001). The brain and consciousness: Sources of information for understanding adult learning. *New Directions for Adult and Continuing Education, 89*, 73 – 81.

Hill, R. J. (2008). Troubling adult learning in the present time. *New Directions for Adult and Continuing Education, 119*, 83 – 92.

Holford, J., & Jarvis, P. (2000). The learning society. In A. L. Wilson & E. R. Hayes (Eds.), *Handbook of adult and continuing education*(pp.643 – 659). San Francisco: Jossey – Bass.

Houle, C. O. (1957). Education for adult leadership. *Adult Education Quarterly, 5*(1), 3 – 17.

Houle, C. O. (1961). *The inquiring mind. Madison.* University of Wisconsin Press.

Houle, C. O. (1972). *The design for educations.* San Francisco: Jossey–Bass.

Hunt, C. (1999). Candlesticks and faces: Aspects of lifelong learning. *Studies in the Education of Adults, 31*(2), 197–209.

Hutchins, R. (1968). The learning society. Harmonds worth: Penguin.

Illich, I. (1976). After deschooling, what? Writers and Readers Publishing Cooperative.

Imel, S. (1998). *Transformative learning in adulthood.* ERIC Digest NO 200. Columbus, OH: ERIC/ACVE.

Imel, S., & Stein, D. S. (2003). Creating self–awareness of learning that occurs in community. In T. R. Ferro & G. J. Dean (Eds.), *Proceedings of the Midwest Research to Practice Conference in Adult, Continuing, and Community Education,* (pp.116–121). Columbus, OH.

International Monetary Fund. (2000). Globalization: Threat or opportunity? IMF Issues Brief 00/01.

Jacobs, R. L. (1997). HRD partnerships for integrating HRD research and practice. In R. A. Swanson (Ed.), *Human resource development research handbook: Linking research and practice* (pp. 47–61). San Francisco: Berrett–Koehler Publishers.

Jacobs, R. L. (2003). *Structured on–the–job training: Unleashing employee expertise in the workplace(2nd ed.).* San Francisco: Berrett–Koehler Publications, Inc.

Jacobs, R., & Park, Y. (2009). A proposed conceptual framework of workplace learning: Implications for theory development and research in Human Resource Development. *Human Resource Development Review, 8*(2), 133–150.

Jarvis, P. (1992). *Paradoxes of learning: On becoming an individual in society.* San Francisco: Jossey–Bass.

Jarvis, P. (2006). Towards a comprehensive theory of human learning. London: Routledge.

Jones, R. A., Rafferty, A. E., & Griffin, M. A. (2006). The executive coaching trend: Towards more flexible executives. *Leadership & Organization Development Journal, 27*(7), 584–596.

Joy, S., & Kolb, D. A. (2009). Are there cultural differences in learning style? *International Journal of Intercultural Relations, 33*(1), 69–85.

Juceviciene, P. (2010). Sustainable development of the learning city. *European Journal of Education, 45*(3), 419-436.

Kearns, P. (2012). Learning cities as healthy green cities: Building sustainable opportunity cities. *Australian Journal of Adult Learning, 52*(2), 368-391.

Keegan, D. (1996). *Foundations of distance education*. London: Routledge.

Kerka, S. (1999). *Self-directed learning*. Myths and Realities, No. 3. Columbus, OH: ERIC/ACVE.

Kerka, S. (2000). *Lifelong learning*. Myths and Realities, No. 9. Columbus, OH: ERIC/ACVE.

Kilgore, D. W. (2001). Critical and postmodern perspectives on adult learning. *New Directions for Adult and Continuing Education, 89,* 53 – 62.

Kilpatrick, S., Bell, R., & Falk, I. (1999). The role of group learning in building social capital. *Journal of Vocational Education and Training, 51*(1), 129 – 144.

King, P. M., & Kitchener, K. S. (2004). Reflective judgement: Theory and research on the development of epistemic assumptions through adulthood. *Educational Psychologist, 39*(1), 5 – 18.

King, K. P. (2005). Distance education. In L. M. English (Ed.), *International encyclopedia of adult education*(pp.92 – 99). N.Y.: Palgrave Macmillan.

Knack, S. (2000). *Social capital and the quality of government: Evidence from the United States*. Washington, D.C.: The World Bank.

Knowles, M. S. (1968). Andragogy, not pedagogy. *Adult Leadership, 16*(10), 350-352.

Knowles, M. S. (1970). *The modern practice of adult education: Andragogy versus pedagogy*. N.Y.: Cambridge Books.

Knowles, M. S. (1980). *The modern practice of adult education: From pedagogy to andragogy(2nd ed.)*. New York, NY: Cambridge Books.

Knowles, M. S. (1984). *The adult learner: A neglected species (3rd ed.)*. Houston, TX: Gulf.

Knowles, M. S., Holton, E. F., & Swanson, R. A. (2011). *The adult learner: The definitive classic in adult education and human resource development*. Oxford. UK: Butterworth – Heinemann.

Kolb, D. A. (1984). *Experiential learning: Experience as the source of learning and development*. Englewood Cliffs, NJ: Prentice Hall.

Kolb, D. A. (2005). *The Kolb learning style inventory – version 3.1 2005 technical specification*. Boston, MA: Hay Resource Direct.

Kuhn, J. S., & Marsick, V. J. (2005). Action learning for strategic innovation in mature organizations. *Action Learning, 2,* 27 – 48.

Lankau, M. J., & Scandura, T. A. (2002). An investigation of personal learning in mentoring relationships: Content, antecedents, and consequences. *Academy of Management Journal, 45*(4), 779 – 790.

Lawler, P. A., & King, K. P. (2000). *Refocusing faculty development: The view from an adult learning perspective*. A paper presented at the Annual Adult

Education Research Conference.

Lawrence, R. L. (Ed.). (2012). Bodies of knowledge: Embodied learning in adult education. *New Directions for Adult and Continuing Education, 134.* San Francisco: Jossey—Bass.

Levin, H. M., & Schutze, H. G. (Eds.). (1983). *Financing recurrent education: Strategies for increasing employment, job opportunities, and productivity.* SAGE Publications.

Levinson, D. J. (1986). A conception of adult development. *American Psychologist, 41*(1), 3—13.

Lewis, L. H., & Williams, C. J. (1994). Experiential learning: Past and present. *New Directions for Adult and Continuing Education, 62,* 5—16.

Linclon, Y. S., & Guba. E. G. (1985). Establishing trustworthiness: Naturalistic inquiry. CA: Sage.

Lindeman, E. C. (1926/1961). *The meaning of adult education in the United States.* N.Y.: Harvest House.

Lindeman, E. C. (2003). In terms of methods. In P. Jarvis & C. Griffin(Eds.), *Adult and continuing education: Major themes in education*(pp. 63—70). N.Y.: Routledge.

Livingstone, D. W. (1999). Lifelong learning and underemployment in the knowledge society: A North American perspective. *Comparative Education, 35*(2), 163—186.

Long, H. B. (1994). Resources related to overcoming resistance to self—direction in learning. *New Directions for Adult and Continuing Education, 64,* 13—21.

Long, H. B. (1996). Self—directed learning: challenges and opportunities. In H. B. Long & Associates (Eds.), *Current developments in self—directed learning* (pp. 1—10). Oklahoma Research Center for Continuing Professional and Higher Education, University of Oklahoma.

Mabry, C. K., & Wilson, A. L. (2001). *Managing power: The practical work of negotiating interests.* A paper presented at the Annual Adult Education Research Conference.

MacLachlan, M. (2004). *Embodiment: Clinical, critical and cultural perspectives on health and illness.* Berkshire, England: Open University Press.

Maclean, R. G. (1994). *Program planning models: A practitioner's viewpoint.* A paper presented at the Annual Adult Education Research Conference.

Magunsson, D. (1995). Individual development: A holistic, integrated model. In P. Moen, G. H. Elder & K. Lusher (Eds.), *Examining lives in context: Perspectives on the ecology of human development* (pp.19—60). Washington, DC: American Psychological Association.

Mainemelis, C., Boyatzis, R. E., & Kolb, D. A. (2002). Learning styles and adaptive flexibility: Testing experiential learning theory. *Management Learning, 33*(1), 5−33.

Marsick, V. J. (1987). New paradigms for learning in the workplace, In V. J. Marsick (Ed.), *Learning in the workplace* (pp. 11−30). London: Croom Helm.

Marsick, V. J., & Watkins, K. E. (1990). *Informal and incidental learning in the workplace.* N.Y.: Routledge.

Marsick, V. J., & Watkins, K. E. (2001). Informal and incidental learning. *New Directions for Adult and Continuing Education, 89,* 25−34.

Marsick, V., Bitterman, J. & Van der Veen, R. (2000). From the learning organization to learning community toward a learning society. Information Series No. 382. Columbus, OH: ERIC/ACVE.

McClusky, H. Y. (1963). The course of the adult life span. In W. C. Hallenbeck (Ed.), *Psychology of adults*(pp. 10−20). Chicago: Adult Education Association of the USA.

McLean, G. N., Yang, B., Kuo, M. H. C., Tolbert, A. S., & Larkin, C. (2005). Development and initial validation of an instrument measuring managerial coaching skill. *Human Resource Development Quarterly, 16*(2), 157−178.

Merriam, S. B. (1993). Editor's note. *New Directions for Adult and Continuing Education, 57,* 1−3.

Merriam, S. B. (2001a). Andragogy and self−directed learning: Pillars of adult learning theory. *New Directions for Adult and Continuing Education, 89,* 3−13.

Merriam, S. B. (2001b). Editor's note. *New Directions for Adult and Continuing Education, 89,* 1−2.

Merriam, S. B. (2005). Adult learning. In L. M. English (Ed.), *International encyclopedia of adult education.* (pp. 42−48). N.Y.: Palgrave Macmillan.

Merriam, S. B. (2008a). Editor's note. *New Directions for Adult and Continuing Education, 119,* 1−4.

Merriam, S. B. (2008b). Adult learning theory for the twenty−first century. *New Directions for Adult and Continuing Education, 119,* 93−98.

Merriam, S. B., & Bierema, L. L. (2014). *Adult learning: Linking theory and practice.* San Francisco, CA: Jossey−Bass.

Merriam, S. B., & Brockett, R. (1997/2007). *The profession and practice of adult education: An introduction.* San Francisco, CA: Jossey−Bass.

Merriam, S. B., & Caffarella, R. S. (1999). *Learning in adulthood (2nd ed.).* San Francisco, CA: Jossey−Bass.

Merriam, S. B., & Kim, Y. S. (2008). Non–western perspectives on learning and knowing. *New Directions for Adult and Continuing Education, 119*, 71–81.

Merriam, S. B., Caffarella, R. S., & Baumgartner, L. M. (2007). *Learning in Adulthood: A comprehensive guide (3th ed.).* San Francisco, CA : Jossey–Bass.

Metthews, J. C. (1998). Somatic knowing and education. *Educational Forum, 62*(3), 236–242.

Mezirow, J. (1990). How critical reflection triggers transformative learning. In J. Mezirow and Associates(Eds.), *Fostering critical reflection in adulthood*(pp. 1–20). San Francisco: Jossey–Bass.

Mezirow, J. (1991). *Transformative dimensions of adult learning.* San Francisco: Jossey–Bass.

Mezirow, J. (1995). Transformation theory of adult learning, In M. R. Welton (Ed.), *In defense of the lifeworld* (pp. 39–70). N.Y.: SUNY Press.

Mezirow, J. (1998). On critical reflection. *Adult Education Quarterly, 48*(3), 185–198.

Mezirow, J. (2000). *Learning as transformation: Critical perspectives on a theory in progress.* San Francisco, CA: Jossey–Bass.

Mezirow, J. (2003). How critical reflection triggers transformative learning. In P. Jarvis & C. Griffin (Eds.), *Adult and continuing education: Major themes in education Vol.* 4 (pp.199–213). London: Routledge.

Mezirow, J., & Associates. (2000). *Learning as transformation.* San Francisco, CA: Jossey–Bass.

Miettinen, R. (2000). The concept of experiential learning and John Dewey's theory of reflective thought and action. *International Journal of Lifelong Education, 19*(1), 54–72.

Moore, M. G., & Kearsley, G. (2005). Distance education: A systems view (2nd ed). Belmont, CA: Thomson Wadsworth.

Morstain, B. R., & Smart, J. C. (1976). Educational orientations of faculty: Assessing a personality model of the academic professions. *Psychological Reports, 39*, 1199–1211.

Nah, Y. (1999). Can a self–directed learner be independent, autonomous and interdependent? Implications for practice. *Adult Learning,* 11, 18–19.

Niemela, S. (2003). Education for social capital. *Lifelong Learning in Europe, 8*(1), 36–42.

Oddi, L. F. (1986). Development and validation of an instrument to identify self–directed continuing learners. *Adult Education Quarterly, 36*(2), 97–107.

OECD. (2000). *Human & social capital & sustained growth & development, reconciling new economics & societies: The role of human & social capital.* Paris: OECD.

OECD. (2001). *The well-being of nations, the role of human capital and social capital.* Center for Educational Research and Innovation. Paris : OECD.

OECD. (2015), *Pension at a glance.* Paris: OECD.

Ouane, A. (2002). Key competencies for lifelong learning. In M. Singh (Ed.), *Institutionalising lifelong learning: Creating conducive environments for adult learning in the Asian context* (pp.311-325). Hamburg: UNESCO Institute for Education.

Passarelli, A., & Kolb, D. A. (2009) The learning way: Learning from experience as the path to learning and development. In M London (Ed.), *Handbook of lifelong learning.* N.Y.: Oxford University Press.

Peters, J., & Jarvis, P. (1991). *Adult education: Evolution and achievements in a developing field of study.* San Francisco, CA: Jossey-Bass.

Peterson, D. B., & Hicks, M. D. (1996). *Leader as coach.* Minneapolis, MN: Personnel Decisions Inc.

Poell, R. F. (2005). HRD beyond what HRD practitioners do: A framework for furthering multiple learning processes in the work organizations. In C. Elliott & S. Turnbull(Eds.), *Critical thinking in human resource development*(pp.85-95). London: Routledge.

Poell, R. (2014). Workplace Learning. In N. E. Chalofsky, T. S. Rocco & M. L. Morris. (Eds.), *Handbook of human resource development* (pp.215-227). Somerset, NJ: Wiley.

Pratt, D. D. (1991). Conceptions of self within China and the United States. *International Journal of Intercultural Relations, 15,* 285-310.

Preece, J. (2006). Beyond the learning society: The learning world? *International Journal of Lifelong Education, 25*(3), 307-320.

Putnam, R. D. (1993). *Making democracy work: Civic traditions in modern Italy.* Princeton: Princeton University Press.

Putnam, R. D. (1995). Tuning in, tuning out: The strange disappearance of social capital in America. *Political Science & Politics, 28*(4), 664-683.

Ravet, S., & Layte, M. (2006). Rethinking quality for building a learning society. In U. Ehlers & J. M. Pawlowski (Eds.), *Handbook on quality and standardisation in E-learning* (pp.347-365). Berlin, Heidelberg: Springer.

Roberson, Jr, D. N. (2006). Time of enrichment: How older adults are learning on their own. *Education and Recreation Consultant, 6,* 1-27.

Rogers, A. (1966). *Teaching adults* (2nd ed.). Buckingham: Open University Press.

Rossiter, M. A. (1999). Narrative approach to development: Implications for adult education. *Adult Education Quarterly, 50*(1), 56−71.

Rothwell, W. J., Sanders, E. S., & Soper, J. G. (1998). *ASTD models for workplace learning and performance: Roles, competencies, and outputs.* Alexandria, VA: ASTD.

Rowland, F., & Volet, S. (1996). Self−direction in community learning: A case study. *Australian Journal of Adult and Community Education, 36,* 89−102.

Rubenson, K. (2004). Lifelong learning: A critical assessment of the political project. In P. Alheit, R. Becker−Schmidt, T. G. Johansen, L. Ploug, H. S. Oleson & K. Rubenson (Eds.), *Shaping an emerging reality: Researching lifelong learning* (pp. 28−48). Roskilde, Denmark: Roskilde University Press.

Rubenson, K. (2006). The Nordic model of lifelong learning. *Compare, 36*(3), 327−341.

Rubenson, K. (2011). The field of adult education: An overview. In K. Rubenson (Ed.), *Adult learning and education* (pp.3−13). San Francisco: ELSEVIER.

Sambrook, S. (2005). Factors influencing the context and process of work−related learning: Synthesizing findings from two research projects. *Human Resource Development International, 8*(1), 101-119.

Savicevic, D. M. (1999). *Adult education: From practice to theory building.* Frankfurt, Germany: Peter Lang.

Schuetze, H. G. (2006). International concepts and agendas of lifelong learning. *Compare, 36*(3), 289−306.

Schunk, D. H., Meece, J. R., & Pintrich, P. R. (2008). *Motivation in education: Theory, research, and applications.* Pearson Higher Education.

Schwartz, B. (1974). *Permanent education.* Netherlands: Springer.

Schuyler, K. G. (2010). Increasing leadership integrity through mind training and embodied learning. *Counseling Psychology Journal: Practice and Research, 62*(1), 21−38.

Sheffield, S. B. (1962). *The orientations of adult continuing learners.* Doctoral Dissertation from University of Chicago, IL, USA.

Simonson, M. (2003). A definition of the field. *Quarterly Review of Distance Education, 4*(1), vii−viii.

Simonson, M., Smaldino, S., Albright, M., & Zvacek, S. (2006). *Teaching and learning at a distance: Foundation of distance education (3rd ed.).* Upper Saddle River, NJ: Prentice Hall.

Skager, R. W. (1978). *Lifelong learning and evaluation practice.* Oxford: Pergamon Press and the UNESCO Institute for Education.

Skocpol, T., & Piorina, M. P. (Eds.). (1999). *Civic engagement in American democracy*. Washington D.C.: Brookings Institution.

Slotte, V., & Herbert, A. (2006). Putting professional development online: Integrating learning as productive activity. *Journal of Workplace Learning, 18*(4), 235−247.

Somerville, M. (2004). Tracing bodylines: The body in feminist poststructural research. *International Journal of Qualitative Studies in Education, 17*(1), 47−63.

Sork, T. J. (1990). Theoretical foundations of educational program planning. *Journal of Continuing Education in the Health Professions, 10*(1), 73−83.

Sork, T. J. (2000). Planning educational programs. In A. L. Wilson & E. R. Hayes (Eds.), *Handbook of adult and continuing education* (pp. 171−190). San Francisco, CA: Josseey−Bass.

Stevenson, J. S. (1982). Construction of a scale to measure load, power, and margin in life. *Nursing Research, 31*(4), 222−225.

Stubblefield, H. W., & Rachal, J. R. (1992). On the origins of the term and meanings of adult education in the United States. *Adult Education Quarterly, 42*(2), 106−116.

Stubblefield, H. W., & Keane, P. (1994). *Adult education in the American experience from the colonial period to the present.* The Jossey−Bass Higher and Adult Education Series. San Francisco, CA: Jossey−Bass Inc.

Su, Y. (2007). The learning society as itself: Lifelong learning, individualization of learning, and beyond education. *Studies of Continuing Education, 29*(2), 195−206.

Swanson, R. A. (2005). The challenge of research in organizations. In R. A. Swanson & E. F. Holton (Eds.), *Research in organizations: Foundations and methods of inquiry* (pp.11−26). San Francisco, CA: Berrett−Koehler.

Taylor, E. W. (1998). The theory and practice of transformative learning: A critical review. Information Series No. 374. Columbus, OH: ERIC/ACVE.

Taylor, E. W. (2001). Transformative learning theory: A neurobiological perspective of the role of emotions and unconscious ways of knowing. *International Journal of Lifelong Education, 20*(3), 218−236.

Taylor, E. W. (2008). Transformative learning theory. *New Directions for Adult and Continuing Education, 119*, 5−15.

Taylor, K., & Lamoreaux, A. (2008). Teaching with the brain in mind. *New Directions for Adult and Continuing Education, 119*, 49−59.

Taylor, K., Marienau, C., & Fiddler, M. (2000). *Developing adult learners: Strategies for teachers and trainers.* San Francisco, CA: Jossey−Bass.

The World Bank (2002). *Bosna and Herzegovina: Local level institutions and social capital study.* Washington, D.C.: The World Bank.

Thomas, A. M. (1991). *Beyond education.* San Francisco, CA: Jossey—Bass.

Thondike, E. L., Bregman, E. O., Tilton, J. W., & Woodyard, E. (1928). *Adult learning.* N.Y.: Macmillan.

Tielen, G. (1998). Integrating senior citizens into the information society. *Aging International, 24*(2—3), 143—153.

Tisdell, E. J. (1993). Feminism and adult learning: Power, pedagogy, and praxis. *New Directions for Adult and Continuing Education, 57,* 91—103.

Tisdell, E. J. (2003). *Exploring spirituality and culture in adult and higher education.* San Francisco, CA: Jossey—Bass.

Tisdell, E. J. (2008). Spirituality and adult learning. *New Directions for Adult and Continuing Education, 119,* 27—36.

Tough, A. (1971). *The adults' learning projects: A fresh approach to theory and practice in adult learning.* Toronto: Ontario Institute for Studies in Education.

UIL. (2013). *Global network of learning cities.* Terms of reference. Unpublished document.

UIL 홈페이지. http://uil.unesco.org/lifelong—learning/learning—cities

UNESCO (1972). *Third world conference on adult education final report*(Tokyo). Paris: UNESCO.

UNESCO (1976). *Recommendation on the development of adult education,* declared at Das es Salam, Tanzania.

UNESCO (2005). *Toward knowledge societies.* Paris: UNESCO.

Van Der Gaag, M., & Snijders, T. A. (2005). The resource generator: Social capital quantification with concrete items. *Social Networks, 27*(1), 1—29.

Vann, B. A. (1996). Learning self—direction in a social and experiential context. *Human Resource Development Quarterly, 7,* 121—130.

Vella, J. (2000). A spirited epistemology: Honoring the adult learners as subject. *New Directions for Adult and Continuing Education, 85,* 7—16.

Verner, C. (1964). Introduction. In C. Verner(Ed.), *Pole's history of adult schools.* Washington D. C.: Adult Education Association of the U.S.A.

Walter, S. (2005). Learning region. In L. M. English (Ed.), *International encyclopedia of adult education*(pp. 360—362). N.Y.: Palgrave macmillan.

Watkins, K. E., & Marsick, V. J. (1992). Toward a theory of informal and incidental learning in organizations. *International Journal of Lifelong Education, 11*(4), 287—300.

Watson, C., & Wu, A. T. (2015). Evolution and reconstruction of learning cities for sustainable actions. *New Directions for Adult and Continuing Education, 145,* 5—19.

Weir, D. P. (1983). *Reasons for the participation of security professionals in non−credit security education programs.* Unpublished Doctoral Dissertation from Indiana University, Indiana.

Welton, M. R. (1993). The contribution of critical theory to our understanding of adult learning. *New Directions for Adult and Continuing Education, 57,* 81−90.

Wenger, E. (1998). *Communities of practice.* Cambridge: Cambridge University Press. 손민호, 배을규 역(2007). 실천공동체: 지식창출의 사회생태학. 서울: 학지사.

Wilson, A. L. (1993). The promise of situated cognition. *New Directions for Adult and Continuing Education, 57,* 71−79.

Wilson, A. L., & Cervero, R. M. (1997). The song remains the same: The selective tradition of technical rationality in adult education program planning theory. *International Journal of Lifelong Education, 16*(2), 84−108.

Wilson, A. L., & Cervero, R. M. (2011). Program planning. In K. Rubenson (Ed.), *Adult learning and education* (pp. 88−94). Oxford: Elsevier.

Wilkins, R. (2000). Leading the learning society: The role of local education authorities. *Educational Management & Administration, 28*(3), 339−352.

Wlodkowski, R. (2008). *Enhancing adult motivation to learn: A comprehensive guide for teaching all adults* (3rd ed.). San Francisco, CA: Jossey−Bass.

Woolcock, M., & Narayan, D. (2000). Social capital: Implications for development theory, research, and policy. *The World Bank Research Observer, 15*(2), 225−249.

Yeaxlee, B. A. (1929). *Lifelong education: A sketch of the range and significance of the adult education movement.* London: Cassell.

Zimmerman, B. J. (1989). A social cognitive view of self−regulated academic learning. *Journal of Educational Psychology, 81*(3), 329−339.

색인

저자 약력

조대연(趙大衍, Daeyeon Cho, Ph.D.)

서울교대 학사, 고려대학교 일반대학원 교육학과 석사
Ohio State University 성인교육 및 HRD 전공 박사

(현) 고려대학교 교육학과 교수
(현) 고려대학교 HRD정책연구소 소장
(현) 한국인력개발학회 회장
(전) 서울한남, 문창, 미성초등학교 교사
(전) 숙명여자대학교 교육학부 교수
(전) 고려대학교 평생교육원장

<저서>
Human Resource Development in South Korea: Theory and Practice(편저, 2020,
    PALGRAVE MACMILLAN)
HRD Essence: 시스템적 접근, 수정판(공저, 2019, 박영스토리)
HRD 프로그램 개발 사례(공저, 2017, 박영스토리)

평생교육론: 성인학습을 위한 예술과 과학

초판발행   2021년 3월 5일

지은이   조대연
펴낸이   노 현

편 집   배근하
기획/마케팅   노 현
표지디지인   최윤구
제 작   고철민·조영환

펴낸곳   ㈜ 피와이메이트
                서울특별시 금천구 가산디지털2로 53 한라시그마밸리 210호(가산동)
                등록 2014. 2. 12. 제2018-000080호
전 화   02)733-6771
f a x   02)736-4818
e-mail   pys@pybook.co.kr
homepage   www.pybook.co.kr
ISBN   979-11-6519-138-2   93370

정 가   15,000원

박영스토리는 박영사와 함께하는 브랜드입니다.